导购一定不能
说错的80句话

导购

一定不能说错的
80句话

一句话决定生意成败
销售是一场攻心战

柴一兵◎编著

吉林出版集团有限责任公司

图书在版编目（ＣＩＰ）数据

导购一定不能说错的 80 句话／柴一兵编著 . -- 长春：
吉林出版集团有限责任公司，2014.8
　ISBN 978-7-5534-4999-9

　Ⅰ . ①导…　Ⅱ . ①柴…　Ⅲ . ①销售－口才学　Ⅳ .
① F713.3 ② H019

　中国版本图书馆 CIP 数据核字 (2014) 第 150152 号

导购一定不能说错的 80 句话

作　　者	柴一兵	
选题策划	北京志方嘉业图书有限公司	
策划编辑	申志方	
责任编辑	王平　齐琳	
封面设计	纸衣裳书装·孙希前	
开　　本	787*1092　1/16	
印　　张	19	
版　　次	2014 年 8 月第 1 版	
印　　次	2014 年 8 月第 1 次印刷	

出　　版	吉林出版集团有限责任公司	
电　　话	总编办：010-63109269	
	发行部：010-52473226	
印　　刷	北京天正元印务有限公司	

ISBN　978-7-5534-4999-9　　定价：32.80 元

如有印刷、装订质量问题，请致电：010-52473227

前　言

导购要用脑子做销售

——只说该说的，把不该说的咽回肚子里

导购是商家和顾客之间的桥梁，一句话就可以决定生意的成败。下面，我们来看一个案例：

小张和小王是售楼处的导购。一天，来了两对年轻夫妇，两人各负责接待一对。

两对夫妇都看中了一套房子，但小张负责接待的这对高兴地买下，小王接待的那对最终却没有掏钱购买。原来，他们给客户介绍楼盘时说的话不同。

小张这样说："这个楼盘所在的小区虽然离地铁比较远，交通不太方便，但周围有两家大超市，购物非常方便。而且小区离交通主干道较远，非常安静，晚上不必担心睡不着觉，绿化和环境也很好，非常适合居住。"

小王这样说："这个楼盘附近有两家大超市，购物非常方便，而且小区远离大马路，周围环境比较安静，绿化也不错，很适宜居住。当然，我们这个小区离地铁稍远一些，交通不太方便，但总体来说还不错。"

其实，两个人说的是一回事，但表达方式不一样，给客户的感觉也完全不同。小张的话给客户这种感觉：购物方便，环境好；小王的话让人觉得离地铁比较远，交通不方便。

由此可见，导购的说话技巧非常重要，它直接关系着销售的成败。

优秀导购一开口就能打动客户，做成交易；笨拙导购不仅不能打动顾客，甚至会把顾客惹恼，白白浪费达成交易的好机会，既让自己拿不到提成，也没法给公司创造业绩。

总的来说，销售是一场攻心战。和客户做生意时，要让客户感到愉快，这样才能促成交易。试想一下，若顾客觉得导购说话不中听，很有意见，下次他还会来这里购物吗？

美国著名销售大师凯比特曾说："每个人讲话的力量都是巨大的，它能把不可能变成可能，把不利变成有利。"因此，作为每天要与顾客打交道的导购来说，更需要掌握必需的说话技巧。

好口才并不等于会说话。在现实生活中，导购因说错话而导致生意失败的案例比比皆是。其实，有些导购口才相当不错，在为顾客介绍产品时，总能口若悬河、滔滔不绝，但最终还是没有成交。究其原因，是因为他们没有真正掌握沟通的方法和技巧。

导购员与顾客交流时，不能只用嘴巴说，还要用头脑说话。用头脑说话，即要在与顾客沟通中，不断挖掘顾客的需求，站在顾客的立场上为其考虑，快速地获得顾客的认可，建立起良好的沟通平台以促成交易。

现在，各类商品充斥市场，品牌竞争加剧，这就要求导购提升业务素质，在与顾客谈话时，管好自己的嘴，用好自己的脑，知道什么该说，什么不该说，力求抓住每一个进门的顾客。

本书选取了导购在日常工作中经常遇到的 80 种情景，结合实际案例，告诉你当顾客光临、挑选商品、提出疑问、讨价还价、提出额外要求、举棋不定、付款和投诉时该怎么说。

掌握了这些技巧，你就能更轻松地做导购，让业绩更上一层楼。建议你仔细阅读本书，让自己更快地成长，赚取更好的生活和财富。

目　　录

第一章　顾客进门时，导购不能这么说

第二章　介绍商品时，导购切忌这么说

顾客走进一家装饰材料店："我想买每平米五六十元的玻化砖。"

导购："那种玻化砖根本没法用，质量不好，你看看这种，180 元一平。"

顾客在化妆品柜台前流连

导购："您眼角都起皱纹了，试试我们的眼霜吧——女人要注意保养，不然很快就老了。"

顾客喜食酸味水果，逛进了一家水果店

导购推荐道："买两斤回去尝尝吧，这新到的杨梅特别甜。"

顾客说："你都介绍完了，我还不知道这款商品对我有什么用？"

导购："我已经说清楚了呀！"（但没有介绍到点子上）

顾客不相信导购的介绍："你们都说得天花乱坠。"

导购回应："如果你这么认为，那我就没办法了。"

顾客是一位内行人员，嫌导购的介绍不够专业

导购道："你自己就懂，还要我介绍干嘛。"

顾客是位老年人，听不懂专业术语

导购卖弄产品知识："这是最新款的变频冰箱，采用了德国 ×× 技术……"

顾客听完商品介绍后，没有反应，继续闲逛

导购追上去："喂，你买不买呀？"

第三章　顾客提出疑问时，导购不可这样答

顾客说："我朋友嫌商品的做工太粗糙。"

导购道："我给你处理一下，不影响你使用的。"

顾客担心自己买了没有用："我的孩子刚满两岁，用得着这款学习机吗？"

导购答："当然用得着。"

顾客问："你这个产品有 ×× 功能吗？"

第四章　顾客讨价还价时，导购切忌这么谈

第五章　顾客提出额外要求时，导购切忌这样答

第六章　顾客举棋不定时，导购切忌这么做

顾客说："我和家人商量一下买不买。"

导购说："有什么可商量的呢？现在拿下吧！"

顾客说："这是我帮别人买的，我考虑考虑再来吧。"

导购无言应对："……"

顾客看花了眼，不知道到底该选购哪款产品

导购仍在等待："您看好了，我帮您拿。"

顾客："这种衣服洗了会缩水吗？"

导购："应该不会的。"

顾客道："这款商品到处都有，为什么我非得在你这里买？"

导购："那……你再转转。"

顾客拒绝留下个人信息："我不登记资料了，免得你们老给我打推销电话。"

导购连连保证："不会的，不会打扰您的。"

顾客说："我再试试刚刚那件红色的衣服吧！"

导购说："您刚刚不都试过几次了吗？"

顾客说："这件衣服要是不合适的话可以退吗？"

导购说："退不了。"

第七章 顾客付款时，导购切忌这么讲

顾客说："哎呀，我的钱没有带够。"

导购答："那你有多少？我看能不能把东西给你。"

顾客付了假钞

导购问："这张钱是假的，你给我换一张？"

顾客要求："请给我开一张发票。"

导购答："我们这儿开不了发票。"

目
录

第八章　顾客投诉时，导购切忌这样接待

第一章
顾客进门时，
导购不能这么说

顾客在店里转悠，不说什么，只看商品 导购热情地凑上去："请问，您想买什么（买 哪个）？"

【情景回放】

铃铃应聘到一个建材型的装修店里做导购员，因为这里的商户很多，竞争相对也就比较激烈，铃铃很喜欢这份工作，所以一直想做好。

最近又到了装修旺季，铃铃第一天上班就很努力地工作，可还是遇到了一些问题，尤其是很多顾客只在门外扫一眼就离开，让她很受打击。

难道是店里的商品不吸引顾客吗？

这天中午，铃铃刚吃完饭就看见一位中年顾客进了店里，左看看，右看看，什么话也不说，也不询问商品的情况。

铃铃等了一会儿，便走过去问："请问您想买点什么？"

没想到这位顾客竟然理都不理她，又在店里转了一圈，就出去了。

"太过分了，怎么一点礼貌都没有。"铃铃很气愤，坐回店里等待其他顾客的上门。

不一会儿，又来了一对小夫妻，笑着走进了店，但只扫了一眼就准备离开了。

铃铃连忙迎过去，问："你们想要点什么，我们这里的产品都很不错的。"

小夫妻看了她一眼，没理会就直接走人了。

为什么会这样？第一天上班就这么失败，老板会不会觉得她能力不够呢？不行，就算卖不出去产品，也要努力把顾客多留在店里一会儿。

想到这儿，铃铃便打起十二分的精神，等待下一位顾客上门。很快，就有一位先生走进了店里。

"先生您好，有什么我可以帮你的吗？"铃铃热情地说道。

先生没说话，自顾自的在店里浏览了一番，似乎是没有找到自己想要的商品，正想往外走，铃铃拦了过去，"先生，先在店里坐一下吧。"

没想到她的热情反而让这位先生走得更快，简直是飞一般地离开了店。铃铃气馁极了。

【销售分析】

1.商店确实没有顾客需要的商品

很多时候，顾客是确定了要购买的东西才出门的，这种情况下，顾客只要在店里大概扫一眼，就会了解这间店有没有自己需要的东西，如果没有当然扭头就走。

这时候导购员上前询问，顾客也不会停留下来了解店里的商品。毕竟想要买的东西已经确认，如果店里没有，他也没有浪费时间的必要。

这种情况下，导购员要学会观察顾客的神态，一旦确定顾客是因为没找到自己想要的商品而离开的，就没必要再上前纠缠不清，会让顾客觉得麻烦，并对店面产生不好的印象。

2.导购员过分热情，让顾客变得警惕

当商店里的商品过于杂乱，顾客一时没找到自己想要的东西时，导购员突然问他要买什么，会让顾客变得警惕，担心导购员会向自己推销不需要的产品，所以才会不予理睬，在店里扫一眼就走。

小莉在一家商场做导购员，为顾客介绍最新的服装，帮助他们选购合适的衣服。但有时候，她的热情却换来顾客的不理睬，甚至有些顾客认为她热情推销的商品其实是有质量问题的。这让小莉很苦恼。

这一天早晨，小莉又开始了工作，没一会儿来了一位顾客，似乎是想要买连衣裙，在店里看了两圈，但什么也不问，小莉以为她遇到了什么难题，

就过去问她："小姐你好，请问你要买点什么？"

"当然是买衣服。"顾客这样说完，却扭头要往店外走。

"小姐，我们店里的衣服质量都很好，你想要哪一件，我帮你拿过来看一看吧，这一件就很适合您。"小莉热情地介绍道。

"这件不会是去年的旧款吧，这么难看，算了，我不买了。"说完，顾客就迈出了店，留下苦恼的小莉不知道如何是好。

这样的顾客虽然会令导购员感到头疼，但直接问顾客要买什么的导购员也是不合格的。导购员的过分热情会让顾客对其推销的产品产生怀疑，担心是不是商品有问题，所以才会这样大力推销，希望赶紧卖出去呢？或者会觉得导购员是因为自己需要这种商品，而故意夸大了商品的功能，所谓"无事献殷勤"，顾客自然会认为热情的导购员是"心怀不轨"的。

【专家支招】

1.让顾客停下脚步

导购员在介绍商品以前，首先要做的不是如何夸自己的商品，而是先让顾客多在店里停留一段时间，这样才有机会做更多地介绍。

但是，如果一开始就对顾客说"请进来坐一下吧"这样的话，会让顾客感觉自己像是被盯上的猎物，很不舒服，自然就不愿意留在店里坐一坐。

所以，我们要尽可能地让顾客在店里感到放松，等待顾客向导购员咨询商品的问题，这个时候导购员就可以说"先生您提的这个问题太好了，一两句话可能说不清，我们坐下来慢慢聊一聊怎么样？"

这个时候，导购员就可以拿出凳子，让顾客不坐一下都觉得不好意思。这样一来，顾客留在店里的时间就会增加，再讨论选购商品的事情也会容易很多。

2.多沟通，了解顾客的购买意图

把顾客留在店里并不代表万事大吉了，坐下来之后，先谈什么，再讨论什么，什么时候把话题转移到商品上，都是导购员应该注意的地方。

导购员在顾客落坐后，不能马上就讨论自己的商品，过于直接地介绍自己的商品会让顾客觉得自己本身并没有受到重视，原来这么热情地招待自己，甚至还专门搬来座椅，全是为了要让自己购买商品啊。

虽然导购员的目的的确是推销商品，但不能过于直接。要先从聊天开始进行沟通，通过沟通可以了解顾客的购买意图，方便导购员从顾客的需求方面来推销自己的产品。比如，顾客最近在装修房子，导购员就可以说"这可是个辛苦活儿啊，不过咱们自己要住几年甚至几十年的地方，确实需要用心一点。"

通过这样的聊天，慢慢把话题转移到与商品相关的事项或知识上，拉近和顾客的心理距离，这样再做推销的时候，顾客就会觉得导购员所做的一切都是为了能让他把房子装修得更好，也就会切实地考虑导购员的建议，购买欲望也会增加很多。

情景2：

导购热情迎上前，顾客冷淡地说："我随便看看。" 导购："那好吧，有需要时你喊我。"

【情景回放】

小温是一家服装店的导购员，因为她们店里的服装样式比较新潮，质量也不错，所以生意一直很红火。

因此，小温的导购工作一直做得很顺利，但最近一段时间，因为店外道路施工的原因，店里的生意也冷清了很多，小温为此每天都打起十二分精神，想为店里多创造一点销量。

不知是道路施工影响了顾客的心情，还是小温的态度问题，这两天进店的顾客都比较冷淡，每当小温问对方有什么需要帮助的时候，对方要么一言不发，要么冷冷地回答："我自己随便看看。"

这种时候，小温只好无奈地回答道："好的，您随便看看吧。"

而她这样回答之后，顾客也多半会返身离开店里，什么东西也不买。

"为什么最近销量下降这么多？"店长来店里视察时问。

小温委屈地说："最近外面路上一直施工，客人少了很多呢。"

"那也不应该下降这么多啊，明天我会来店里帮忙的，看看到底问题出在哪儿。"

"好的，店长。"

第二天，店长很早就赶来店里，正巧小温正在招呼一个客人。

"您今天想买什么衣服呢？"

"我先随便看看。"对方说。

"哦，那您有需要再来叫我吧。"小温扭头就回到柜台后面整理文件了，而那位顾客自然没有来叫过她。

倒是店长在旁边站了一会儿后，和那位客人聊了起来，没多久，那位客人竟然买了两条裙子高兴地离开了店里。

明明店长问这位客人的时候，她也是回答想自己看一看的，为什么最后结果却完全不一样呢？小温觉得备受打击，不敢直视店长的脸。

【销售分析】

1.了解进店顾客的类型

一般来说，进店的顾客会分几种类型：

纯粹逛街来玩的；

货比三家来收集信息的；

确实是有需求来购买商品的。

导购员只有了解了进店的顾客是哪种类型，才能在为顾客介绍商品时做出不同地反应，抓住那些潜在的顾客，让他们愿意购买自己的商品。

如何了解进店顾客的类型其实很简单，只要导购员多观察进店顾客的神态和动作，就会大致了解的。

进店后目的性不强，只是随意地看商品，这种顾客一般没有明确地购买意图，店里的商品对他来说可买可不买，这一类就是潜在客户，如果导购员可以通过沟通了解到他的需求的话，很有可能就能把商品推销出去。

而进店后只问价、砍价，却不明确说明要不要买的顾客，很有可能只是来打探消息，并不是真正要买店里的商品。

2.让顾客"随便看看"，其实是放弃顾客的潜在含义

不管进店的是哪种顾客，导购员不能在听到顾客说"想随便看看"时就任他自己观看商品，甚至对顾客说"那您先看，有需要再叫我"这样的话。这种发言其实是已经放弃向顾客介绍商品的信号。当顾客感觉你已经放弃了他时，他又何必还要在你的店里待下去呢。对于导购员来说，这属于一种消极地推销，并不能拉拢住顾客的心。

小丽是一名导购员，这天是周末，店里开门后生意一直不错，其他导购员忙得不可开交，只有小丽的业绩平平，一个早上只接待了五名顾客，其中还有两名顾客对她的表现十分不满，没说几句话就离店而去。

小丽心情很不好，她知道自己刚做这一行，还不太了解顾客的心理，所以总是说错话，做错事，可她也不知道怎么改正，又不好意思问其他同事，只好一直这样错下去。

吃完午饭，又来了一名顾客，小丽连忙迎上去问："您好，您需要点什么？"

"我随便看看。"

"哦，那请便吧。"小丽走到了一边，不再理顾客，顾客在店里只看了两眼，便嘀咕道："算了，还是去下一家吧。"

小丽的同事看到这个情况，忍不住上前对小丽说："你以后碰到这样的客人，千万不能真的只让他随便看看，这样会让客人感觉自己是被放弃的一方，就算是想在店里买东西，听到你这样说，也不愿意买了。"

小丽一愣，原来她的顾客流失是这样的原因吗？

很多时候，顾客第一次来到店里时，都会对导购员产生一定的警惕性，面对导购员的询问表现得都比较冷淡，不愿意与导购员多说话，怕被他们误导，

购买自己不需要的产品，或者是陷入导购员设下的陷阱，买了次等的商品。

所以，很多顾客为了保护自己的利益，在进店后就会"警告"自己要少说话，甚至是不到万不得已，不与导购员沟通等。

【专家支招】

1.选择一个合适的时机向顾客搭话

很多情况下，顾客不喜欢刚一进商店就被导购员询问需要什么产品，这会让顾客感到不自在、紧张，感觉导购员无形之中给了自己一种强大的压力，好像不买东西就不能待在店里一样。

所以，当顾客进店之后，导购员不要马上就向顾客搭话，等到他有购买意向时，再抓住时机，推销商品。

这就需要导购员有足够强的观察力和反应能力，面对顾客时要有耐心，了解顾客的意愿，有针对性地向顾客搭话，推销自己的商品。

2.引导顾客选择适合他的商品，而不是帮他做决定

导购员在推销商品时，不要一味地介绍自己的商品有何优点，还要了解顾客的想法和使用意图。根据顾客的想法，推荐合适的几种商品，不要帮顾客决定该购买哪一种，以免引起顾客的反感。

如果顾客坚持要随便看看，导购员应尽量减轻顾客的抵触心理，把顾客"随便看看"的借口当做自己的突破点，拉近顾客与导购员之间的关系，趁机推销。

比如，当顾客要随便看看时，导购员可以这样说：

"没关系，您随便看看，不过为了能让您更了解我们的产品，我先向您介绍一下我们的产品，可以吗？"

"您是要买××吧，那请您来这边随便看一眼吧，这边都是我们的新款，质优价廉，最近的销量一直不错呢。"

情景3：

顾客进门，问"你们这里有没有××商品？" 导购摇摇头表示没有，或者回答："没有，你去别处 看看。"

【情景回放】

今天的一笔服装交易让服装店导购员刘娜一直耿耿于怀。

下午时分，店里的客人不是很多，只有三两位顾客。刘娜在给一位女士服务时又进来一位年纪稍长的顾客，开口就问她："你们这里有没有××牌的衣服？"

导购摇摇头说："我们这里不卖这个牌子的衣服。"

顾客眉头一皱，"是吗？那你们这里都卖哪些品牌的衣服？我看一看吧。"

因为年龄的缘故，女士挑起衣服来格外的认真挑剔，已经试了很多套衣服，可是看上去还是不满意，刘娜一直耐心地做着推荐和介绍，早已口干舌燥。女士还意犹未尽地试穿各套衣服，终于，在试一套蓝色连衣裙的时候露出了满意的微笑。刘娜感到如释重负，心想着，终于为她挑到合适的衣服了，送走她后一定要好好歇一歇。

这时，挑剔的女士问了刘娜一个问题："这料子太薄了，这衣服会不会不耐穿呢？"

"当然耐穿，我们是大品牌，质量绝对有保证。"

"我看真的不如我说的那个牌子的衣服好，那这款衣服买的人多吗？"顾客似乎还是有些不满意。

刘娜虽然不高兴，但还是说："挺多的。您眼光真好，很多顾客都看上这件衣服了，销量也一直不错。"

"这样啊，可是我不太喜欢和别人撞衫呐。"

刘娜更加不高兴了，真想对她说，怕撞衫就不要出来买衣服，自己在家做不是更好！但她还是很有职业道德的，忍了忍什么话也没说，只是对着顾客笑了笑。

顾客见她这个样子，气愤的把衣服一扔，说道："算了，不买了，我还是去其他店里看看吧。"

刘娜早就受够了，也有些生气地说："那您就去其他店里吧。"

【销售分析】

刘娜的经历很让我们同情，其实导购员真的很幸苦，每天面对不同的顾客，应对不同顾客的难题，在此，我们真的应该说，你们辛苦了。

如果当时刘娜能变换一种回答方式与客人沟通，或许这场交易的结局不会是这样。我们看到刘娜回答顾客的问题时过于简单直接，给了挑剔的顾客乘胜追击的机会，她提出的一个一个难题说明她确实对衣服存在某些方面的疑惑，如果导购在这时候没能读懂顾客这一有趣的心理，那就会让他们有机可乘，让导购处在了不利的位置上。

而相反，如果导购能够读懂顾客心理，在回答顾客问题时能够游刃有余，全面专业。那么顾客也会信赖导购，信赖手中拿着的衣服。如果刘娜当时就是这么做的，这场交易没准就会成功了。

如何在接待顾客时完美地回答顾客问题，不同的导购肯定有不同的方式，但是最终的目的还是要让顾客了解我们的产品，积极主动地购买我们的产品，所以，采取一些贴心温暖地回答方式，让顾客信赖你，切记不要心急抢答，也不要直接证明顾客的想法是错的，不要引发冲突。

在回答顾客的提问的时候，导购员掌握正确的方法就能将主动权掌握在手中。对服装进行扬长避短地介绍，对顾客的疑虑进行专业准确地讲解，解决顾客的后顾之忧，积极地达成交易。

【专家支招】

1.留住顾客，了解顾客的需求，但不要迫切地推销商品

当顾客询问店里没有的商品时，导购员不要急着马上回答，要第一时间先把顾客留在店里，了解顾客的购买意图，再徐徐图之，向顾客介绍自己店里的产品，让顾客有一番了解之后，再进行推销。

2.当顾客主动询问时，导购应这样回答：

在回答之前给自己一个停顿，让自己有思考的时间。

小芸今天接待的一个客人，一进门就问还有没有××牌子的电高压锅，这款产品最近在搞活动，上午刚好卖完了，但是小芸觉得，如果自己一开口就说没有了，肯定会把客人"推"出门外，于是她没有急着回答客人的问题，而是先把客人请进了店里，思考了一下，才问道："看来，您很喜欢这款产品呢，这款产品确实很不错，在店里的销量一直很不错。"

"我听说最近在做活动，所以想来看看。"客人说。

小芸把客人带到另一款电高压锅前，笑着说："其实这一款电高压锅也在做活动，两款商品质量和功能差不多，但是这一款更优惠，活动也不错，我给您介绍一下，您比较一下，看看哪款更适合您。"

客人当然很高兴，在听了小芸的介绍后，很高兴地买下了这一款电高压锅。

在顾客提出问题之后，给顾客一个微笑，表示对他的尊重，然后有一个停顿，组织一下语言，就算顾客的提问简单易回答，也不要冒失的作答，在简单问题上作出专业精准地回答，可以树立自己的专业的形象，给顾客信赖。冒失地回答，会让顾客觉得自己很无知，不被尊重，而且导购过于冒失地回答往往是疏于考虑，词不达意。

眼睛直视顾客，重复一遍顾客问题。这么做的目的有两个，第一个是为了表示自己是在考虑顾客问题的，至少是尝试着理解顾客的问题的，在这个时候是充分为顾客考虑的，还可以提醒顾客有没有遗漏的问题要补充。第二个，是为自己的作答争取时间，也可以通过复述问题来抓中问题的核心，组织语言，

以便准确合适地为顾客作答。

认真回答顾客的问题。在理解了顾客的问题以后，导购应该及时抓住重点，围绕顾客的问题予以详细地回答，彻底解决顾客的难题和后顾之忧。

结束回答时应该问顾客，我解释得够清楚吗?您还有什么问题吗? 在得到顾客的肯定回答后再对服装进行深层次的解释。在回答顾客问题时，还应注意五个细节，专业、精简、准确、全面、反问。总结起来就是"专、精、准、全、问。"

在导购掌握了以上的技巧后，我相信在与客人的交流中，一定可以做到从容应答，从而积极达成交易。

情景4：

顾客说："我想帮朋友买件衣服，但我不知道她喜欢什么样子的。"
导购答："那你最好带她过来。"

【情景回放】

丽萍是一家名牌服装店的导购员，因为快到圣诞节了，买衣服的人也特别多，所以像往常一样丽萍很早就来到了店里，希望趁着节日能有一个不错的销量成绩。

今天进店光顾的人确实很多，丽萍应付起来也十分忙碌。但是也有好几个顾客虽然进店了，却不知道自己要买什么衣服就走了。无论是谁，只要是寻求导购员推荐服装的时候，丽萍都向他们推荐那边一排卖得比较好的流行服装。

"你好，我想询问一下这里哪些衣服比较不错，您帮我推荐一下！"一位男士顾客进门后问道。

"好的。我建议您看看这排服装，这是今年流行的最新款男装，在店里的销量也是最好的！而且评价都不错，我们在淘宝还卖同款呢，比起其他的品牌店，价格要实惠很多。"丽萍笑着说。

男士看了看，摇了摇头说："我想看女款，我是想给朋友买衣服，但不知道她喜欢什么样的衣服。"

"那您最好带她过来。"丽萍笑道。

男士虽然也笑了笑，但一转身竟然从店里离开了，丽萍有些泄气，不知道自己是哪句话说错了，一天都闷闷不乐的。

【销售分析】

1.了解顾客的购买心理

实际上，顾客经常会在首次光临店铺的时候不知所措，他们要买什么样的衣服，自己也常常感到茫然，所以顾客在购买的时候总喜欢询问一下导购的意思。而上述案例中，丽萍却没有把握好客户的购买心理，因此失去了客户。

要知道，几乎每天都会有进店却不知道购买什么服装的顾客，把握住这些顾客的心理，把他们转为自己的客户是至关重要的。

面对这种情况，聪明的导购不仅会告诉顾客该买什么，还能把握住顾客的心理，让顾客放心购买商品。

比如，事例中的那位男士，他自己在节日前夕来购买异性的衣服，导购员应该对男士的购买意图做出一些分析，是送给亲朋好友的节日礼物？还是想给自己的女朋友、妻子一个意外惊喜？

如果没把这些因素考虑在内，那么肯定会失去顾客。

2.不要变相的把上门的顾客推出门外

"我想送朋友一束花，但不知道她喜欢哪种花。"花店的导购员刚开门不久，就遇到这样一位顾客。

导购员想了想说："那您可以打电话问问她，都喜欢什么花。"

顾客有些为难，"你不能给我推荐几种吗？我如果能打电话问，还用来问你？"

导购员一时有些气愤，便随便指了几种女孩子喜欢的花束，说："这几种都不错，您慢慢挑。"

"你态度怎么这么恶劣，这些好看是好看，可是我觉得不太适合送给我朋友，还有没有其他推荐？"

"没有，就这几种。"导购员漫不经心地说。

顾客一时不知道说什么，见她真的懒得介绍，便摇着头离开了花店。

当顾客不知道要为朋友选购什么样的产品时，导购员的一句错话，很有可能就会把顾客推出门外，本来十有八九能拿下的一单生意，也会就此泡汤。

顾客上门，导购员的目的是尽一切可能把顾客留在店里，而不是无意中拒绝这门生意。所以，导购员在平时应多注意自己的言行举止，不要做出变相的拒绝行为，失去顾客。

【专家支招】

1.选择一个好的开场白，让顾客记住自己的店铺

许多顾客因为不知道自己要买什么，总是以随便逛逛的心态进店光顾，所以顾客进店不一会就走的情况是十分常见的。所以，用一个好的开场白留住顾客很重要。许多导购习惯在顾客进门的时候讲："您好，请随便看看！"、"您好小姐，你想看个什么价位的？"等，其实这么讲话都不是最好的，开场白最好能用一句话切入自己店铺信息，给客户留一个不错的印象，比如："某某店铺欢迎您，很高兴为您服务。"这样讲，顾客不仅会感到服务周到还能在大脑中留下店铺印象。

2.即使顾客不知道买什么，也要通过讲解把顾客吸引住

许多顾客进店没多久，看了一遍衣服就走了。这是因为顾客除了不知道买什么，也不知道店里产品的具体情况。所以在这个时候，导购员要积极对产品

进行讲解，吸引顾客目光。比如，"我们这里正在搞活动，只要购衣满五十我们就有礼品赠送"、"这件衣服卖得特别好，我们的库存都不多了，只剩下这几件"、"这件衣服是我们促销价，库存都不多了，后天准时涨价"等等。

3.通过赞美顾客的长处让他们接受自己推荐的服装

当顾客不知道自己买什么的时候，你的推荐或许并不能让他感到满意，但是通过赞美，取得的效果或许就大有不同了。比如："您的眼睛好大啊，皮肤也不错！我感觉这件绿色的衣服很适合您，很能衬托出您的气质，我推荐你买这一个。"、"您身材这么好，穿黑色显得更瘦，白色就会显得胖些。"有时，一些顾客会说："哎呀，这几个都不错，我也不知道挑哪个。"这时候，这种方法也很管用，"您的眼光真好，这几个卖的都很好，不过我觉得您的气质好，穿棕色会更好些，显得很有档次"。

4.讲自己的看法，因为觉得这件衣服好看自己也留了

这种方法是最实际的，推荐原因也最直接，"我觉得这件衣服很漂亮，我自己都喜欢的不得了，还留了一件穿"，导购员这样讲，顾客会很容易感觉到这件衣服确实很漂亮。他自己也会想："看来导购员不是为了让我购买才这样夸赞的，因为她自己也留了，说明这件衣服确实不错。"

情景5：

面对结伴而来的顾客时
导购只热情招待其中一位顾客

【情景回放】

两名女顾客走进某服装店内，导购员小孙连忙上前接待。

询问了顾客要看的服装是上衣之后，小孙就将她们引领走到上装区为其

推荐。

"请问您二位都要看看外套吗？我们店里刚好上了一批新货。"

"不是，就我一个人买，她是陪我一起来选的。"其中一名顾客说。

顾客说明购买意图之后，小孙有意无意地就有些忽略另外一名同行的顾客了，仅仅围着要购买的顾客推荐、介绍。

随后她推荐了几款外套，顾客也觉得还不错，试穿后问同伴的意见时，同伴却不高兴了。

"颜色好像不太好，而且这件长短也不合适。"同伴皱着眉头说。

之后小孙又介绍了几款，有几件衣服确实很不错，但每次顾客去问同伴的意见，同伴总能说出这样或者那样的毛病，阻拦顾客买衣服。

在结伴的顾客一直说不好时，小孙忍不住回应说："这么有特色的搭配，怎么会不好呢？"

"挺好啊，哪里有不好看呢？"

"我就是觉得不好看啊，你们导购员只知道卖商品，我们是朋友，当然要为朋友着想。"同伴抱着胳膊说道。

"那您看了这么多，真没有一款满意的？"小孙不想和她吵架，就把目光又移到了顾客身上，顾客犹豫不决，看得出来，确实有两件衣服是她很满意的，但是同伴一直不让她买，最后，当然是顾客采纳了同伴的意见，放下衣服离开了店里。小孙拿着衣服气呼呼地在店里走来走去。

【销售分析】

在服装等零售行业中有一个共同的现象，就是购买者越多的时候，成交的难度越大。在这种多人陪伴购买时，一个导购员通常要应付多个人，对导购的销售技巧和应答能力是一个严峻的考验。

俗话说："陪伴者既是敌人，也可以是朋友"，一个优秀的导购员应该首先能够处理好与陪伴者的关系，绝不会在销售过程中忽视顾客同伴的存在。

案例中发生的销售失败的事情，即是导购员因为忽视同行的陪伴者而使得交易失败的一个明显案例。小孙在了解了顾客的目标后立刻非常明显地忽略了非顾客的存在，造成陪伴者后面对服装的故意挑剔和否定也是情有可原的。

对于结伴顾客中的陪伴者，其实只要在销售过程中把握以下三个原则，就可以轻松"化敌为友"了，不仅不会对销售造成阻力，运用得当反而能将陪伴者拉入导购员阵营。

1.将陪伴者也作为顾客对待，千万不能忽视

显然，在导购员的推荐和陪伴者的建议两者之间，无论是熟悉程度和信任程度，顾客都是会站在陪伴者一边。所以导购员对待陪伴者也要如顾客一样的热情。如果在场的陪伴者有多个人时，导购员还需要有一副火眼金睛来准确判断谁是对顾客购买最有影响力的陪伴者。

2.顾客之所以需要有陪伴者的原因，很多时候是因为更相信陪伴者的眼光，因此陪伴者有着购买的否决权和决定权

聪明的导购员在遇到有陪伴者的顾客时，通常都不会主动推荐商品，而是将自己置于跟随和第三者的地位，主动让陪伴者为顾客挑选款式，进行试穿。在购买服装时，常会有这种情况，当顾客穿着陪伴者推荐的衣服走出试衣间后，导购员满脸惊喜地表情说："哇，您的朋友真的很有眼光呢，这件衣服穿在您身上显得您更加漂亮有气质了。"一句话，既赞扬了顾客又恭维了陪伴者，如果这样说，陪伴者还说衣服不好，就是否定自己的眼光了，这样对方往往就不会再挑剔和反驳导购员的话了。

3."借力打力"，巧妙地将陪伴者拉入导购员的阵营

在销售过程中，如果发觉陪伴者扮演的是挑剔和否定的角色时，导购员要巧妙地借陪伴者的眼光来为顾客推荐。在介绍和推荐的过程中，要多征询陪伴者的建议和看法，巧妙地将陪伴者拉入自己的阵营中，一起为顾客服务。

【专家支招】

如果你是导购员，在遇到这类问题时，建议这样做：

1.不能再犯的错误

直接否定陪伴者的观点的话不要说，如"怎么会呢，我觉得挺好呀"、"您说错了，这可是今年最流行的，怎么会不好看？"纯属导购自己"找打"的错误应对，这两种说法缺乏充分的说服力，并且容易导致导购与陪伴者产生对立情绪，不利于营造良好的销售氛围。

不管顾客和陪伴者说什么，导购员一味按照自己的思路推荐的话不要说，如陪伴者说不好看时，导购员回答"这是我们这季的重点搭配"这种"驴唇不对马嘴"的话让顾客和陪伴者觉得导购员的业务能力一般，或者有故意忽略顾客的嫌疑，容易招致反感。

2.成功销售的语言技巧

在对待陪伴者的否定时，导购员要把握的原则是一定不能与对方争论，而是因势利导，巧妙推荐。

（对顾客）真的很羡慕您有这么好的朋友，这么细心周到地为您挑选衣服，我都能感觉到你们的亲密和默契呢。

（对陪伴者）这位美女，您的眼光那么好，又对您朋友的事情那么用心，可不可以请教您，您觉得我们店里什么样的款式比较适合您朋友呢，我很想听听您的看法？

（陪伴者说身材娇小的朋友更适合穿短款的外套，同时拿出一款外套在手里）恩，果然呢，您真是太会穿衣服了，这款短外套穿在您朋友身上应该更显身材，而且也会更精神。抱歉，我刚才忽略了这点。

（对顾客）美女，看您朋友眼光那么好，您就近试试这款外套吧？

这样通过几句话就能将陪伴者拉拢到导购员这边，既争取到陪伴者的支持，又增加了导购成功的几率，何乐而不为呢？

情景6：

顾客边吃东西边走进店里
导购提醒："别把食物沾到衣服（××商品）上。"

【情景回放】

马上就到中午吃饭的时间了，小刘的服装店里客人还是络绎不绝。

小刘是这间服装店的导购员，而这家店面正处在商业中心，今天又恰好是周末，所以客人非常的多，虽然营业额不错，但实在是太累了。

本来小刘想趁中午人少的时候去吃点东西，但这个时候却进来了好几拨客人，小刘和同事赶紧迎了上去，热情的打着招呼。

客人们似乎也已经饿了，有两拨客人进来的时候，手里都拿着一些食物，边吃边在店里转悠。

一开始小刘和同事并没有觉得有什么不妥，毕竟顾客逛街更容易饿，所以对这种行为很理解。但渐渐的，边吃边进店的客人越来越多，小刘和同事就有些头疼了。

其中一个顾客手里拿着个冰淇淋，明明手指上已经沾了点奶油污渍，却还把手伸向一件裙子上面，要不是小刘眼急手快，那件裙子今天就报废了。

"我想试穿一下这件衣服。"刚"救"下这件裙子，旁边有个客人指着另一件上衣喊小刘，小刘赶紧去拿衣服。

等到那位客人选好衣服离开后，小刘发现，刚才吃冰淇淋的客人还没有离开，而且还边吃边拿着衣服在手上看，还在身前比划了两下。

虽然客人也很注意不让手上的污渍粘到衣服上，但小刘还是吓了一跳，连忙过去把衣服从客人手上拿了过来。

"别把冰淇淋粘到衣服上了！"小刘毫不客气地指责道。

"哪粘上了？我刚才一直很小心，你们家的衣服这么金贵，连看都不能看一眼吗？"客人对小刘的指责很生气。

小刘也不退缩，指着客人的手指说道："你手上这么脏，万一弄脏了衣服怎么办？吃完了再来买衣服吧。"

"你！谁要买你家衣服！"客人气呼呼地走了出去，旁边几位客人听到小刘这样说话，皱皱眉头，也离开了店里。

【销售分析】

有客人或带着的孩子喜欢在街上吃东西，边吃边走。当她们吃着甘蔗、玉米、热狗等食物进店后，导购往往容易忽视这一点，只记得去招呼客人看衣、试衣。殊不知，客人的手一旦触摸了衣服，对服装是有可能造成污染的。

但是直接对客人说"别把食物粘到衣服上"，却是十分失礼的事情。不管是什么样的客人，只要他走进了店里，我们就要用热情的服务来招待他，而不是指责顾客。这会让顾客的自尊心受到伤害，觉得导购员并不欢迎自己上门购物，从而不愿意在店里购买商品。

【专家支招】

1.暗示顾客你很在意他吃东西的行为

李红正准备去吃午饭的时候，店里进来了两位顾客，两个人打扮的都很时尚，但手里都拿着一份卷饼，边往店里走，边吃东西。

其中一位顾客指着一件衣服想上前去摸一摸，李红怕她不小心弄脏了衣服，连忙走了过去，"两位女士想看看什么衣服？"

"你们店里什么衣服卖得最好？"顾客问话的时候，装卷饼的袋子不小心破了个口，油渍滴在了她的手上。

"这几件裙装是今年夏天卖得最好的。"李红把她们带到店里面，指着几款夏装说道。

顾客听后，轻轻甩了甩手，就要上前去看衣服。

李红着急，但又不想指责顾客的这种行为，把顾客气跑。

她想了想，正好看到柜台上的纸巾盒，便连忙走过去，抽出几张纸巾递到了顾客的手里，笑眯眯的看着她，却什么也没说。

顾客感激地接过纸巾，说道："哎呀，真是对不起，刚才把手弄脏了。"

"没关系，您要试试这件衣服吗？"见顾客把手擦干净了，李红连忙介绍起这几件裙子来。

顾客觉得十分满意，很快就选好了一件去付款了。

想要让顾客知道你在意他吃东西的行为其实很简单，直接递上一张纸巾就是最好的办法。

当导购员把纸巾递到顾客手上时，顾客会马上意识到你对她吃东西问题的关注，他也会察觉到自己的不妥之处，继而注意自己的行为。

这种时候，虽然导购员什么都没有说，但是顾客已经知道了导购员的用意，既不会得罪顾客，也表示了导购员人性化的关心，一举两得。

不仅是对吃东西的顾客，对待抽烟的顾客导购员也可以贴心的为他递上个烟灰缸，让他注意自己的行为举止，不要祸及商品。

2.转移顾客的注意力，暂时不让顾客触摸商品

如果导购员短时间内无法找到纸巾或者合适的东西提醒顾客擦手，注意卫生，导购员也可以设法转移顾客的注意力，让顾客暂时无法触摸到商品。等顾客吃完东西后，再让顾客进行商品体验。

果果是一家服装店的导购员，她所在的服装店正好在商业区，每天都人来人往，十分热闹。当然店里的生意也十分火爆，果果工作起来十分的卖力。

但让果果十分头疼的是，每到中午，就有很多吃着东西的顾客进门。怎么才能让他们不把食物弄到衣服上呢？

果果为此很苦恼，想了很多办法都没效果。

有一天，有个老同事知道了她的烦恼，就笑着说道："这还不简单，你不让顾客去碰衣服不就行了。"

"可是不让他们碰衣服，他们会生气的。"

"你为什么一定要告诉他们，不让他们碰衣服呢？"老同事对她说："你可以向他们多介绍一些服装、服饰搭配方面的知识，转移他们的注意力，等他们吃完了东西，再让他看衣服不就行了。"

"真是好主意，谢谢前辈！"果果开心地笑道。

这种方法既能让顾客了解商品的信息，还能让导购员趁机了解顾客的购买意图和其他信息，帮助导购员从中进行判断，为顾客介绍最适合的商品。

情景7：

商店里销售一些浅色服装，顾客逐个地看并要求试穿 导购提醒："不买的的衣服不能试。"

【情景回放】

苏苏喜欢搭配服装，也很喜欢和朋友分享服装搭配的心得，她因此选择做一名服装导购员。

现在，苏苏在一家女装品牌店里做导购，苏苏开朗的性格也让她的销售业绩直线上升。

虽然苏苏做导购时间不长，但她搭配服装的能力一点也不比资深的销售员逊色，所以店长把装扮橱窗的工作也交给了她。

这天，苏苏刚装扮好橱窗里的模特回到店里，顾客白小姐就推门进到了店里面。苏苏赶紧迎了上去。

"能把你们橱窗里的衣服拿来给我试试吗？"白小姐对苏苏说道。

"好的，您稍等。"苏苏看到白小姐对自己搭配的服装感兴趣，很高兴地去库房拿出了新的，给白小姐试穿。

从试衣间出来的白小姐照着镜子，对穿在身上的衣服很不满意，脸上露出了失望的表情。

"如果您不满意，您还可以试试这几款。"苏苏向白小姐推荐了卖得比较好的几款衣服，白小姐只是看了一眼，"我比较喜欢宽松肥大的款式，这几件衣服都是修身的，我不喜欢。"

接着，白小姐走到一排浅色衣服旁边，每件都拿起来看一看，但看完后却摇摇头放下，似乎不太满意。

"这边的衣服颜色更丰富。"苏苏笑着说。

但白小姐似乎只对浅色衣服感兴趣，依旧逐个看这些衣服，还提出想要试穿几件。

苏苏有些不高兴了，闷声说道："对不起，不买的衣服不能试。"

白小姐听后愣了愣，扭头就出了店门。

【销售分析】

苏苏与白小姐的交流过程在服装销售行业中是很常见的小插曲。这样的情况一般都让导购伤脑筋，不知道自己的热情服务到底哪里出了差错。其实，热情的服务没有错，只是在服务的时候还是不够用心。

苏苏一味地向顾客推荐最热销的产品，可是她没有想过，顾客白小姐是否需要这样的产品？白小姐到底喜欢哪类的款式？没有深入地考虑顾客喜好，就不能为顾客挑选适合的服装，顾客在厌烦导购莫名其妙地推销后自然想要离开。

服装导购在面对顾客时，如果能够通过顾客的穿着打扮，谈吐举止，性格气质初步判断顾客的喜好，为顾客挑选适合的服装，就能够赢得顾客的信赖与好感，服装交易也就容易做到事半功倍。

【专家支招】

每个人都有不同的审美，所以喜欢的服装款式也就不尽相同。然而每个人的喜好是能从个人的性格气质、日常穿着等细枝末节中透露出来的。作为服装导购，就是要具有这样阅人的能力。

1. 以下是常见的几种服装款式

优雅大方款：做工精良，裁剪典雅，具有大气、高端的韵味，适合都市女性，彰显女性的高贵气质。

镂空印花款：以大自然的花卉植物为素材，以清新明丽的色彩为主调，搭配镂空的剪裁，时尚出彩，近年来为青春靓丽的时尚少女所欢迎。

时尚新潮款：紧随时代潮流变化，以简单雅致著称，多点缀别致的造型，如荷叶边、燕尾设计，适合多种场所穿着，但是受不断更替的时尚潮流影响，流行时间较短。

晚装宴会装：以丝绸等亮丽的高档材质为服装材料，缀以大量的珠宝亮片，令服装更加奢华闪亮，加之量身定制的修身设计，彰显着装者的高贵身份和典雅气质。

运动休闲款：宽松设计，舒适面料，适合运动及日常穿着，此类服装使穿着者看起来更富有朝气，有活力，显年轻。

2. 不同性格的人喜欢的服装款式

天真可爱：此类顾客多是年纪较轻或者心态较年轻的女性。她们思维简单，喜欢浪漫可爱的事物，大多偏爱粉色、浅紫色、浅蓝色，建议这类顾客选择碎花、蝴蝶结、蕾丝、提花、荷叶边等为装饰物的服装。

艺术前卫型：这是思想前卫独特，行为也特立独行，主观意识较强的顾客，喜欢的服装款式当然也与众不同。她们的衣着常常给人奇特不羁的感觉，如色彩尖锐的民族风服装，或者是对比尖锐的搭配组合，当然粗布麻衣也是他们的穿着之一。总之，他们的着装总会给人难以捉摸的感觉。所以，作为导购，一定要为他们推荐店里最具设计感、造型最特别的款式。

活泼开朗型：这类型的顾客喜欢和导购沟通，也总是以笑脸面对所有人，因为她们的性格活泼开朗，不拘小节，看起来她们对服装没有挑剔的要求，但还是喜欢穿着暖色调，给人温暖的感觉。她们适合休闲款的衣服，面料以棉质、针织最好，宽松的裤子，帅气的衬衫亦或者是有青春味道的短裙，更可以是代表青春、自由的牛仔系列都很适合她们。

温柔淑女型：这一类型的女性朋友，气质文雅，她们适合柔、恬、淡的暖色调，飘逸的长裙，浪漫的花边，及显露女性优美曲线的造型款式。

不同的人爱好的款式是不一样的，在为顾客推荐衣服之前，一定要通过观察和交流了解顾客的偏好，因人而异，为顾客选取不同的服装款式，在销售中抢占先机。

情景8：

顾客进来询问："前几天我看中的那款在哪里？"
导购答："您来晚了，那款已经卖光了。"

【情景回放】

时间过得真是飞快，小薛做导购已经做了两个月了，两个月的时间不长不短，但足以让小薛遇到一次回头客了，这让小薛开心不已，看来她的魅力还不错嘛！

不过小薛似乎高兴得有点早，因为十分钟后，小薛终于见识到了吃人不吐骨头的回头客是什么样的。

"前两天我看中的那款鞋在哪儿？"回头客一进门就问。

小薛这才想起来，上次这位客人进店里来的时候看中了一款皮鞋，可惜当时因为种种原因，回头客没有买下来，直到今天才过来购买。

原本小薛以为这位回头客是对皮鞋不满意，说下次来买也只是口头敷衍，没想到回头客竟然真的会回来买鞋。

"您来晚了，那双皮鞋已经卖出去了。"小薛诚实地回答道。

"什么？我不是说让你帮我留着的吗？现在怎么办？我过几天要等着穿的，好不容易遇到一款心仪的鞋，还没有了，哎！"回头客似乎十分伤心。

小薛却小声嘀咕道："谁让你当时不买。"

回头客隐约听到了几个字，气得转身就想走。

小薛不想放弃这单生意，连忙介绍了几款新到的鞋，果然转移了回头客的注意力，很快，回头客又看中了另外一双鞋，试过之后很满意，决定买下来。

但回头客一直对小薛刚才的态度耿耿于怀。

"小姑娘，你看我都是你忠诚的回头客了，你这件衣服再给我算便宜点吧。"于是，这位回头客大姐锲而不舍的和小薛讲着价钱。

"大姐，这个价钱已算是会员价了，不能再低了。"小薛还没见过这么死缠烂打又能讲价的顾客，她都已经口干舌燥了，可是这个大姐显然不相信她已经把这双鞋的价格压到最低了。

"小姑娘，你太不够意思了，好歹我也是个回头客，也算你的老顾客了，你再便宜点，一百五行不行？"老顾客大姐说出了自己心里的期望价格。

老天，不要这样好不好，一个公司定价三百的鞋，有人居然想以半价拿走，那还不够成本钱呢！小薛真不知道该怎么办了，无奈之下，小薛只好请店里的另一位资深导购来应付，这位资深导购果然没让小薛失望，只见她简单两句客套之后，就介绍那位顾客买了另外一双鞋，不过那双鞋可以买一送一，然后回头客大姐满意的走了。

小薛看了看刚走不远的顾客，又看了看和自己一起工作的资深导购，百般滋味在心头，为什么自己就办不到呢？唉！

【销售分析】

当顾客进门后，导购员要做的最主要的事情就是想尽一切办法把顾客留在店里，而不是一句话就把顾客拒之门外。

如果顾客之前已经来过店里，再进门时，表示这笔交易十有八九会成功，如果因为之前顾客看中的商品卖完了而直接告诉对方，会让对方觉得你是在拒绝他，从而不愿意再了解店里的其他商品，使交易难以进行下去。

销售本来就是你情我愿的事情，如何让顾客心甘情愿地掏钱来买你的产品？最简单的就是满足顾客的需要，其实销售的最基本的要求就是要满足顾客的需求。只要你的产品满足顾客的需要，顾客自然会掏钱购买。如果你不知道顾客真正要什么，你滔滔不绝地说是没有效果的。所以，了解并满足顾客的需要是销售人员最基本的能力。清楚地了解顾客的需要，并能够站在顾客的角度考虑，这样才能得到顾客的信任，销售才可以成功。而如何了解顾客的需求，这就要看销售人员的沟通技巧了。

通过沟通，你才能知道顾客真正的想法，而提问则是最直接获得客户需求的办法。上文的服装导购就是没有正确地提问方式了解顾客的需要而导致销售失败。

【专家支招】

在赢得顾客的好感和信任后，销售人员要循序渐进地对顾客进行提问。不同种类的提问方式也是因人而异。提问最常见的是开放式提问和封闭式提问。

1.开放式提问

比如"您喜欢什么风格的衣服？"、"您挑选的衣服准备在什么场合穿？"开放式提问旨在让顾客自我阐述内心的想法、意见或是信息。开放式提问比较适合外向型的顾客，有时你只需要给他们一个引导，他们就能说出很多想法，而这时你要做的就是聆听，然后从顾客的叙述中得出其需求，为他们送上更好的服务。开放式提问一般能获得顾客的有效信息，消除顾客的戒备心，与顾客迅速建立起良好的关系，并使顾客有一种被重视感和被尊敬感。

2.封闭式提问

有的顾客进店是无目的式的购买，他们说不清自己的需要，这时导购就需要对顾客做出封闭式的提问，提出像"您是否需要一件风衣？"之类的问题，让顾客在"是"或是"否"两者之间作出明确地回答，封闭式提问适合没有具体意向的顾客和内向型的顾客。

这两类顾客不清楚内心的想法，或者是不能很好地组织语言把真正的需求说出来，因此，封闭式提问，可以用来缩小顾客的需求范围，并引导顾客关注店内的服装，对销售人员来说还有一点好处是，封闭式提问可以让你发挥擅长的商业知识，树立专业的形象。

销售人员的问题不要太多，两个最好，以便顾客可以迅速作出确认。比如"您买的衣服是自己穿还是送人？""您是喜欢长款还是短款卫衣？"等等。

销售人员在对顾客提问时是需要两种提问方法搭配使用的。其中用开放式提问收集顾客资料，深入判断顾客的想法和需求，然后再用封闭式提问缩小顾客的需求范围，将顾客的目光引导到指定的固定的几件衣服上。

情景9：

顾客浏览完商品："现在还太贵，我等你们打折时再来买。"
导购："刚上市当然贵，再过一段时间可能会便宜点。"

【情景回放】

服装店最近刚刚到了一批新款的服装。这些服装都是时下正在流行的款式，因此厂家给的价格也比较高，自然销售价格也要比店内其他的衣服贵些。服装刚刚上架，进店的顾客就大多数被这些新款吸引过去了。

有一名顾客在这些新款里面挑选了好一会，在导购员的推荐下，也试了几件衣服。顾客还不停向导购员询问，这些新款的搭配方法和面料方面的一些问题。

在导购员看来，这名顾客是成交的可能性很大的那类顾客。这类顾客比较关注商品，与导购员有互动，并且是非常主动，这样的顾客通常都会购买商品的。

可是，左看右看之后，顾客还是迟迟没有决定买哪一件，最后顾客说："衣服很好看，我也喜欢，就是价格太高了，等便宜点的时候我再过来买吧。"

导购员连忙说："现在刚上市肯定会贵一点，再过一段时间确实有可能会便宜，但是到时候会有新款，新款肯定还是偏贵的。"

顾客只好离开店里。

之后又有一位顾客嫌衣服贵，想等打折的时候再来买，导购员就有些不高兴了，"这样还贵？那您去其他店里看看吧，还有更贵的呢。"

"嫌贵就不要出来买东西，现在什么东西不贵。"看见客人真的抬脚就往外走，导购员小声嘀咕道。

虽然她的声音不大，但还是被顾客听到了，火冒三丈，转身就和导购员吵了起来。

一天之内，这样的事情竟然遇到了三四次。导购员很是郁闷：按说新款的衣服价格稍微高些也是情理之中的事情，面对这些等着降价的顾客该怎么说服他们购买呢？

导购员冥思苦想对策，想了半天也想不出解决方法来，倒是又和几个嫌贵的顾客吵了起来。

【销售分析】

在一些新开业的服装店或者新款上市的时候，通常都会遇到顾客对价格的异议，这种时候：

1.作为服装店的店长要有正确的认识，顾客的消费能力和水平不一样，由于价格不能成交也是正常情况，不要过于担心价格对顾客购买的影响。店铺要保证一定的利润，必须制定一个合理的价格，只要是合理范围的价格都是可以的。

2.在处理对价格不能认同的顾客时，要注意应对的技巧，在说话技术上下功夫。尽量规避价格对顾客心理造成的成交障碍，而是通过顾客关注的其他方面予以弥补，比如多介绍款式、质量、面料、剪裁工艺等等与顾客气质、身材的契合度。通过介绍商品的优点，让顾客感受到物超所值，感觉价格绝对是低于商品本身的价值的。

3.要让顾客明白什么样的服装、什么时候的服装才会便宜，说明低价便宜服装的缺点，让顾客对降价的服装望而却步。也可以通过激将法，让顾客自觉的选择正价的服装。

【专家支招】

1.不能犯的错误

直接否定顾客的观点的话语不要说，比如"只有处理的衣服才会便宜，那肯定是过时的服装了"，"我们这个品牌的服装一般都不会便宜的，您什么时候买都是这个价格"。

价格策略性的话语不要说，如"我们现在其实也有打折呀，您也看到了都是在八折销售"。顾客现在都知道商家的这些价格策略，对这样的话语通常不敏感。

极力推荐购买的话语不要说，如"难得这么适合您，干嘛要等呢？"，这样的话语如果没有前后的铺垫很容易让顾客反感，有种强迫顾客购买的感觉。

2.成功销售的语言技巧

成功的销售依然是既考虑顾客的感受，同时又能将自己的态度和推荐引入顾客心里。

话语一：您真的很聪明，很会选择购买衣服的时机，我要向您多学习呢！您说得很对，毕竟我们的钱都是辛辛苦苦赚来的，都不容易。自然是应该把钱用在刀刃上，用最少的钱买到质量最高的商品！没关系，您可以留下电话号码。等到我们降价的时候我马上通知您，到时候您再过来。不过，这件衣服这么适合您，我还是建议您现在购买，您的身材那么好，我真的担心到时候没有您穿的号了。

话语二：买不买都没关系，您可以先试试看。所有的新款服装，厂家都有价格限制，我们现在的价格已经是厂家允许的最低价格了。您也清楚，新款码数齐全，这个款式现在穿的人也还比较少。您要穿上这件衣服走在大街上，那一定能吸引很多人的眼球。我们也想着让您帮忙做个免费的宣传呢。而且您的身材这么标准，我比较担心您哟，这款衣服您如果现在不买，到时候降价的时候不一定有适合您的尺码了。那就太可惜了，您觉得呢？

话语三：一看您就是个懂得生活的人，既追求生活的质量，又追求高性价比。服装降价的时候，通常都是快过季或者已经过季了，这样的服装您也穿不了几次，或者只有放到第二年再穿了。现在服装款式都是一个季节一换，到明年还说不好是什么款式流行。就像我上次买了一条连衣裙想着今年夏天穿，可是那条裙子到现在都没穿上，觉得当时买的时候那么好看，怎么现在越看越难看呢。其实原因很简单，今年的流行风格变了，我自然觉得不好看了。再说降价的商品一般都尺码不全，您要是想买又没有合适的了，那就太可惜了，您说是吧？

情景10：

顾客表示不满："你干嘛硬向别人推销，我非买不可吗？"
导购："不买你看什么？诚心来找茬？"

【情景回放】

小刘是某服装店的新进导购员，对新工作充满了热情，对过往来客都十分热情，总想把店里的精美服装全部介绍给顾客认识，苦恼的是，一直以来她的业绩似乎没有与她工作的热情成正比。

这天，一位衣着时尚的女士哼着歌悠闲地走进了她工作的服装店，小刘像往常一样十分热情积极地迎上去。

"您想买什么款式的衣服？这款衣服是我们店里的热销款，我觉得很适合您，您要不要试一试？"小刘赶忙上前走到这位时尚女士的身旁，一开口就向她介绍一款比较高档的衣服。

一开始，这位女士耐心地听着她的介绍，但是不管这位女士走到哪儿，小刘都在讲刚才那款价格偏高的衣服，这位衣着时尚的女士刚刚还充满笑意的脸一下子阴了下来，瞪了小刘一眼，撇下一句，"我非买那件不可吗？你怎么硬向别人推销。"

小刘也来了气，自己说了那么久，竟然还没打动她，就大声说道："不买你看什么看，来店里找茬啊！"

这位女士的好心情一点都不见了，转身离开了服装店。小刘也愣在了原地，后悔刚才自己的失言。

【销售分析】

小刘热情积极的工作态度是销售人员最为宝贵的品质，这一点小刘是值得夸奖和肯定的。但是，她在顾客进门之初没有很好地为顾客定位分类，在不了解顾客的心理时竟然连招呼都没有打就冒然上前搭话，并且说出了一些过分的话，让顾客悻悻离去。

在不了解顾客的类型和心理之前，销售人员最好能够简单地先打个招呼，再通过细致的观察为顾客分类，以便能够以合适的方式服务顾客。突然地提出问题、自说自话的介绍以及推销这一类的服务只会难以打开顾客的心扉，甚至还会让顾客产生不信任和防备的心理，当然也就不能帮顾客买到合适又贴心的商品，达成交易。

所以，成功营销的第一步就是要观察了解顾客的类型，顾客的心理。

【专家支招】

所谓"百人百面，千人千面"，说的就是不同的人有着不同的心理、不同的性格。所以，做销售要学会"相面"，在顾客迈入店门的那一刻起，细心观察顾客，在心里为顾客分类然后在各种不同类型的顾客面前灵活应变。

1.随便逛逛的顾客

"随便逛逛"的顾客主要表现为脚步不紧不慢，逛街像是在散步一样，眼睛四处张望，没有特别关注的目标。对店里的产品可能只是随便看看，没有太大的购买意向，这时候，销售人员首先要做的就是礼貌地向他们打招呼，表示出对他们同样重视，顾客感受到你的好意，由此对本店有良好的印象，就算现在不买，其购买在以后也可能会实现，做生意重视的是长线发展。

2.具有专业眼光的顾客

有的顾客在挑选衣服的时候和一般顾客不同，他们除了看款式外还会反复触摸服装，以感受它的材质。关注细节，仔细看服装的做工，针脚，翻看吊牌研究服装的成分，这一类顾客属于具有专业眼光的人。在日常销售中如果遇见了行家里手，销售人员就不能够用与普通顾客沟通的方法与他们沟通了，这样就是在班门弄斧，贻笑大方了。

销售人员首先应该对这类顾客的专业知识表示赞美，用一些溢美之词也不为过，然后要树立起自己的专业形象，告诉他，在这店里你比他专业，要自信、充满感情的用多于他的知识向他做产品的介绍，顶尖的销售者是对销售范围内的每一件产品，就算是一对微不足道的模特耳朵上的耳钉都如数家珍的人。相信你的专业可以打动他。

3.沉默寡言型

还有的顾客在面对销售人员的热情招呼时不作反应，为他们推荐服装时也很少搭话，这一类顾客是比较冷漠的，说他们活在自我的世界里也不为过，不少销售人员也在抱怨遇到这一类顾客是比较为难的。其实，掌握了他们的心理后，他们也是可以亲近的。对待这类顾客不妨先任他们自己看一看，逛一逛，等到他们表示出对某一产品的兴趣以后再上前轻声问问，"您需要什么尺码?我可以为您找一下给您试试吗？"从而与顾客搭话，具体了解他的需求，注意不要东拉西扯惹人厌烦，顺着他们的心意走就好。

4.犹豫不决型

在服装店内最常见的现象就是顾客同时拿着几件衣服看来看去，紧皱眉头，买不了全部却又不想放弃看中的任何一件衣服。这些顾客在生活中决定事情的时候往往优柔寡断，所以商场挑选一件衣服也令他们犹豫不决，甚至有时候可能都不了解自己的心意，随着别的顾客购买同样的东西。作为销售人员应该理解并帮他们做出合适的判断，在某些时候给他们一些鼓励、赞美的话语，更或者是一些坚决的话语，"就要这件吧！"帮助他们做决定。

5.冷淡傲慢型

还有的顾客，一进门就高昂着头，冷着脸，不可一世地看着店内的所有人。这是冷淡傲慢的人，这一类人在生活中是不招人喜欢的，不过作为销售人员，没有喜欢不喜欢，来者都是客，所以还是要放下成见去服务他们。这些人看似冷若冰霜，其实是很容易服务的。还是要赞美他们，然后礼貌地与他们交流，最重要的是要有充满热情的笑容，要在合适的机会以自然的方式恭维他们的品味和欣赏力。

6.羞涩腼腆型

有的顾客性格腼腆，进到店里来脚步轻缓，动作不自然，与陌生人相视时会脸红，目光会躲闪。这类顾客属于比较内向、敏感，不善交际，所以销售人员在说话时一定要注意自己的措词。滔滔不绝地推销会让他们有压力和紧张，要与他们的节奏一致，沉稳耐心，表现出亲和力，用自然的语气对他们表示赞美，给他们自信，让他们感受到温馨的购物环境。

第二章

介绍商品时，
导购切忌这么说

情景11：

顾客没表现出多大兴趣
导购自顾在旁边滔滔不绝地介绍："我来给您介绍一下，这款手机……"

【情景回放】

小文今天一天都很忙碌，但却没有卖出去多少件衣服，大多数客人只是进店转一圈，并没有表现出对商品的太大兴趣，就连小文的热情介绍也没有让顾客留下来，而是照样转一圈就走。

但是小文一点不气馁，客人再冷淡，她也尽量热情地招待，滔滔不绝地介绍自己店里的衣服。

"这件衣服是百分百纯棉的，透气性特别好……"

"这件衣服可是我们店的镇店之宝，每天都能卖出去几十件呢……"

"这件衣服的款式很新潮，适合你们年轻人穿……"

"这件衣服……"

"你很烦！"终于，客人受不了小文的介绍，"你能不能先让我自己安静地看看衣服？如果有喜欢的，我肯定会问你，你这样滔滔不绝地介绍个没完没了，我的思路都被你打乱了，你到底是想让我买衣服，还是不想让我再进你们的店门？"

小文顿时哑口无言，她也只是好心招待客人，怎么最后反而是她的错了呢？

委屈的小文很快站到了一边的角落里，店里再有客人时，不见他们喊人，她坚决不出来。

39

【销售分析】

其实顾客并不是不想买衣服，因为他既然愿意花时间在店里转，然后浏览店里的衣服，就说明他想买，只是还没有找到他心里想要的。而顾客转了一圈之后离开原因不外乎这几个：

一是当时店里的气氛或者导购的态度让顾客不喜欢，比如店里的音乐太嘈杂等。

二是顾客在这个店里没有找到自己想买的衣服。

三是顾客对店里的衣服已经产生视觉疲劳，不想继续逛街了。

四是导购员的介绍太多太杂太烦，让顾客心生厌恶。

五是顾客只是想逛逛，并没有购买的打算。

最近这段日子店里的生意不怎么好，让靠业绩提成领工资的小歌苦不堪言，没钱就代表着交不上房租，被房东扫地出门；也代表着又要吃半月的泡面来维持自己的民生问题。想想就觉得恐怖，但是她也没办法啊，生意不好又不是她的错，人家顾客就是进门看看，没有买衣服的意思，总不能强拉住人家，对人家说："你不买衣服就不准走。"这岂不是强买强卖，犯法的勾当嘛！

瞧瞧，又一位顾客在店里转了一圈，要走了，看着进门的顾客什么都没买就走，小歌跟当年曹操吃鸡肋的感觉是一样的——食之无味弃之可惜。由于无聊，小歌一直目送着这位顾客离开，然后小歌发现这位顾客又进了对面的一家店，然后也是转了一圈之后就要走了，"看来大家都一样啊！"小歌心里想着。

但是就在那位顾客要出门的时候，小歌发现那家店的导购不知说了什么，竟让那位顾客又转过身去，然后那位导购拿出了一件衣服让顾客看，然后说着说着在那导购的指引下，顾客又接连看了好几件衣服，小歌看到的最后结果是那位顾客竟然高兴地拿着一件打包好的衣服出门了。

也就是说，那个店里的导购不知用了什么办法，让没有买衣服想法的顾客买了他们家的衣服，小歌心里很羡慕，要是自己也能有那本事就好了，不管淡季旺季都不愁没钱赚，也不必过吃泡面的苦日子……

　　导购要明白一点，顾客来逛街说明他有购买意向，他逛的店越多，对衣服了解得就越多，购买的可能性也就越大。这时导购应想办法接近顾客，尽量挽留顾客，但不是强留，让顾客留更多的时间。

【专家支招】

1.千万不要对这样的顾客不理睬

　　很多导购对于这样的顾客一般都会采取不理睬的政策，认为人家没有买的意思，硬要前去留住顾客也是自讨没趣，还很可能蹭一鼻子灰。作为导购这是一种错误的想法，只要导购有空闲时间，就不应该轻易放过每一位顾客。

2.用向顾客求教的方式留住他们

　　芊芊是一名手机导购员，在向顾客介绍商品时，很多顾客都没有太大的兴趣，总是看一会儿就摇摇头走了，这让芊芊很苦恼，不知道该怎么才能把顾客留在店里，并把产品介绍给顾客。

　　芊芊的同事小王对这种情况就很有经验，芊芊去问小王，小王却笑而不语。

　　"到底该怎么向顾客介绍产品呢？你就帮帮我吧。"芊芊耐心地问。

　　小王这才摇着头说："我也不知道。"

　　"你怎么会不知道，你不是最擅长应对这类客人吗？"芊芊以为小王不愿意教自己，有些生气。

　　小王却说："我是真的不知道，因为进店的每个顾客都不一样，他们的喜好、性格、身份，也都不一样，你要是想知道怎么留住客人，怎么正确地向他们介绍产品，就应该问他们自己去，而不是来问我。"

　　"问客人？"芊芊不确定地问。

　　小王点点头："对啊，这世界上，还有谁比顾客更了解顾客呢！"

　　当看到顾客要走的时候，导购可以这样说："大姐，您才逛了一小会儿就要走，是不是我们哪里招待不周啊？"这样不仅可以抬高顾客的身份，还能赢取顾客的好感，最重要的是，导购可以从顾客的回答中发现自身存在的问题，从而找出更好的招待顾客的方法。

3.不要对顾客说不合适的话

有些导购见顾客要走连忙想去挽留，是说出的话却让顾客很不喜欢，比如"先生，先别走，你到底想买什么样的衣服啊？"这样的语气有点生硬，听上去甚至带有质问的感觉，这样的话不要顾客说。

另外一种就是太绝对的话也不要轻易说，比如"小姐，我们这有条裙子，绝对适合你。"导购很难完全了解顾客的喜好，所以话不要说得太满。

情景12：

顾客看中一款裙子
导购："我们的裙子多漂亮呀，特别适合你——你看你身上穿的这件多难看。"

【情景回放】

徐然身为服装店的导购员，很看重自己店里的商品，觉得只有自己店里卖的衣服穿出去才最漂亮，质量也最好。所以，在接待每个进店的顾客时，她总会下意识的去夸奖自己的店和店里的服装，就怕顾客不识货，不在她的店里买衣服。

这一天下午，又进来一位顾客，一眼就看中了一条裙子，十分喜欢，便要求试穿。

徐然乐呵呵地让她进了试衣间，等顾客出来后，便马上夸奖道："你看我们的裙子多好看啊，最衬你的肤色了，比你刚才穿的那件合适多了。"

却不知道，她这句话刚说完，顾客就脸色一变，二话不说进了试衣间，不一会儿，拿着换下来的裙子递到徐然手里，就扭头要往店外走。

"哎，这位女士，这裙子不好吗？你刚才穿着真的特别合适，要不再考虑考虑？"徐然看得出在试裙子之前，这位顾客其实已经决定要买它了，为什么反而试过之后就不要了呢？难道真的对裙子不满意？还是试穿的效果不好？

可是她觉得这位顾客穿上这条裙子，真的很漂亮啊。

可是她再三挽留顾客，都没有让她留下来，这单生意也就泡汤了。

后来，又来了两三位顾客，也都看中了店里的衣服，可每次她一夸奖店里的衣服好，顾客就不高兴地离开服装店，让她十分不解，问题到底出在哪里呢？

【销售分析】

在顾客一进门直奔某件衣服时，一个原因是因为这件衣服很合这位顾客的胃口，对它"一见钟情"，另一个比较有可能的原因是这位顾客对这件衣服注意很久了，一直拿不定主意，所以才会进店看看自己中意的衣服到底怎么样。

而这种情况下，交易成功的可能性是很大的。商品的质量合格，顾客心仪，只要导购员在中间美言几句，一般都不会出差错。

无论哪种原因，留住顾客让他买这件衣服是每个导购的目的，但是用什么方法就要视情况而定了，但是很显然过多地赞扬这件衣服而贬低顾客身上的衣服并不是件好事，会给顾客一种"你在给我灌迷魂汤"的感觉，还会让顾客觉得导购员怀疑顾客的眼光，说她之前穿着没品位。所以解说衣服的优点是必须的，但是把握好度才能增加成功的可能。

【专家支招】

1.性别不同，区别对待

男人和女人买衣服有很大的差别，一般男人在买衣服的时候会比女人果断一点，如果他直奔某件衣服，那么他心里已经有一半想买这件衣服了，这时导购只要稍加解说，说出这件衣服和顾客的适合度，然后再让顾客试一下，结果不是差别很大的话，男人一般就会考虑要掏钱包付账了。

而女人可能会和其他衣服比较一下，这时导购不仅要作适当的解说，最好还要让她试一下。如果这件衣服比较适合的话，试衣后的效果比导购的解说更有说服力，这时导购再说一些 "人们的第一感觉往往是最好的"之类的话，相信你已经成功一半了。

2.不要表现得太心急

肖红毕业之后一直在做导购这行，只是以前卖的是手机类的电子产品。由于长时间做同一种工作，肖红对卖手机产生了职业疲劳，所以她改行成了服装店导购，这也就是她现在正在为顾客介绍衣服的原因。

"这件衣服是今天店里新到的款式，颜色也是今年的流行色，衣服的料子也是上等的……"肖红正耐心地为顾客解说着。

这位顾客进门之后，直奔这件衣服，肖红就此判定，这位顾客对这件衣服有兴趣，如果不是他一进门的时候就被这件衣服吸引，就是他对这件衣服有了一定的了解，现在再来判断一下，这件衣服值不值得买。

心里有了计较之后，肖红尽可能地把这件衣服的优点详细解说出来，并和其他的衣服做了对比，让这位顾客对这件衣服的好处有更多的了解，也想让这位顾客明白，他的眼光很好，挑了一件很好的衣服。

但是出人意料的是，这位顾客听了肖红的解说之后，却觉得她把这件衣服夸得太好了，言过其实了，觉得导购说得天花乱坠是骗人的，"你自己卖的衣服，你当然会只说好话了，谁知道质量到底是真好还是假好！"然后这位顾客就扬长而去了……

肖红愣了！本来是想解说详细一些，促成这比生意的，没想到结果竟是这样。她只是解说得详细了一点，但是并没有夸大其词啊，唉！

有的时候，导购看到顾客直奔某件衣服，就直奔这位顾客，滔滔不绝地向人解说。如果你想促成这比生意的话，最好不要这样做，因为你心急的表现会影响顾客看衣服的心情，破坏他欣赏自己中意衣服的兴致，所以这时导购可以装作不经意地说一句这句衣服的好处，等顾客有听下去的兴趣时，你再做更详细的解说。

顾客试穿一款衣服，在镜子中看起来并不太好看 导购为了促成成交："您看，您穿这个多漂亮呀！"

【情景回放】

王寻做导购也有一段日子了，这段日子对王寻来说，应该是痛并快乐着，痛是因为她是个服装导购的新手，由于缺乏经验，所以很多时候遇到问题总是不知道该如何解决；快乐是因为这些问题让她增长了很多经验，极大地充实了自己，相信终有一天自己会成为一名成功的导购。

有了这样的心态，让王寻再遇到问题时，不再手忙脚乱，而是冷静地思考解决问题的方法，比如今天她又遇到一个问题——

"为什么这件衣服在模特身上挺好看的，到我身上就一点感觉也没有了？"一个年轻漂亮的女顾客看着镜子中穿着新衣服的自己，很不满意地说道。

王寻十分想促成这笔交易，就故意说："谁说的，您看您穿上去多好看，这件衣服真的很适合您。"

顾客听后，又站在试衣镜前照来照去，可总觉得事实并非如此，"我觉得真的不好看。"

"这个，也许这个衣服的款式不适合您，要不咱再换个别的样式看看？"事实证明，光冷静没经验是不够的，面对这样的情况，王寻不知道自己说法是否正确。

"可是你们店里我就看上这一件了，别的我都不喜欢。"

"呃，这个……"还真碰到难题了，王寻这次真的不知道该怎么说了，老天，谁来帮帮她？

"其实有的衣服一看上去没什么特别之处，但是穿上去却很好看，要不您试试这件？"为了挽留顾客，也为了试试自己的专业能力，王寻鼓起勇气为美女顾客推荐了另外一件衣服，希望能说动顾客。

不过人家似乎看不上眼，"算了吧，我一点都不喜欢这件，我还是到别的店看看吧。"

"那欢迎下次光临！"王寻努力带着微笑，热情地说道，天知道她心里有多郁闷。

【销售分析】

很多时候我们看店里的衣服穿在人体模特上很有感觉，但是穿在自己身上一看，刚才的感觉就所剩无几。所以顾客对试穿效果不满意是很正常的事情，导购在遇到这样情况的时候，最好不要跟顾客唱反调说："我觉得挺好的啊。"这样容易给顾客留下不诚实的印象。

而且导购心里也清楚，自己的这句话在顾客心里其实也是没什么分量的，与其如此，不如想办法了解顾客对哪方面不满意，然后想办法打消顾客的疑虑，或者给顾客推荐别的合适的衣服。即使顾客最后空手而归，也要微笑服务，给顾客留个好印象。

导购员不能盲目推荐，不顾顾客的需求和感受，如顾客一进门就直接引领到某明星代言的服装前"您看，这是某某明星代言的款式"。在没有搞清楚顾客的真实购买需要时就这样盲目推荐，会给顾客一种强买强卖的感觉。如果顾客正好是喜欢这一款也就罢了，如果不喜欢则很可能就把顾客吓走了。

导购员不能不分析顾客的类型，胡乱借势推销，如一位非常朴素的顾客进店后，却向其推荐一款热播电视剧中的款式。顾客很可能因为没看过或者不了解电视剧的情节和人物，而丈二和尚摸不着头脑地问："哦，哪台播出的啊，我怎么不知道，而且我也不觉得这件衣服适合我穿啊"，最后导致双方都比较尴尬。

【专家支招】

当顾客对试穿的效果不满意时，导购可以这样做：

1.想办法了解顾客对哪方面不满意

有问题不可怕，但是要明白问题出在哪里，这样以后才能不犯同样的错误。向对试穿结果不满意的顾客，多问几次："您感觉哪里不合适呢，是尺寸，还是颜色？"时间长了导购就可以从中总结经验，以后再遇到相同的问题就不用但心了。

2.用专业的眼光为顾客推荐合适的衣服

顾客买衣服时，总是先挑自己喜欢的，但是喜欢的不一定适合，这就是很多顾客对试穿效果不满意的原因。但是再出现这样的问题时，导购可以用自己专业的眼光根据顾客的身材挑选些比较合适的，并解释这件衣服适合顾客的原因，相信多数顾客在听到专业的解说时，还是愿意试一下的。

3.了解服装的面料，为顾客细致介绍

棉布　棉布是各类棉纺织品的总称，细分的种类包括纯棉、精梳棉、涤棉、水洗棉、冰棉、莱卡棉、网眼棉和丝光棉几种。这几种棉布分别有各自的特点。

纯棉的优点是保暖性、耐热性、透气性好，缺点是易缩、易皱，易起球，外观上不够挺括美观，需要经常熨烫。精梳棉最大的优点就是不起球。涤棉属于混纺棉布，比较柔软，不会起皱。水洗棉的特点就是感官上会感觉比较旧，颜色和光泽度都不是很亮，但是同时具有不易变形不褪色，免熨烫的优点。冰棉适合做夏装，有透气、凉爽的特点，手感非常光滑柔软，外观上看，表面有自然褶皱，穿在身上簿而不透，不会缩水。莱卡棉是加入了人造弹力纤维的棉布，这类衣服舒适合体，不变形。网眼棉吸汗性更好，同时具有不易变形的优点。丝光棉是选用高档棉花为原料，经过严格工序制造而

成，是高档的棉布。丝光棉既保留了纯棉类的优点，又规避了纯棉的缺点，这种面料的服装光泽度好，色彩鲜艳，不掉色，不变形。

麻布　麻布通常用来制作休闲类的衣服和夏装，这是由麻布的特点决定的。麻布的优点是强度极高、吸湿、导热、透气性非常好，衣服穿着比较有型，缺点是不够舒适，纤维比较粗糙，扎人，容易起毛。目前常用的服装面料多为棉麻混纺，一般是棉麻的比例各占一半。这样既能保证麻布挺括有型的优点，又能保留棉布的舒适感。

丝绸　丝绸的品种也很多，常见的有雪纺、双绉、塔夫绸面料。雪纺根据所用原料可分为真丝雪纺、人造雪纺和涤纶丝雪纺等几种。双绉的主要特点是：面料表面有细微均匀的皱纹，手感比较轻柔、平滑、色泽鲜艳柔美，富有弹性，穿着舒适、凉爽，透气性好。但是双绉的缩水率较大，使用双绉面料的服装在裁剪前都会做缩水处理。塔夫绸是一种高档丝织品，工艺复杂，产量不多。塔夫绸的特点是绸面细洁光滑、平挺美观、光泽好，织品紧密、手感硬挺，但极易产生永久性折痕。

毛料　常见的毛料有华达呢、哔叽、花呢、凡立丁、贡丝绵、驼丝绵、板司呢等。毛料通常用来制作职业装和大衣。

皮革　皮革包括真皮、再生皮和人造革。皮革面料多用来制作时装、冬装。

除了这些，常见的服装面料还有化纤和混纺面料，这两种面料通常用来制作大众类的服装，适用性比较强，各种类型的服装均可以采用，但是档次较为低端。

情景14：

顾客一时头脑发热买下商品时
导购员应提高自身修养，介绍适合顾客的商品。

【情景回放】

张女士在周末的时候去商场购物，想顺便给自己添置几件衣服，她来到商场三楼的女装区。因为她想换一种风格，所以就没有去平时常去的那家店。

她看到不远处的一家品牌店顾客很多，生意看起来很好，她也随着人流走进了那家店。

原来，这家店有打折活动，还有很多新品在促销，张女士也参与到抢购的队伍中。可是挑来挑去，东西太多花了眼，不知道自己想买什么了。

一旁的导购见状赶紧上前，问张女士："您好，您看中哪件衣服了？我拿来给您试试？"张女士很为难地说："我看中好几件衣服，可是我也弄不清到底想买哪件了。"导购也犯难了，于是随便拿起一件促销的衣服给张女士看："这件是新款，现在促销可以打折，挺划算的，您试一试吧。"

张女士犹豫着拿起衣服去了试衣间，穿起来效果是不错，价格也公道，头脑一热就付款了。可是买回家后再拿出来看，衣服的颜色越看越不适合自己，款式也略显普通，也不是当下时令可以穿的衣服，就后悔买这件衣服了。

【销售分析】

张女士后悔买了衣服，是自身的责任，同时也是服装导购的责任。服装导购，就是店家雇来为顾客服务的，服务中自然也包括为顾客挑选合适的衣服这项内容。而为张女士服务的这位服装导购显然是没有做到这一点。

顾客到底想要什么样的衣服呢？这是每个导购员为顾客挑选衣服前首先应该考虑的。而随随便便挑选衣服，完全不顾顾客的想法自然就不能满足顾客的要求了。这样即使销售成功也会让顾客产生后悔的念头，从而不再对该店留有好感，更不会成为店铺的回头客。

所以，导购员一定要细心揣摩顾客到底要什么样的衣服，将心比心立足顾客的角度考虑问题，再结合顾客的实际情况，比如她的喜好、她的描述、她的气质等等，为顾客挑选适合的衣服。

【专家支招】

每一个人都有自己的品味和对美的理解，所以选衣服的标准是不尽相同的，有的人喜欢朴素、简单大方的，不喜欢结构复杂和层次感特别乱的衣服。有的人则相反，他们追求新颖特别，总喜欢亮眼的色彩和搭配，要的就是标新立异。有的人喜欢民族风，有的人热衷运动风，有的人独爱校园风……看起来每个人的喜欢不同，但大多数顾客还是有以下共同需求点的：

1.物有所值

顾客在买衣服时都会看衣服的价格，看看吊牌上的价格是不是符合其价值。有的衣服过于价低会给人质量不好的感觉，有的衣服价格过高也会让顾客产生不值的感觉。所以，价格适中，是顾客最乐意接受的。

现在，人们买衣服最重视的就是质量，质量不好的服装在穿着时不舒服也不耐穿，性价比实在是太低。而高质量的服装虽然价钱会相对高一些但可以穿很久，而且不容易破损，性价比是很高的。比如，同样是T恤，小店铺里一件卖30元钱左右，而品牌店里至少要卖200～300元一件，是小店铺里的差不多十倍，但是很多30几块一件的T恤洗一次就缩水变形了，大品牌的衣服洗很多次都没有事，不存在变形缩水等问题。

2.适合自己的肤色和身材

买衣服是要穿在身上，能让自己看着高兴，别人看着美观的，而什么才是合适的呢？衣服的颜色要和顾客的肤色合适。只有衣服的颜色和顾客的肤色搭配了，才能衬出顾客的好气色。衣服的款式还要和顾客的体型合适，最好能起到"扬长避短"的作用。顾客要的是可以让自己看起来更美的，更衬托出气质的衣服。下面是几种常见的服装搭配方式，供导购员们参考：

梨型身材。梨型身材的特点是下身臃肿，上身较瘦。梨型身材最好使用垫肩，使上下比例保持均衡，为了避免扩大下身，最好不要选用紧身上衣、宽皮带、大圆裙、宽裤腿一类的服装。梨型身材比较适合的款式是上长下短，不加皮带的外套、连衣裙或梯型线条的瘦长直筒裙。

倒三角型身材。倒三角型身材的特点是宽肩窄臀。倒三角型的身材穿着各类衣服都是可以的。倒三角型身材要注意，避免使用垫肩，以免上身过于宽大。

直线型身材。直线型身材通常显得又瘦又高。直线型身材应减少穿着露颈部较多的低领口的衣服。直线型身材适合轻飘有动感的服装。直线型宜穿横条纹、浅颜色、杂色的衣服。

凹凸型身材。凹凸型身材体现为隆胸蜂腰。应穿合体的套装和束皮带的衫、裙。少穿宽松的罩衫，以避免掩盖纤腰。

3.款式新颖

现在的顾客越来越追求流行，所以很多人买衣服是要最新款、当季的。在买衣服的时候，他们最常问的就是"这是最新款的吗？"他们会很介意衣服是否过气，所以导购应该为顾客推荐最新的款式和最流行的搭配。

当顾客为自己想要什么样的衣服而迷茫时，导购员应该根据实际情况为其提供专业的看法，挑选适合顾客的衣服以解决顾客的困惑，积极地达成交易。

情景15：

顾客说："你们的衣服好还是××牌衣服好？"
导购道："各有各的特点，看个人的爱好。"

【情景回放】

今天带给张红的挫败感真是太大了，不是她不够努力，也不是她不够用心，只能说她以前从来没考虑过别人家品牌，才导致今天的失利。

今天张红从家吃过早饭，按时来到工作的服装店，这时时间还比较早，几乎还没有顾客，平时张红都是趁着这段时间把店里打扫一遍的。今天也不例外，打扫完之后，张红边整理部分放置不整齐的衣服，边等待着顾客上门。

"来，咱们先看看这家的衣服怎么样吧？"一位年纪40岁左右的女顾客边说边走了进来，后面还跟着一个漂亮的女孩子，如果张红猜得不错，这应该是对母女。

"来，小雨，看看这件怎么样？"妈妈笑着指着张红店里的一件连衣裙问道。

"还行吧，可是，妈，我比较喜欢××牌子的衣服。"女儿漫不经心地扫了一眼那件连衣裙。

"妈知道啦，偶尔看看别的也不错嘛！况且我觉得这家的衣服质量也不错。"妈妈极力游说着女儿。

"好啦，你觉得不错，那我就陪你慢慢看吧。"女儿妥协地说道。

"你这孩子，这位小姐，你说说看，你们的衣服比××牌子的是好还是差。"妈妈看了女儿一眼，转身又问张红。

她对自己工作的这家品牌店也是刚刚了解，还谈不上精通了，怎么会知道别的品牌怎么样？况且以她的消费水平，还没买过什么大品牌的衣服呢，所以这对母女说的××品牌，张红还是第一次听到，惭愧啊！

"嗯，每个品牌都有自己的特点，谁好谁坏这个也没法说，看个人的爱好了。"张红说了一些没营养的套话之后，想再说点别的，无奈第一次碰到这种问题，没经验，不知道该说什么，然后就听到那女孩的声音——

"妈，我还是比较喜欢××品牌的，咱们还是去那看吧。"留给张红一个女儿拖着妈妈离去的背影。

【销售分析】

当导购面对这种问题时，最好不要说别的品牌这里不好，那里让顾客不满意，通过贬低别人，来抬高自己的方式，往往会起到适得其反的效果。比如当有顾客说××品牌更好时，有的导购可能会不服气地说："他们就是广告宣传的比较多而已。"这只会让顾客觉得，你见不得别人好，小家子气。

如果像上面故事中张红说的那样："各有各的特点，看个人的爱好。"保持中立一般是第三方地选择，作为自己品牌的导购，你应该想办法向顾客推荐自己的品牌，不然不是让顾客倒向别的品牌，就是让顾客感到更加无从选择，犹豫不定。

【专家支招】

1.不贬低别人，也不让自己落后

对于这种问题，导购一般应先表态，别的品牌不错，自己的也不差，同时各有各的风格。比如导购可以这样说："您说的这个牌子和我们的这个牌子其实都不错，一直都深受广大顾客的喜爱，只不过各自品牌的风格不一样，主要看您喜欢什么样的款式，适合什么样的风格。我们品牌的特点是……我觉得其中有几件很适合您，你气质很好，穿起来一定很好看。"

2.重点突出自己的品牌特征，并且说出和顾客的适合点

这是回答的重点，也是留住顾客的法宝，导购应仔细观察顾客的气质和身材特点，尽量推荐让顾客满意的衣服，从而让顾客打消去买其他品牌衣服的念头，取得"革命的胜利"。

3.了解服装品牌的意义，进行公平、公正的对比

刘倩十分不喜欢这种感觉，这就好比你年夜饭吃了一顿饺子，但是别人问你是什么馅儿的，你却不知道！不是她不够用心，只是她从来没想到会有顾客问她这样的问题，以至于在顾客问出问题之后，刘倩呆愣当场。

事情是这样的，今天有一位年轻的小姐和她的母亲一起来买衣服，这位小姐貌似要出差，想买几件新衣服装点行囊，于是找妈妈来做参谋。刘倩正在为顾客解说衣服特点的时候，母亲突然冒出一句："你们这品牌的名字是什么意思啊，为什么叫××呢？"

"啊？"刘倩的思维一时跟不上，反映了一会儿才明白过来顾客问的是什么问题，只是这个问题——她也不知道怎么回答，枉她做了半年的导购，光想着怎么在衣服上说服顾客了，却从来没想过顾客会问品牌的问题。

"妈，她们这个品牌为什么叫这个名字，我想这不是她能决定的。"这句话虽然有点贬低她的意思，但是刘倩还是很高兴这位小姐能为她解围，但是刘倩没想到的是，这位小姐话锋一转又指向了她："不过你可以解释一下你们品牌的意思吗？"

"我们品牌的意思呢，大概就是希望每位顾客都能在这找到属于自己的那一款……"刘倩边胡诌着边想该怎么转移话题，然后紧接着说道："小姐也希望今天您能在这找到属于自己的那一款，您看这件还符合您的要求吗？"希望这个话题到此为止，也希望她的胡诌不会被拆穿，但是老天显然不站在她这边——

"我记得××牌子的含义好像不是这样的……"顾客陷入了沉思，做出不太确定的质疑。

"小姐，我想现在挑一件让您满意的衣服比知道这个牌子的意思更有意义，您说呢？"刘倩强自镇定地说道，还好这句话终于转移了顾客的注意力，刘倩决定等会儿客人一走，她就要立刻补充品牌的知识，这种低级的错误再也不能出现。

如果一名导购连自己衣服品牌的含义都不知道的话，那的确是一种低级的错误。一个人如果没有名字的话，那别人就不知道该如何称呼他，知道他的名字却不了解其中的意思，别人就难以对他产生深刻的印象。这个道理对于服装品牌同样适用，当一位顾客对某个衣服的品牌含义了解之后，就会不自觉的注意这个品牌的衣服。

情景16：

顾客嫌商品的牌子不响，名气不大
导购："我们这个牌子刚刚推出并投入市场……"

【情景回放】

张红今年上大二了，今年暑假的假期比较长，一向闲不住的张红刚回家没过两天，便开始琢磨着自己找点事情做。功夫不负有心人，张红连跑了三天之后，终于在家附近找到一个正在招导购的服装店。于是张红为期一暑假的导购生活开始了。

对于服装，张红可以说是一点也不了解，但是她一直是个喜欢挑战的人，她有信心让自己表现得越来越好。今天是工作的第一天，所以老板并没有给她什么特别的任务，只是让她对现在的工作环境做个了解，顺便招呼一下顾客。

"这边还有一家服装店呢，咱们进去看看吧。"一对情侣亲密地走了进来。

"欢迎光临××专卖店！"张红热情地招呼道。

但是顾客的回应，让张红的笑容立刻僵住了。"××专卖，这个牌子我们怎么从来没听说过啊？"女顾客和男朋友互望了一眼说道，男朋友立刻摇头表示他也没听说过。

哦！老天，就算她很喜欢挑战，但是也不必在她对这个店什么都不懂的时候就给她一个这么大的挑战吧。她还什么都没准备呢！为了争取顾客的谅解，给顾客一个较好的答案，张红决定实话实说。

"呃，是这样的，我是第一天在这里工作，所以对这个品牌还不是很了解，所以对于您的问题，我很抱歉没办法回答。"张红很不好意思地说道。

"是这样啊，没关系，我们也就是随便看看。"女顾客给了张红一个理解的微笑。

这件事虽然不大，但却给了张红一个很大的压力，她有预感以后遇到的问题会更多，更棘手。但是目前还是向老板要一些有关本店衣服品牌的资料比较好，她可不想下次再遇到这个问题时，还是用那副"白痴"的样子面对顾客。

【销售分析】

很多顾客都有"品牌情结"，相信品牌的质量，对于他们知道的牌子，顾客的心中会有一种无形的信任感，买起来也会比较放心。但是对于他们不知道的牌子，如果导购不能很好地解释清楚，顾客在心中就会觉得这是一个"杂牌子"，质量很值得怀疑。

那么面对这种情况导购回答时应注意说话要尽量客气，想办法让顾客了解这个品牌，从而打消心中的疑虑。

小温刚到一家品牌服装店做导购员，但是对于这个品牌的服装，小温以前了解得不多，她觉得自己只是一名导购员，对服装的品牌了不了解都无所谓，只要能把衣服卖出去就行了。

于是一直以来，小温从来没有去学习或询问过店里的情况，直到有一天，店里来了两个客人，其中一个进店就皱起眉头，说："你们店的牌子不响啊，是不是没什么名气？"

小温愣了一下，赶紧解释道："我们这家店是刚做起来的，正在打品牌。"其实她也不知道店里的品牌有没有名气，反正自己都没听说过，应该是刚开始做的品牌服装吧。

客人听了她的介绍，有些不愿意逛下去了，大概看了两眼，就走了出去。

这时，小温的同事走过来，对小温说："谁说咱们店没名气，你怎么都不了解一下咱们店里的情况就乱说？咱们店可是有近十年历史的品牌了。"

"啊？这么有名气？"小温有些傻眼了，看来她还真得要好好了解一下，要不然都不知道怎么和顾客解释这方面的问题呢。

可还没等她开始了解，就又有一位客人有了这样的疑问，问店是不是新开的，以前都没听说过。

小温赶紧说："怎么会没听说过呢，我们店在业内可是很有名气的。"

顾客却说："我经常逛品牌店，怎么就没听说过你们这个牌子的衣服？"

"这个……"小温又答不上来了。

幸好这时候小温的同事赶了过来，向顾客解释了一番，然后又向顾客介绍了店里的服装，帮顾客挑选了适合她的一款裙子，让顾客满意而归。

导购员对于这种情况通常的回答是这样的："怎么会没听过呢，我们这个品牌在业内很有名气呢！"这样会让顾客觉得你在说他孤陋寡闻，不是一个好的选择。

还有一种回答是："我们这个品牌的确刚上市没多久。"勇于承认错误是对的，但是这种方式不太好，让顾客觉得你们的质量有待考量，不是首选。

【专家支招】

1.如果你们的品牌真的很有名气，委婉地否定顾客

否定是必须的，但是先给顾客一些肯定效果会更好，导购可以这样对

你的顾客说："哎哟，这位先生对服装业真是很关注，其实我们这个品牌已经做了很多年了，只不过之前我们一直在国外发展，近几年这个品牌越来越受欢迎，所以我们公司决定在国内开发更广阔的市场。尤其是这个地区，我们公司年前才决定进入，以后还请您多多关照。先生您有一种天生的儒雅气质，我们店有几款衣服很适合您，来看一下吧。"

2.如果是新品牌，勇于承认

勇于承认自身的缺点和不足会让导购获得顾客尊重，但这是建立在一定的语言技巧下，面对这样的情况时，导购不妨这样说："哎呀，这是我们的错，我们一定会好好检讨的。不过没关系，现在就让我为您介绍一下我们的品牌吧。我们衣服主要的设计风格是××样的，很受广大顾客的喜爱，我们的年销量曾获全国第x名，我觉得这两款衣服很适合您，来看一下吧。"

情景17：

顾客说："我只用××品牌，不会考虑其他品牌。"
导购："那个品牌其实很一般，我们的产品……"

【情景回放】

某商场的鞋品销售区，有一位顾客正在慢悠悠地转着。

走到某品牌专柜附近的时候，导购员小李立刻笑脸相迎："欢迎光临××品牌专柜，有喜欢的可以先试穿看看。"

顾客："你家的鞋还蛮漂亮的。有没有今年最流行的内增高的短靴？"

小李："请您到这边来慢慢看，这都是冬款的靴子。"

顾客走了进去，随着小李的指引到了货架前面。

顾客认真地看着，指着其中的一款说："这一款很不错，我可以试下吗？"

小李："好的，您需要多大码数的？"

顾客试穿之后，对着镜子照了照，觉得很满意。然后继续问小李："您这是什么牌子的？"

小李："××品牌，也是比较知名的品牌。"

顾客犹豫了下，脱掉靴子，说："这个牌子没穿过，我只穿××品牌，不会考虑其他品牌的。"

小李："那个品牌其实很一般，我们的产品是国际品牌呢，不仅在国内在欧美国家都销售得很好。"

顾客没有再听小李的介绍，放下靴子，走了出去。

【销售分析】

案例中导购员的推荐没有成功的原因，主要是由于：

1.顾客对于商品的要求较高

有时候顾客说"我只用××品牌"，并不是真的只会考虑一个品牌的产品。就顾客内心来说，依然希望通过导购员的介绍能够接触到更多地符合自己要求的产品，以便让自己的选择更加宽泛。不过，这些顾客对于没有尝试过的品牌可能心存疑虑，害怕品质达不到自己的要求。这时候，只要导购员运用适当的语言引导顾客，也可以满足顾客的购买心理，改变顾客的品牌选择。

2.顾客的虚荣心作怪

如果顾客强调自己只喜欢某一个品牌的时候，通常是虚荣心在作怪。顾客希望通过自己认可的品牌表达自己的品位，让导购员了解自己对产品风格和品质的要求。这种类型的顾客，导购员如果能够适时地对顾客的选择加以赞赏，满足其虚荣心，通常会争取到顾客的购买。

某化妆品专卖店内，有一名顾客正在向导购员询问某款产品。

顾客："有××品牌的眼霜吗？我的眼霜用完了。"

导购员："您是要看看眼霜啊，我家的眼霜品牌很多，您看看有没有适合您的。"

顾客："我只用××品牌的。"

导购员："眼霜尽量别一直用某一种品牌，您还是看看我们这款眼霜吧。"

顾客："这个牌子的好吗？没用过，我可不敢乱用，过敏就惨了。"

导购员："不会过敏的，我们都卖了两年了，没有顾客反应会过敏呢。"

顾客："算了，我还是不换了，你们这是不是没有××品牌的，那我再去别家看看吧。"

导购员："那个品牌质量也很一般，还没我家这款好呢。"

顾客头也不回地走出了店门。

这名顾客是某品牌的忠实使用者，在购买的时候目的性较强，导购员却没有根据顾客的喜欢适时地引导，劝说其了解其他品牌的眼霜，只是盲目地推荐自己店内有的产品，最终让顾客流失。

【专家支招】

导购员在销售的过程中应该这样做：

1.肯定竞争品牌，寻找共同点

导购员对于竞争的品牌的态度反应了导购员的素质，从顾客的角度来说，则反应了一个品牌或者店铺的信誉，会影响顾客对店铺的印象。面对有自己品牌选择的顾客，如果导购员试图通过贬低竞争品牌，劝说顾客改变自己的喜欢那就大错特错了。顾客不仅不会改变自己的观点，反而会降低对导购员或者店铺的评价。

导购员正确的做法是首先要认可顾客的选择，称赞竞争品牌的优点。然后，导购员再通过对两个品牌进行分析对比，比较出两者的共同点。这个共同点可以是品牌历史、适用人群、主打产品、主要风格等等。这样的做法既能显示导购员的专业程度，又能让顾客从心理上消除对抗和疑虑，更容易对导购员产品信任。信任是下一步销售最关键的前提。

当选购化妆品的顾客说只用某个品牌的时候，导购员不妨试试这个方法。

导购员："恩，您选择的那个牌子也很好，而且销量一直是和我们这个品牌不相上下呢。据我所知，这个品牌有三个方面是和我为您推荐的这款产品功能特点相同的，分别是一、二、三……，不知道您是更注重那个特点呢？"

导购员："保湿效果好确实是很多顾客选择的原因，保湿的原理是……您可以试试这款的保湿效果，来我帮您擦一点在手背上。"

2.介绍自己品牌，说明独特性

导购员在肯定了顾客选择品牌之后，顾客通常都会放下戒备心理，和导购员的关系更进一步。这时候，导购员就要继续说明自己推荐产品的独特性，并且这种独特性是竞争品牌没有的，对于顾客来说又是必需的。

顾客在试用了导购员推荐的产品之后，导购员继续介绍。

导购员："很多老顾客都反应这款眼霜不仅保湿效果好，而且不会过敏，透气性也好。我以前是只卖不用，听了顾客的话我现在自己用的眼霜都是这款了，确实比以前用的感觉要好呢。"

顾客："是吗？那要不我也考虑换个品牌试试？"

3.介绍品牌历史

如果顾客依然对品牌的知名度不是很认可，担心产品没有导购员介绍的那么好时，说明顾客已经认可了产品的质量，这种情况，导购员再对品牌的历史和市场前景向顾客多介绍一些，通常顾客就会购买了。

顾客拿着那瓶眼霜左看右看，犹豫地说："这个品牌以前真的没有听过。"

导购员："确实和您说的一样，目前好多国内顾客都不是非常了解这个品牌。品牌从成立至今已经有将近百年的历史了，在欧美国家和一些东南亚国家销售得很好。中国市场发展得比较慢的原因和总部的市场策略有关……（说明市场策略和发展重点）"

顾客："原来是这样，那就是为了研制适用于东方人肤质的产品，所以推迟了进军中国市场的时间。听起来是一个很负责任的品牌，好吧，我就先试用一瓶看看。"

这名导购员通过对品牌历史的介绍，让顾客认识到了品牌的价值和诚信，最终让顾客选择了导购员推荐的品牌。

情景18：

一位苗条顾客走进一家保健品商店
导购热情地推荐："我们这里有减肥套盒，一个疗程3盒……"

【情景回放】

晓庆是某品牌保健品商店的导购员。由于做导购的时间不长，尽管性格开朗，很有亲和力，但是晓庆的销售业绩一直不能完成。

这个月除了要完成销售业绩外，老板还额外增加了100盒减肥套盒的销售任务。眼看着已经到了中旬，晓庆也只销售了十几盒。晓庆就纳闷了：为什么我向顾客推荐的时候，他们都不愿意接受呢？而另外一个同事却已经销售了将近二百盒。

这时，一个身材苗条的年轻女士走进了保健品商店。晓庆热情地招呼："欢迎光临，请问您需要些什么？"

女士回答："哦，我想看看维生素C，您这里都有什么牌子的？"接下来，晓庆将顾客带到了VC展示架旁边，为她介绍各种品牌，以及相关的知识。一会，女士就选好了一瓶比较满意的VC。在顾客付款的时候，晓庆忍不住推荐："我们这里有减肥套盒，一个疗程3盒，现在八折才一百多块钱……"没等晓庆说完，女士就呵呵笑着问："您是说我该减肥了啊？我胖吗？"晓庆一时语塞，没想好怎么回答，顾客就为她解围说："等我需要的时候一定到你家来买，放心吧。"说完，收好购买的VC就走出了店门。

剩下晓庆一人，愣在了那里。"我错了吗？看来是错了。不过哪里就能遇到那么多胖人到店里来呢？"晓庆有些沮丧地想。

【销售分析】

案例中导购员的推荐没有成功的原因，主要是由于：

1.顾客自身需求与产品功能没有契合点

有一些功能性的产品或者有明确的目标客户群的产品，如果顾客本身没有需要的情况下，导购员就不适合再向顾客推荐。而不能为了销售而销售，即使偶尔让顾客购买了不适合自己的产品，以后被顾客发觉的话也一定会影响店铺的信誉。

在一条繁华商业街的众多店铺中，有一个不起眼的孕妇服装店，由于门牌不是非常醒目，经常有不是孕妇的顾客顺便溜达进来，看看衣服。有一次，一个学生模样的女孩进来之后，就仔细地看一件牛仔背带裤，然后问导购员："这条裤子怎么卖的呢？"背带裤确实在学生中有一定的市场，可是这件是为孕妇专门设计的，腰部特别的肥大并且有调节松紧的系带。顾客显然是把裤子当成了普通的裤子了，于是导购员说："您好，您是准备为家人或者朋友购买吗？这条孕妇裤可以从怀孕一直穿到生完宝宝。"

顾客一听导购员的介绍，马上有点不好意思，可是为了面子还是顺着导购的话，说："哦，我姐怀孕了，让我帮忙看看，麻烦您了。"说完就赶紧走出了店铺。

这种情况下，如果是为了完成销售任务的导购员，很可能就直接将裤子推销给了女孩。一旦被女孩发觉是孕妇装，必然对店铺的印象很差，甚至有可能引起不必要的退货或者纠纷。因此，不要向非目标顾客推荐具有特殊功能的产品。

2.导购员在推荐之前，没有了解产品的具体信息和功能

目前很多厂家在研发一款新产品的时候，都会考虑产品的目标客户群。而最大可能地覆盖更多的客户是新品研发的一个方向。因此，一种新商品上市的时候往往会有比较多的功能和特点。就比如案例中的减肥套盒，除了减肥的功能，就应该考虑是不是还有其他的功效呢？除了身材比较丰满的人能用，还有哪些人群比较适用呢？导购员如果在销售之前认真考虑这些问题，学习掌握丰富的产品知识，一定能有更好地推销办法。

【专家支招】

导购员在销售的过程中应该这样做：

1.不能为了销售而销售

这里主要强调作为导购员的心态要平稳，不能为了追求销售目标的完成，而盲目地向顾客推销。销售是一项长久的任务，不能只顾眼前而不注意顾客的积累，和客户关系的维护。很多导购员过于看重短时的销售行为，不仅有损店铺的声誉，时间久了也会让顾客对导购员的人品有所顾忌，进而影响导购员的职业生涯发展。

曾经遇到这样一件事情：有一个导购员为了销售低价采购的一批棉鞋，将有些瑕疵的棉鞋推销给了一个匆忙到店里选购礼物的顾客，最后造成顾客退货，并且对导购员进行了严厉地批评。不仅棉鞋没卖出去，还让顾客对导购员的人品产品了质疑。

2.认真掌握产品知识，找准目标顾客

晓庆销售的连连失败，让她有些灰心丧气。这时候，在保健品店工作三年的老员工邹姐走了过来，她开始认真地帮助晓庆分析了失败的原因，和成功销售的办法。

"晓庆，你别急。我们来一起看看。你是觉得这个减肥产品就只能卖给身材肥胖的人吗？"晓庆回答："是啊，要不然还要卖给谁呢？"

邹姐继续说："那你认为什么样的人才是肥胖的呢？"晓庆显然愣了一

下，是啊，肥胖的标准到底是什么呢？这个可是个"仁者见仁，智者见智"的问题。有一些顾客明明超重也不觉得自己胖，有些人明明很苗条却天天在减肥。

"这个不好回答了吧？其实，很简单，顾客觉得自己胖的就是该用这个产品的人。"晓庆有点吃惊地看着邹姐。"你了解顾客到底是不是觉得自己胖，作为导购这个问题应该不是很难吧。"晓庆想了想，点点头。

"另外，还有一个问题，"邹姐继续对晓庆说："你看这个产品后面的功能介绍，除了减肥还有什么作用？"晓庆拿起来仔细地看了看，并小声地读出来："排毒养颜，淡化色斑，排出毒素，清理肠道……""啊，原来还有这么多作用呢啊！"晓庆大叫起来。

邹姐看到晓庆的表现，嘴角微微翘了翘，笑着说："你说除了肥胖的人能吃，还有什么人能吃？"晓庆这下脑袋可灵光了，赶紧回答："脸上长斑的、有痘的、便秘的都能吃！"

"回答正确，加十分！"邹姐开着玩笑说，"走你！"

按照邹姐的思路，果然，在不到两周中，晓庆就销售出了100个套盒，顺利完成了本月的任务。

导购员如果要想有效地提升某种产品的销量，必须详细了解产品的基本知识，做到心中有数。根据产品的特点分析目标顾客的情况和需求，只有这样才能找到适销对路的方法，向合适的人推荐合适的产品。

情景19:

顾客走进一家装饰材料店:"我想买每平米五六十元的玻化砖。"
导购:"那种玻化砖根本没法用,质量不好,你看看这种,180元一平。"

【情景回放】

东东的爷爷奶奶要搬新家了。东东爸爸刚刚在城里为他们买了一套小两居,准备让二老舒舒服服地安度晚年。

由于东东爸爸工作非常忙,装修的事情就需要爷爷奶奶亲自操持了。这不,二老今天就到了建材市场,准备看看墙砖和地砖。在来之前,他们已经向东东爸爸取了经,根据东东爸爸的说法,墙地砖不需要选择太贵的,只要价格在五六十块钱的普通玻化砖就足够了。

老人也非常实在,进店之后,导购员询问需要什么的时候,爷爷就直接回答:"我想买每平米五六十元的玻化砖。"也许是由于市场价格的变动,也可能是老人进的这家店没有那个价位的玻化砖,导购员为了留住顾客,就说:"您说的那种玻化砖根本没法用,质量不好,您二位看看这种,180元一平"。

爷爷一听这个价格相差太大就准备抬脚离开,奶奶却对导购员的话非常不满,直接对着导购员说:"那种玻化砖怎么没法用了,你倒是给我说说!五六十块钱的就没法用,你这一百八的就能用是吗?我看你们就是宰人的黑店!"奶奶也是伶牙俐齿,导购员没想到自己无心的一句话却给顾客带来这么大的火气,只得连忙道歉,可是一切都晚了。

老人又到了旁边的瓷砖店,经过挑选,购买了一种价位八十多元的玻化砖。

【销售分析】

案例中导购员的推荐没有成功的原因，主要是由于：

1.盲目否定顾客的想法

尊重是人与人和谐相处的前提和基础。既然顾客已经表明了自己的购买需求，导购员就应该给予充分的尊重。否定顾客选择的产品实际就是否定了顾客，即使后面推荐的产品再合适，顾客恐怕也不会再接受的。顾客进店直接表明需要哪种产品的原因可能是由于：一是自己使用过，觉得效果不错，比较认可；二是听到周围亲戚朋友的推荐和介绍，觉得这种产品更为可靠。案例中的东东爷爷奶奶很明显是属于第二种类型的顾客，由于听了东东爸爸的建议，所以在选购的时候直接要购买"价格五六十元的玻化砖"。

从导购的角度考虑，他之所以直接否定顾客的意见无非是两种原因，一是店里确实目前没有这种产品，二是顾客的认知错误，他无法满足顾客。无论是哪一种原因，直接否定都不是一个明智的选择。

2.不切实际推荐高价格的产品

对于大多数顾客来说，"只买对的，不买贵的"是选购产品时最真实的想法，案例中东东爷爷奶奶的购物也是基于此。只有在"买对"了的基础上，才会考虑价格高于心理预期的产品。那么，什么是"对的"呢？"对的"产品源于顾客需求与产品卖点的契合程度，导购员只有将两者充分地结合在一起，才能让顾客感受到自己买到了"对的"产品，甚至为此愿意出更高的价钱。以下的例子，充分地证明了这一点：

某化妆品专柜前，有一名顾客急急忙忙过来，询问："有一款某品牌的乳液，你们这有么？"

导购员知道自己的柜台没有这款，不过依然说："您是以前用过这个品牌的乳液，效果不错吗？"

顾客："没有用过，你看我脸上总是出痘痘，听朋友说那款祛痘效果比较好，不油腻，又补水。你们这有吗？没有我还有事情，改天再去别的地方转转。"

导购员："看您急急忙忙地过来，也一定着急用上好的祛痘产品，是吗？如果改天去别的商场也不一定就有货。这样，您如果不介意，我可以推荐一款我自己用过的祛痘霜。"

顾客："是吗？效果怎么样？"

导购员这时候已经从柜台里面拿出那款面霜，打开来递给顾客："您可以看看，这款面霜非常细腻润滑，补水祛痘效果不错，你看我脸上是不是还有一些痘印？"

顾客仔细在导购员的脸上看了看，点点头。导购员："以前我出的痘痘比您这厉害多了，用了一瓶之后就不出了，现在留了一些痘印，我配合着用去疤痕的产品，也得到了很大的改善了。"

顾客："是吗？那你把祛痘和去疤痕的都给我看看吧。"

经过试用和了解一些具体的产品信息之后，尽管价格贵了一倍，顾客还是将面霜和去疤痕的产品一起买了下来。

尽管价格比顾客的预期要高出很多，但是因为产品是顾客所需要的，因此顾客也欣然接受了导购员的推荐。

【专家支招】

导购员在销售的过程中应该这样做：

1.在推翻顾客的购买想法之前，先了解想法产生的原因

对于一个有价格底线的顾客来说，无论是推荐价格过高还是过低的产品，显然都不能满足顾客对价格的要求，既然如此，聪明的导购员就应该从对顾客需求的分析中，找到合适的切入点，将产品的价值因素放在突出的重点地位来强调，而让顾客忽略价格的因素。在导购员否定顾客原来想法之前，应该先设法了解顾客的真实需求，然后用可以替代的产品去满足顾客。

因此，导购最应该做的事情，不是先急于否定顾客，而是将顾客引导进店，比较有效的办法就是通过恰当的方式引导顾客先进店。引导顾客进店的方法可以是必要的手势动作配合相应的语言。比如，导购员可以做一个请进的手势，或者从店内走到门口来迎接，同时说："您先请进，让我详细给您介绍下。"

2.用专业的知识为顾客分析利弊，介绍自己店内产品的优点

由于顾客已经对自己点名的产品有了先入为主的认可，因此导购员千万不能直接否定顾客的认知。导购员需要做的就是先肯定顾客选择的产品的优点，然后再帮助分析不利的方面，最后得到顾客的认可之后，给出解决办法。这个最终的解决办法肯定就是自己店内的某款产品。

接下来的事情是这样发展的：

东东的爷爷奶奶气呼呼地走到了第二家瓷砖店，进门之后，依然直接说："我要买五六十元的玻化砖，你们店里有吗？"

导购员："爷爷，您是要了解玻化砖吗？您二老先进来，好吗？"导购员边说边把两位老人请到了一个休息桌前，等他们坐下后，又倒了茶水放在老人的面前。

导购员："您是觉得玻化砖更能满足您的装修要求吗？"

东东爷爷："也不是，是我儿子给推荐的，他说那种玻化砖就足够装修使用了。"

导购员："我明白了，您的儿子应该比较了解建材的情况，所以给了您二老一些建议。那您二老稍等，我去拿一些玻化砖给您看看。"

不一会，导购员拿来了三种瓷砖。然后非常详细专业地介绍了每种瓷砖的特点。

"您看，这种就是您说的那种五六十元一平米的玻化砖。这种砖的优点是铺完之后没有色差每块颜色均匀，耐磨，不容易折断，吸水率低，不容易被水泡坏，而且环保。"

东东的爷爷奶奶边听边点头，觉得这种砖确实很好。

导购员忽然话锋一转，又继续说："不过，您再看看我手里拿的这种砖，将它们对比下，您能发现什么呢？"

东东奶奶："这种砖看起来特别亮、特别新，我们选的这种光泽不好，比较粗糙。"

导购员："奶奶，您说得太对了，这个就是您们选择的这种玻化砖的缺

点了，由于工艺的原因，这种砖的气孔比较大，污渍灰尘一旦落上就不容易清除。一段时间之后，看起来就是发暗、发旧了。"

东东爷爷："哦，那你再说说你拿的这种有什么好的？"

导购员顺理成章地介绍起了另外两款瓷砖的性能，最终，两位老人选择了价格比较适中的一款八十多元的瓷砖。

顾客在认可和接受了导购的教育之后，导购员才可以推荐合适的产品给顾客。推荐的时候尽量避免只推荐一种产品，要给顾客留有选择的余地，避免顾客选择产品像"进了圈套"的感觉。最后，要引导顾客去体验产品的优势，达到事半功倍的效果。

情景20：

顾客在化妆品柜台前流连
导购："您眼角都起皱纹了，试试我们的眼霜吧——
女人要注意保养，不然很快就老了。"

【情景回放】

闫女士是一名三十多岁的白领，为了庆祝生日，这天专门到一家大型商场去给自己采购生日礼物。她先是在首饰柜台前仔细看了看喜欢的首饰，最终选购了一套项链、耳坠、手镯套装。闫女士直接带上这套新购进的首饰，就又到化妆品专柜前，看看有没有喜欢的化妆品。

某知名品牌的化妆品专柜前，闫女士看看彩妆，又看看香水，却一直没见有导购员过来接待。闫女士心情不错，没有因为导购员的缺失而降低购买欲望，自己依然在柜台前流连着。突然，一个人影闪进了柜台里面，还没等闫女士反应过来，就听见一句："您眼角都起皱纹了，试试我们的眼霜吧。女人要注意保养，不然很快就老了。"

闫女士显然被这莫名其妙的话语吓了一跳，等反应过来之后，脸色为之一沉，用眼睛狠狠地瞪了一眼那名导购员，就离开了。以后，闫女士不仅自己不再光顾这个品牌专柜，而且经常将自己的经历告诉周围的朋友，让她们也不要选择这个品牌的化妆品。

【销售分析】

案例中导购员的推荐没有成功的原因，主要是由于：

1. 语言直接否定，伤害顾客自尊心

在零售业的销售中，经常会遇到这类事情：导购员为了推销某个商品，会故意地贬低或者否定另外的品牌或者顾客。先不说这种销售方式是否有效，但是这种行为就会让顾客和导购的关系比较紧张，没有人喜欢一个初次见面就批评自己哪方面不好的导购员。

直接指出顾客的缺点的结果不仅不能促进销售，反而会伤害顾客的自尊心，严重的时候甚至引发顾客与导购员地争执。

一位女士走进某手机卖场，准备挑选一部新手机。刚进门，就接了一个比较长的电话。女士就边打着电话，边转着看各种款式的手机。

这边手机刚刚挂掉，就看到一个导购员拿着一款手机对女士说："太太，您用的这款手机早在前2年就已经停产了，过时了。您看这一款是今年的最新款，摄像头800万像素、内存8G⋯⋯在工作之余，您可以充分享受到拍照、网游的乐趣，最重要的是价格便宜⋯⋯"女士不耐烦地制止了他，肯定地说："我的这款手机目前用得很好，我不打算换！"

"不买手机您到手机卖场逛什么呢？"导购员看着女士走远，还自言自语地抱怨着。

导购员在推荐手机之前，先毫不客气地否定了这名女士现在用的这款手机，致使女士对其产生反感，把自己真正的购买需求隐藏了起来。这种通过贬低他人来夸奖自己产品的推销方式是不可取的。

2.贸然推荐某个产品，给顾客施加压力

导购员在初次接触一个顾客的时候，由于双方是陌生的关系，如果没有一个比较自然的过度，而是直接就推荐产品，很容易给顾客心理带来一定的压力，最终顾客只有选择离开。促成成交的一个最关键心理因素就是信任，对于完全陌生的两个人来说，是没有任何信任可言的，即使导购员的推销技巧运用得再好，也丝毫起不到促成交易的作用。

因此，在导购与顾客建立必要的信任之前，切不可贸然推荐产品。

【专家支招】

导购员在销售的过程中应该这样做：

1.初次交谈以赞美为主，避免用否定的语言

作为导购员，在正式向顾客推销商品之前，最先要进行地就是与顾客建立可以信任的关系。这种关系的建立的最佳时机，就是在初次交谈时说的几句话。在刚开始与顾客打招呼的时候，要尽力营造一种宽松舒适的交谈氛围。而形成这种氛围最有效的办法就是通过真诚地赞美，找到顾客身上的优点，并用恰当的语言表达出来。

一名女士在化妆品专柜前，导购员迎了过来，"您好，有什么需要我帮助的吗？"

女士："我自己随便看看。"

导购员让女士独自看了一会，然后说："美女，您的皮肤光泽和弹性都特别好，看您也就二十多岁吧？"

女士不好意思地笑笑："哪里？我孩子都上小学了，还是你们小姑娘皮肤好啊！"

导购员："哇噻，真看不出来，您都是幸福的妈妈了，保养得太好了！您今天是准备看看基础护肤还是彩妆呢？"

女士："还真没想好一定买什么，就看看有没有什么新品上市。"

导购员仔细地看了看女士的面容，然后说："您稍等，能侧下身让我看

下您的眼睛好吗？"女士侧了侧身，让导购员看完之后，问："怎么了？有什么不对的吗？"说完自己也去照镜子。

导购："也不是什么大问题，您也别太在意，"导购员说完故意停顿了下，这下女士更加紧张了。不等女士追问，导购员继续说："您看您的眼角，是不是有几条眼角纹了？"

女士仔细一看，果然是，"哎呀，我平时用着眼霜的，看来还是岁月催人老啊，都没效果了。"

导购员继续分析："根据我的判断，您的肤质是属于弹性比较好的，按说眼部是不该有明显的鱼尾纹的。我们这里刚好有一款新的眼霜里面蕴含丰富的维生素 E，是纯天然的滋养眼霜，对改善鱼尾纹有比较显著的效果。来，我先给您用下试试，您感受下。"导购员同时教给女士涂抹眼霜的手法和注意事项。

女士让导购员将试用装在自己的手背上试了试，觉得比较水润，然后就购买了一盒。

同样是卖眼霜，这名导购员通过对顾客皮肤的赞美而最终销售成功。销售的过程不能急于求成，必要的铺垫和适度赞美先拉近和顾客的关系，建立起最基本的信任，才是让顾客愿意继续听导购推荐的必要前提。

2.挖掘顾客的潜在需求，促成销售

全面了解顾客的需求是推销成功的第一步。只有真正了解顾客的需求，才能有针对性地介绍产品的功能和价值，以此满足顾客的需求。在遇到没有明确购买需求的顾客时，要注意挖掘顾客潜在的需求，也是导购员必备的能力。何为顾客的潜在需求呢？比如情人节这天，一个购买男士洗面奶的男士，很可能需要为女朋友购买一套女士化妆品作为礼物。女士化妆品就是这名男顾客的潜在需求。需要注意的是，在挖掘顾客潜在需求的时候，一定要注意切合顾客的需求点，话要说的得体、真诚才能打动顾客，促成购买。

情景21：

顾客喜食酸味水果，逛进了一家水果店
导购推荐道："买两斤回去尝尝吧，这新到的杨梅特别甜。"

【情景回放】

又到了一年杨梅上市的季节，酸溜溜的杨梅是吴昕的最爱，加上吴昕刚刚怀孕的缘故，更加想吃杨梅。下班后，吴昕到水果市场转转，准备买一些杨梅回家吃。

吴昕走进了一家水果店，询问杨梅的价格："老板，杨梅怎么卖？""15元一斤"，导购员爽快地回答。吴昕有意无意地说："今年的杨梅这么贵呢？"导购员："这是第一批采摘的，品质好，市场价格现在都是这样的，其他家也都一样。"吴昕犹豫地说："那我再去别家看看吧，麻烦您了！"

导购员叫住了已经转身的吴昕，继续推荐说："买两斤回去尝尝吧，这新到的杨梅特别甜。"吴昕扭过头回答："可是我喜欢吃酸杨梅，太甜了不好吃。"说完，就走出了店门，导购员望着吴昕的背影，小声嘀咕："杨梅本来不就是酸的嘛！"

是啊，杨梅本来就是酸味重的，您作为导购员为何非说自己家杨梅甜呢？

【销售分析】

案例中导购员的推荐没有成功的原因，主要是由于：

1.顾客并非真正想买

在导购员向顾客推荐商品的时候，有时候会出现顾客与导购的推荐意图相悖的情况，也就是顾客会反驳导购的话，说出相反的购买想法，比如向顾客推荐一件宽松的衣服时，顾客却说自己喜欢紧身的衣服。发生这种情况的原因可能是由于顾客不是真心要购买商品，而是在询价或者随便问问。这样的顾客，即使导购用再多的销售技巧都不可能成交的。

2.顾客希望导购了解自己的购买需求

大多数情况，如果顾客希望买某件商品的时候，会主动将自己的购买需求告诉商家。也有一些顾客会相对被动，希望导购能够主动询问自己的购买需求，这也是判断导购员能力的一个办法。如果顾客自己不表明需求，导购又不主动去询问顾客的喜好的情况下，往往就会在介绍商品的功能和特点时不得要领，不能有效地说服顾客。

我经常去菜市场买菜。有一次，准备买一些带辣味的尖椒。

到了市场上，我指着尖椒问老板，"这个怎么卖的？"

"三块五一斤。"

"辣的，还是不辣的？"

"不辣，您放心吃，我家的尖椒卖得是最好的。"

"我想买辣味的，再看看吧。"

"等等，您等等，这种尖椒是辣的，不是特别辣的那种而已。"

这个老板怎么话来回说，辣的也是他家的，不辣的也是，给我的印象很差。后来听一个常去他家买菜的朋友说，他家的菜很好，尖椒是那种辣味适中的。

看来是老板的销售能力有待提高。由于主要顾客的口味特点，老板已经形成了思维定势，只要询问尖椒就都回答不辣。可是他却忽略了顾客的不同需求，至少像我一样的顾客是喜欢吃辣味的。

【专家支招】

导购员在销售的过程中应该这样做：

1.推荐商品之前，先用最有效的方式了解顾客的购买动机

案例中的情况显然是属于导购员没有与顾客很好地沟通，不了解顾客的购买动机，而造成的失败案例。吴昕本来是准备购买杨梅的，可是导购员却将"杨梅甜"作为了推销的卖点，而甜味又不是吴昕喜欢的味道，导致顾客流失。这种情况下，导购员只需要多问一个问题就可以很好地了解顾客的想法了。

吴昕由于头一天没有买到合适的杨梅，第二天又来到水果市场。这次，她进了另外一个水果店。

吴昕："有杨梅吗？"

水果店导购："您好，我们这有酸的也有甜的杨梅，您喜欢哪种？"

吴昕："我喜欢酸一点的。"于是，吴昕买了一斤酸杨梅回家了。

这家水果店的导购能够通过恰当地提问了解顾客的购买动机，因此成功地卖出了杨梅。但这名导购员还不算是一名优秀的导购。

通过对顾客更多的关注，化被动为主动。卖给顾客一次东西不算是优秀的导购员，让顾客一辈子都买他的东西的导购员才是最优秀的。因此，作为优秀的导购还应该通过更多地关注顾客，了解顾客的需求而争取到回头客。果然，吴昕就遇到了这样一名优秀的导购员。当吴昕第三次到水果市场买杨梅的时候，经过是这样的：

吴昕由于头一天没有买到合适的杨梅，第二天又来到水果市场。这次，她进了另外一个水果店。

吴昕："有杨梅吗？"

水果店导购："您好，我们这有酸的也有甜的杨梅，您喜欢哪种？"

吴昕："我喜欢酸一点的。"

导购员边给吴昕称杨梅边继续询问："在我家买杨梅的人很多，大多数人都喜欢要甜点的，您怎么喜欢酸的呢？"

"哦，是这样，我刚刚怀孕了，"吴昕看到导购员非常关心自己，于是兴奋地把怀孕的消息告诉了导购员。

导购员将称好的杨梅递给了吴昕，抬起头满脸笑容地对吴昕说："哎呀！恭喜恭喜！要做妈妈了，这孕期的营养可是最重要的。"

吴昕："是啊。我现在特别注意吃好，保证营养嘛！"

导购："恩，听说多补充维生素和叶酸，生的宝宝会更聪明。"

吴昕："是吗？哪种水果含这些营养比较多呢？"

导购："很多怀孕的姐姐们，到我店里都喜欢买猕猴桃，说是书上说的，维生素含量最多。"

吴昕："那也给我来一斤猕猴桃吧。"

从此以后，吴昕就成了这家水果店的常客，隔三差五就来买一些水果。每次，导购员都能推荐营养成分不同的水果，吴昕也喜欢和这名导购分享一些怀孕后的心得。

由此可见，只有能够真正地满足顾客的需要，了解顾客购买的动机，才能让顾客愿意在店里购买，甚至喜欢购买。这其中最重要的就是要导购员不断地提出恰当的问题，逐渐地化被动销售为主动推荐，让顾客买得满意。

情景22：

顾客说："你都介绍完了，我还不知道这款商品对我有什么用？"
导购："我已经说清楚了呀！"（但没有介绍到点子上）

【情景回放】

付同是一名外贸业务员，经常需要奔走于国内国外各大城市。为了办公方便，付同打算购买一台笔记本电脑，这样即使在宾馆、飞机上都能有充裕的时间整理一些客户的资料。

于是，付同利用空闲时间到了一家电子产品卖场挑选笔记本电脑。各大电脑品牌都有笔记本，面对琳琅满目的柜台，让付同一时拿不准要买哪个牌子。他决定还是先听听导购员的介绍。

付同先来到了三星笔记本展台，一个导购员热情地迎过来。"先生，您好！您是想买笔记本吗？""是的"，付同回答。

导购员将付同领到了一个样机跟前，指着对付同说："您可以看看这款。"

"这款的屏幕规格为13.3英寸、LED背光、分辨率为1366x768、AMD双核处理器、CPU速度1.9Ghz、二级缓存1MB，独立显卡，硬盘容量500GB，摄像头像素130万，电池为锂聚合物电池45Wh，电源适配器40W，自动切换100-240伏特无端电压……您觉得这款产品怎么样？"

付同听得云里雾里，只好如实相告，说："你都介绍完了，我还不知道这款笔记本对我有什么用。"

导购员睁大眼睛，疑惑地看着付同："我已经说清楚了呀！您是哪里不明白呢？"

【销售分析】

案例中导购员的推荐没有成功的原因，主要是由于：

1.导购员在介绍产品的时候追求大而全

从导购员的角度考虑，如果能够将一款商品的所有优势和特点，以及优惠促销信息都告诉顾客，那么总会有一点是顾客需要的，或者吸引顾客的地方，这样销售自然是水到渠成。可是实际情况并非如此。导购员在不了解顾客需求情况下的盲目推荐，即使把商品的优势说得再全面，也只会让顾客在滔滔不绝的导购员面前"落荒而逃"。

2.导购员忽略了顾客的感受和个性需求

这种大而全的介绍方法失败的根本原因在于忽略了顾客的个性需求，相同的产品顾客的需求点却各不相同。有的人看重外形和美观程度，有的人注重实用，有的人关注节能，这就是顾客的购买需求，导购员只有在了解顾客需求的前提下，有针对性地将顾客关注的卖点介绍出去，才能对顾客产品足够的吸引力，从而增加成交的几率。

在内衣专卖店内，来了一个比较丰满的女顾客。进店之后，在塑身衣货架上仔细地看了一会，指着其中的一款，转身对导购员说："这款塑身衣怎么样？"

导购员小王这样介绍道："这款是婷美品牌的，质量很好。纯棉材质透气性很好，比较薄，夏天也能穿。您看，这款的龙骨都是高级材质的，不容易折段，韧性特别好……"

顾客听了介绍，说："哦，那价格呢？"

小王："价格是688元，请问给您包起来吗？"

顾客："哦，先别，我再看看吧。"

过了一会，顾客就走出了店门。

顾客需要、品牌不错、质量也好，顾客最后还是没有购买，原因是什么呢？尽管小王介绍的这些都是顾客希望了解的，但是小王却没有说到顾客内心的感受，以至于在询问了价格之后，顾客就离开了。

【专家支招】

导购员在销售的过程中应该这样做：

1.导购员站在顾客的角度，以顾客的心态去看待商品，介绍卖点

商品销售的本质就是将符合顾客需要的商品，通过有效地介绍传递给顾客，满足顾客的某些特定的要求。因此，有效地销售技巧必须是站在顾客角度上的运用。推荐商品的重点不是企业或者导购员对于商品的认可和施加的附加值的高低，而是商品能为顾客带来怎样的利益和好处。

但是，在实际的导购员销售活动中，导购员往往是更多地强调企业利益和个人利益，比如挥泪甩卖、跳楼价等。就顾客来说，是不是亏本和顾客没有任何的关系，更何况现在的顾客根本就不相信这一类的促销是真的亏本

的。因此，这些促销方式是得不到顾客认同的。

2.加强与顾客的互动，将产品与顾客紧密相联

从顾客的角度来看，购买与否的关键在于，导购员推销的这款产品是否让顾客觉得物超所值。顾客之所以对导购员详细的介绍丝毫不"感冒"的原因在于，导购缺乏与顾客的互动，只是一味在介绍产品，而没有将产品与顾客相联系起来。导购员只有了解顾客内心的需求，而不仅仅是做表面的介绍，顾客自然而然便会购买。

同样是购买内衣的顾客，如果换做经验丰富的导购员小李接待，情况将会是这样的：

顾客："这款塑身衣怎么样？"

小李："美女，这套塑身内衣颜色是最安全的卡其色，过几天，天气热的时候，即使外面的衣服比较薄也不会透，保证让您的美丽没有后顾之忧。美体裤独特的版型设计能够有效地把大腿上的肉上移，让腿部更细，臀部更翘。您要是再搭配一双高跟凉鞋，那简直是太完美了。"

顾客："是吗？有那么好啊？那我能试穿下吗？"

小李："没问题，来，您到这边试衣间试下吧。"

试穿之后，小李看到顾客在穿衣镜前欣赏自己的大腿，不失时机地上前说："您看，和我说的一样吧。我们这款塑身衣现在卖得最好了，刚好这两天又在做特价活动，您现在买还能打个八折。"

顾客："八折？多少钱呢？"

小李："应该比您身上这件外套要便宜，现在一套才688元。我帮您包起来吧，您是刷卡还是现金？"

顾客："刷卡吧。"

综上所述，导购员在介绍商品的时候，无论是主动地推荐，还是回答顾客的问题，都应该力求贴切到位，在明白顾客内心真实需要的前提下，尽力解决并满足顾客的需求，多为顾客着想，才能让顾客感受到购买商品的物超所值，进而让导购员的销售业绩有显著的提高。

顾客不相信导购的介绍："你们都说得天花乱坠。" 导购回应："如果你这么认为，那我就没办法了。"

【情景回放】

小谢是一家服装店的导购员，每天都会接触到各种各样的顾客，今天她就遇到了这样的一位顾客。

顾客进店之后对店里的衣服很感兴趣，就认真地看起来，边看边向小谢询问："这件衣服怎么样？"

小谢："您真有眼光，这是我们刚上的新款。和您的气质也很配，而且您看这个面料是最新韩国进口的精制棉，透气性好，还不起皱变形。您看这件就是从库房拿出来直接挂上的，没有折痕吧？"

顾客："哦，看起来是像你说的那样。"

小谢："我给您拿一个合适的号，您试试？"

顾客："这个领子怎么这么大，这么尖啊，我穿不好看吧？"

小谢："这是今年最流行的尖领，有个电视剧叫《辣妈正传》里面那女主角孙俪就穿的这种领子的连衣裙。而且，您看这个领子上虽然款式简单，但是细节却很到位，这些钻都是镶上去之后又用针线缝起来的，不容易脱落。做工是一流的，您尽管放心。穿出去一定让您成为众人瞩目的焦点。"

顾客还是很犹豫，想想依然没去试穿，而是说："你们都说得天花乱坠的。"

小谢情急之下，有点失去耐心，就将衣服挂了起来，回应了一句："如果您这么认为，那我就没办法了。"

最后顾客有点讪讪地离开了。

【销售分析】

案例中导购员的推荐没有成功的原因，主要是由于：

1.顾客在准备购买之前对导购员的话心存疑虑

通常这样说的顾客都是在购物的过程中曾经经历过或者听说过不诚信的商业欺骗的事情。有些导购员为了多卖东西，会不择手多地将不合适的商品或者假冒伪劣商品推销给顾客，有时候又对自己的欺骗行为矢口否认，从而导致了顾客对导购员的不信任。

2.面对顾客的不信任，导购的应答错误

"如果您这么认为，那我就没办法了"，导购员说这句话的本意一定不是要赶走顾客，而是希望通过自己无助的表达，让顾客相信自己所说的话。但是，作为一个顾客却会认为这句话是导购员下的"逐客令"，顾客也许更愿意这样解读这句话："我对你这样的人无话可说，不想理你了。"

晓云和闺蜜一起逛街，准备买一些护肤品。

两人走进了一家化妆品店。晓云看到一款BB霜，于是问导购员："这款BB霜和某品牌的相比，效果如何？"

导购员："您说的那款，我们以前也有卖的。后来有顾客反应这款的效果更好，不油腻，透气性好，而且吸收好，现在BB霜我们就只卖这一款了。"

说着，导购员就打开一瓶试用装，准备给晓云他们试用。

闺蜜："你是敏感皮肤，还是别随便换牌子了吧。再说，你也知道现在销售的谁不夸自己产品好。"

晓云："你说得对"，对着导购员说："我还是不试用了，你们就卖这个的，肯定都说自己的产品好的。"

导购员："那您随便吧，您非这么说我也没办法。"

晓云她们快步走出了店门，边走边听到闺蜜说："你看，我说得没错吧。她根本不敢和我们分辩，幸亏没试用。"

【专家支招】

导购员在销售的过程中应该这样做：

1.面对顾客的不信任，导购员首要工作是恢复信任

如今由于国内零售市场一些不正当的销售行为，造成了顾客的怀疑心态，以至于对导购员不信任是一个极其普遍的现象。上述问题的提出，反应了顾客对导购员的话缺乏信任。因此，如果要让顾客相信导购员，适度引导是必须要做的功课。

而引导最好的方式，不是导购员反驳顾客的话语，或者与顾客争辩，而是认同顾客。在销售过程中，争辩不是适用于顾客的谈话方式，即使导购员的观点再科学合理，顾客也会因为争辩觉得自己没面子。因此，顾客为了维护自己的尊严，通常都不会同意导购员争辩得来的观念。由此看来，比较有说服力的话语还是应该顺应顾客的话语，附和顾客的观点，在得到顾客的接受和好感后，再将自己的观点娓娓道来。

2.通过多种方法强化确认导购员的观点

有些顾客属于比较固执型的，不会轻易接受一个新的观点，这时候导购员就需要进一步强化自己的观点。而强化或者验证导购员观点的最好办法无疑是现身说法——让顾客亲自体验和举例法——列举身边的例子。

酷热难耐的夏天，吃上一块又甜又冰的西瓜是很多人都会选择的降暑方式。阿芳也会每天下班之后，买上一个或者半个西瓜回家慢慢享用。精明的生意人自然不会错过这个赚钱的机会，阿芳家的小区门口这几天就有一个开着车卖瓜的人摆摊。

市场上的西瓜品种、质量相差很大，阿芳通常会选择经常去的店里购买。对于摆摊的小贩，阿芳还是有点怀疑的。这天阿芳因为加班，回家晚了，常去的那家店已经关门了。走到小区门口，却发现那个卖西瓜的商贩还在路灯下。阿芳有些犹豫地走上前去。

阿芳："老板，西瓜怎么卖？"

瓜贩："一块五一斤，您要半个还是一个？"

阿芳："西瓜是什么品种？保熟吗？"

瓜贩："我这可是正宗的大兴瓜，保沙保甜的。您放心，吃一回，下回保准您还过来。再说，您看我天天在这，如果不好吃您拿过来，我给您退钱。"

阿芳心想，这一个路边摊，能有什么保证啊！于是犹豫着说："哦，可是我看着你家的瓜好像比一般的要小一些，是吧？"

瓜贩看阿芳依然有所怀疑，说："您确实厉害，一眼就看出我家的瓜个头不大。这是品种的原因，这个品种的瓜甜，但是果小，所以很多瓜农不愿意种，我是好不容易才联系到的有这个品种的瓜农。要说小，也是个别的，可能比那些大个的小一斤左右吧，不能算很小。"

阿芳受到了老板的肯定，觉得心情舒畅了很多。其实本来就不想买太大的瓜，个头不是阿芳顾虑的原因。

瓜贩看阿芳比较谨慎的样子，找了一个最小的瓜，拿起刀快速地切了一个三角形的小块，递给阿芳："您尝尝，不买也没关系，反正回家我们自己也得吃。"

阿芳觉得老板真是一个爽快人，还没吃就觉得这瓜味道肯定错不了。尝完之后，阿芳确实觉得味道也不错，于是对瓜贩说："您就把您刚才切的这个卖给我吧，要不等到明天就坏了。"

瓜贩："一看您就是好人，这么为我着想。您要嫌这个小，我再给您挑个大的也没关系。"

阿芳："不用，真不用。就这个了。"

瓜贩利索地将西瓜称重、装袋，递给阿芳。阿芳决定以后就在他这里买西瓜了。

虽然瓜贩只是一个小商贩，却将导购员的销售技巧把握得恰到好处。整个卖瓜的过程，让顾客都感到享受到超值的服务和待遇。瓜贩先是认同阿芳的"瓜小"的观点，让阿芳觉得很有面子。然后又在阿芳疑虑未消的时候，果断地让阿芳品尝味道，将体验销售运用得适时到位。最后，还将可能造成的风险和损失留给自己——先尝，不买也没关系，让顾客放心品尝。瓜贩通过这样的三步骤争取到了一个稳定的回头客。

情景24：

顾客是一位内行人员，嫌导购的介绍不够专业
导购道："你自己就懂，还要我介绍干嘛。"

【情景回放】

小白是一名直饮机的导购员，由于家用型的直饮机市场处于一个初级阶段，很多顾客都不太了解产品，因此每次有顾客上门的时候，小白都会非常详细地介绍产品的结构、工作原理，并为顾客演示。

今天，小白却碰到了一个内行。看到有顾客上门，小白主动打招呼。

"您好，欢迎光临！您要看哪个品牌的直饮机呢，我们这里有沁园、美的和史密斯。"

顾客说："麻烦都给我介绍下吧。"

小白："那我就从市场上最畅销的这个品牌开始吧。您看这款直饮机……"

顾客一看小白指的一款直饮机，就直接打断他说："这个品牌的不要给我介绍了，我不会考虑的。他们的加工工厂我去过，组装的零配件都是义乌小商品市场买来的，根本没有正规的厂家生产。我还听说几个月前，这个品牌因为产品质量问题，还被用户告上了法庭。你说，这样的产品，我还敢用吗？"

小白听到顾客说得头头是道，一下子有点懵了。小白嘀咕了一句："你自己就懂的，还要我介绍干嘛？"

顾客听到了小白的自言自语，非常不高兴，临走前说了句："看来这个

直饮机市场还是不健全，导购员的培训也有待加强。"

【销售分析】

案例中导购员的推荐没有成功的原因，主要是由于：

1.专业型顾客的购买心理

作为门店的导购员每天都会接触形形色色的顾客，这些顾客中难免会有一些专业人士，或者圈内人。他们可能就从事着与之相关的职业，对产品各方面都会比较了解。由于了解，在购买的时候就更希望遇到更加专业的导购员。或者，通过表达自己的专业性来避免导购员的欺骗行为，给导购员的推荐制造一定的压力。

导购员在面对这种顾客时，千万不能认为他们是在故意找茬，或者是不需要购买只是卖弄自己的专业知识。服务好这些顾客，同样能够为自己增加销售业绩。

2.导购员的回答不够自信

由于专业型顾客通常会比较容易发现导购员话语中的漏洞或者问题，总是习惯以批评者的姿态出现在导购员面前，因此，很多导购员在遇到专业型顾客的时候会被顾客反驳的话语问住，显得不知所措、没有自信。"你自己就懂的，还要我介绍干嘛？"就是导购员不自信心态的一种外在的表现。或者干脆有的导购员就选择沉默，让顾客自说自话。这些行为都是不附和导购员的行为规范的，因为这样无助于销售，而只会让顾客流失。

某药店内来了一名男顾客，进门就问："你们这里有感冒药吗？"

导购员："有的，您是什么症状呢？"

男顾客："刚出差到这边，环境不适应，着凉了，风寒感冒。"

导购员一听，顾客如果不是医生，也至少是对药品和疾病比较了解的人。

导购员："哦，那您看看这个感冒胶囊吧。"说完拿出一盒药品递给了顾客。

男顾客："这个厂子生产的药啊！我可不敢吃。"

导购员："不会吧？我们一直在卖这种药的，卖得还不错。"

男顾客："那是其他人不知道内情吧。实话告诉你吧，这家药厂的药材质量很差，还有好多药品都是委托私人作坊加工的呢。上个月我还去那边出差，听当地人说这个药厂因为质量问题，被告上了法庭呢。怎么，你们作为他的零售商，这些事情都不知道吗？"

导购员："我就是一个导购员，销售完药品是我的工作，其他的事情我可管不了那么多。那这个药您是不要了？再看看别的吧。"

男顾客有点生气，看到导购员对他的话根本不予理睬，就转而向另外一个药店走去。

治疗感冒的药品肯定不只这一种，而顾客又确实真的感冒了，这种情况，导购员只要应答得当，即使是专业型的顾客也会毫不犹豫地购买药品。这名导购员却不是否定顾客的说法，就是对顾客的话语置之不理，最后造成了顾客的离店。

【专家支招】

面对专业型顾客，导购员应该做到：

1.用恭维代替争论

人都是需要被认可的，在顾客显示出自己的专业水平之后，导购员可以表现出对他们敬佩的态度，满足他们的认可需要。恭维的目的绝不是让顾客继续滔滔不绝地介绍产品，而是让他自己选择合适的产品，然后根据他的想法，导购员在恭维的时候适时让他购买产品，促成销售。

2.用请教代替沉默

导购员在面对了解产品的专业型顾客时，掌握好顾客"卖弄"的心理，摆出请教的姿态，让顾客感受到你的真诚，愿意倾听他更专业的介绍。同样在赢得顾客认可的情况下，可以将产品销售出去。

专业型顾客在听到导购员的推荐时，大多数的表现是认可地点头，偶尔提出一点自己的意见和纠正；或者是导购员刚开口，就急不可耐地显示自己的专业，反客为主地向导购员传授专业知识，导购员如果话语中稍有错误就会紧抓不放，反驳或者否定，让导购员下不了台。这时候，导购员大可不必为了顾客的反驳而生气，而是放低自己的姿态，用请教的方式与顾客进行交流，利用他们好胜的心理来促成销售。

对于个别一些霸气的专业型顾客，则需要适当震慑他们的霸气，避免对导购员的轻视。这时候，导购员可以通过更加专业的介绍，让他们信服，从而达到让他们倾听推荐的目的。

依然是购买家用直饮机的顾客。

在听完介绍之后，小白表情夸张地看着顾客，惊讶地说："先生，您真的是了解得太详细了。今天我算是遇到老师了。"

看到顾客高兴地摆摆手，说"哪里？哪里？"

小白："您太谦虚了。我得向您多请教请教呢。您看我们店里的这几个的直饮机，哪个的市场信誉度更好些呢？或者都不好，您有没有推荐的品牌呢？"

顾客认真地看了一遍所有的直饮机，然后对小白说："这几个品牌中，美的做得时间最久，厂家比较正规，售后也能保障。如果我装肯定是装这个品牌的。"

小白："哦，明白了。那您再帮我看看，我们美的的机子有三款，哪一款更符合顾客的购买需要呢？"

顾客又将几款直饮机仔细研究了一番，指着一款说："你们店里卖的这几款目前市场销售得都不错，价位刚好是高中低三档的。功能呢也基本满足净化自来水的要求。"

小白："如果您要买的话，您会选择哪款？"

顾客："我当然是选择五级过滤的，这个水放心，保障纯净啊！"

小白："看今天这么麻烦您，让您给我讲了这么多，真是耽误您时间了。您是再看看，还是在我家订了这款呢？"

顾客哈哈大笑，心情很好地说："本来打算再看看的，既然小伙子这么会说话，那就在你家订了吧。你可不能看我这么痛快，给我高价啊！"

顾客和小白开着玩笑，小白边开着票边回答："您放心，您是我的老师，我肯定给您个最低折扣价格。另外，我还得和老板说，要把那个品牌信誉不好的直饮机撤掉。"

顾客："对对对，小伙子真是个讲诚信的生意人。"

这时，价格是不是最低已经不重要了，对于顾客来说能遇到一个真心欣赏自己的，可以让自己的专业知识得以发挥的对象，才是最重要的。

情景25：

顾客是位老年人，听不懂专业术语
导购卖弄产品知识："这是最新款的变频冰箱，采用了德国××技术……"

【情景回放】

在某品牌家电卖场的冰箱销售区，来了一名60多岁，头发花白的老人。导购员小华上前询问："大爷，您是要看看冰箱吗？"

老人："是啊，姑娘，你给我推荐一款合适的吧。"

小华："好啊，您家几口人？"

老人："就我和老伴俩人。"

小华："那您过来看看这款小冰箱吧。"

老人："好，小点的就够用了。你能详细介绍下吗？"

小华拿出了产品说明书，边翻着边向老人介绍："这是最新款的变频冰箱，采用了德国××技术……"小华照着说明书上的内容将产品介绍了一遍，专业术语一个接一个往外蹦，小华说得朗朗上口，非常熟练。

听完之后，老人满脸疑惑地看着小华，说："姑娘，你说的话我怎么一句也没听懂啊。我是要买冰箱，不是上产品介绍课的。"

小华一下愣在了那里，不知道该如何应对。

【销售分析】

案例中导购员的推荐没有成功的原因，主要是由于：

1.导购员介绍产品时专业用语过多的原因

从导购员销售的实际情况来看，确实有很多的导购员，尤其是从事导购行业不久的导购员，容易将产品培训中学到的一些专业术语用于日常的销售中。如果不是对这一领域有所了解的顾客，在很难理解导购员话语的情况下，只能通过导购员不停地解释说明来帮助顾客理解。这样"好为人师"的导购员如果认为自己的水平很高，以此为荣的话，那就大错特错了。这样的介绍产品，只会降低顾客的购买兴趣。所以，导购员切不可通过专业术语来显示自己的专业程度，试图以专家的身份博得顾客信任的办法是不可取的。

还有一些导购员之所以在产品介绍的时候加入专业术语，是由于没有很好地理解产品功能与工艺技术的关系，不知道如何将工艺特点和优势转化为顾客需要的产品功能加以说明。这种情况下，导购员应该仔细分析产品，熟知顾客的需求，并组织语言将两者有效地进行结合，通过通俗易懂的口语表达清楚。

2.顾客对于专业术语的感受

顾客在购买某一款产品时，判断的标准依据是是否具有某种功能，以满足自己的使用需求，至于工艺、高科技等只是考虑的次要因素，如果是年龄比较大的顾客，就更不会关注专业性的产品工艺了。对于只关注产品使用功能的顾客来说，大量的专业术语只会让他们觉得导购员不知所云，丝毫不会因为导购的"专业"而心生敬佩，欣然购买的。

在某家电卖场的洗衣机销售区域，走过来一对年轻人。导购员热情地迎接，"二位好，欢迎光临××洗衣机品牌专柜，请问想看看什么样的洗衣机？"

女士："您好，我们的新房刚刚装修好，准备看看家电。现在洗衣机什么款式的比较畅销呢？"

导购员："美女，你可以看看我们这款滚筒洗衣机。"

女士："有什么功能呢？"

导购员："这款是采用市场上最为先进的不锈钢内胆，洗涤功率220W，水加热功率1700W，LED显示屏，有肚里水温调节功能，可以将程序设定为标准、丝织物、大物、牛仔等多个模块，是一款性能高、功能全、人性化的洗衣机。"

女士："哦，还有其他款吗？"

导购员又用同样的方式介绍了另外一款，最后，两位顾客对导购员表示感谢之后，就离开了。

不仅是年轻夫妻会如此，换做任何一名顾客恐怕都得听着一头雾水，却丝毫没有觉得推荐的那款有什么对自己有用的功能，那么，最终的选择只能是放弃，转向另外一家。

【专家支招】

导购员在销售的过程中应该这样做：

1.将专业术语转化为日常用语

如果导购员希望顾客能够尽快购买某款产品，就必须要注意少用或者不用专业性的名词术语。在研发某一款产品的时候，一种专业技术的采用都是为了迎合顾客的某一心理，或者某一功能需求，只要导购员把握住了对顾客有用的功能，就可以将专业术语化繁为简，甚至不向顾客介绍。从而让顾客在一个轻松的沟通氛围中，了解产品的独特优势，产品购买的欲望。

2.必不可少的专业术语，通过简单的解释向顾客说明

在介绍的时候，可以通过举例、演示等方法向顾客说明某一种新的功

能，并且将这种功能给顾客带来的好处说得透彻详细。

在一个新的产品上市，或者是新功能的推出过程中，确实有某种教育顾客的需要，要让顾客了解先进技术的运用将对顾客的使用产品的影响。这种情况下，导购员就不可避免地需要使用一些专业术语。专业术语的解释说明要尽量通俗易懂，如果是比较抽象的概念，则可以通过强化介绍新功能来加以说明。这时候，顾客的亲自体验和导购员的举例说明将是让顾客较快理解专业术语的最好方式。

同样是那对购买洗衣机的年轻人，如果导购员发现自己介绍的顾客不感兴趣，或者听不懂之后，如果及时采取补救措施，就有可能重新激发顾客的购买兴趣。

女士听完导购员的介绍，说："哦，还有其他款吗？"

导购员："呵呵，抱歉，您可能听着像是在上产品知识课了吧？"

女士也呵呵一笑。

导购员："美女，我是介绍得专业性太强了。其实非常简单，年轻人都喜欢简单便捷的吧？这款洗衣机刚好可以满足这些功能。您看，这个区域是功能选择区，只要接通电源，一按这个'开始'按钮就可以完成一次标准的洗衣程序了。如果您的衣服是一些特殊材质的，可以按这个按钮进行选择，之后再按下刚才的'开始'，两下也就搞定了。"

导购员边说边演示，之后又让顾客自己感受了一次。

女士："哈哈，这么简单啊！价格多少？"

导购员："这款现在的价格是3650元。今天下午就可以为您免费送货上门、安装调试，质保期内免费保养维修。"

女士："好的，就它了。"

顾客亲自体验永远是最有效的销售方式之一，对于专业的问题，导购员和顾客都愿意用体验的方式，这样能让顾客充分理解并感受到专业技术对自己的好处。

情景26：

顾客听完商品介绍后，没有反应，继续闲逛
导购追上去："喂，你买不买呀？"

【情景回放】

某服装店里进来一位这样的顾客。

导购员："您好，欢迎光临！"

顾客默默地走进店门，认真地看着挂在展架上的衣服，一件接着又一件。顾客的脚步停在了一件波西米亚风格的沙滩长裙前。

导购员适时地走过去，"这款长裙是今年上市的新款，面料采用的是最先进的棉纱面料，透气性好，又不失飘逸。颜色一共有五种，红色、黄色、蓝色、绿色和粉色。您喜欢哪种颜色，我帮您拿一件试一下？"

顾客看了看导购员，仍然没有回答，放下长裙，又继续闲逛。

导购员一时性急，追上顾客："喂，你买不买呀？"

顾客头也不回地走了。

【销售分析】

案例中导购员的推荐没有成功的原因，主要是由于：

1.顾客没有购买的打算

案例中，整个过程看来，都是导购员一个人在说话，作为顾客没有任何与导购员的互动。这样的顾客如果不是性格特别的内向，不喜欢交流，最大的可能性就是自己根本没有打算买衣服，而只是闲逛打发时间，或者在等人，案例中的这名顾客应该就属于这种。面对根本没打算购物的顾客时，导

93

购员确实没必要自己滔滔不绝地向顾客介绍，只要用必要的礼貌表示欢迎和欢送就足够了。

2.顾客不希望导购员纠缠不休

还有些顾客因为害怕导购员在自己身旁做过多的介绍，干扰自己的购物，所以会对导购员采取不理不睬的态度。目前大多数的导购员都采用盯紧顾客，步步追随的销售行为，这种热情过度的行为极易引起顾客的反感，也会给顾客造成心理压力。

某健身器械专门店内，有一名男顾客走了进来，导购员热情地迎接："欢迎光临！请问您今天要看哪类器械？"

顾客："我先看看。"

导购员依然紧随其后，看到顾客稍有停顿，就立即上前推荐试用："这是最新款跑步机，您上来感受下？"

顾客扭头看了看没有说话，继续往下看。

导购员："您是在办公室工作吧？我们这刚好推出了一款适合办公室使用的健身器械……"

顾客没有按照导购员的指引，而是自顾自地去了另外一个方向。

导购员看到顾客有厌烦情绪，就没再紧跟，而是站在了距离顾客三米以外的一个位置，随时等待顾客的提问。

顾客转了转说："你们这有具有按摩保健功能的洗脚盆吗？"

导购员紧跟几步走到顾客面前，用手指着一个方向说："您看，那边有三款足浴盆，您可以过去看看。有什么问题，您再叫我。"

顾客走到足浴盆面前，仔细看了看外观，又拿着说明书研究了一阵，对导购员说："就这个，给我拿件新的。"

导购员迅速地从仓库拿出一个未拆包装的，并且询问："您是刷卡，还是现金？"

顾客："刷卡。"

这是一名聪明的导购员，看到顾客属于比较有主见型的时候，便不再紧随其后推荐介绍，而是给顾客充分地自由空间，最终顾客购买成功。

【专家支招】

导购员在销售的过程中应该这样做：

1.察言观色，把握介绍时机

当顾客表现出不愿意导购员接近或者对于导购表现得异常冷淡的时候，导购员要会随机应变，将顾客的搪塞和借口变成接近对方的理由，同时要设法减轻顾客的心理压力，积极地促进成交。如果遇到比较有主见的顾客，不需要导购的帮忙和干预时，作为导购员要充分尊重顾客的要求，可以回到正常的工作岗位上忙碌，同时用余光留意顾客的行为，判断顾客的购买意愿，在适当的时候为顾客提供帮助。

就导购员自身而言，在遇到顾客对自己不理不睬的时候，要先从自身找原因。向顾客推荐产品，最重要的是时机的把握，有效地把握住顾客的关注点适时地推荐，成功的几率更大。况且，作为一名优秀的导购员不是要说得多，而是要问得好。

2.主动道歉，进一步探寻顾客需求

如果对于顾客购买时机的把握没有问题的话，那么导购就应该考虑用什么方式能够挽留顾客了。顾客之所以会听完介绍后，没有任何反应地继续闲逛或者离开，原因很可能是因为导购的介绍没有把握住顾客的真正需求。这种情况下，无论如何导购都应该真诚地向顾客表示歉意，进而再次追问顾客真正的购买意图，以争取再次推荐的机会。

如果是案例中的导购员学习了以上的知识，他将会这样做：

顾客放下长裙又继续闲逛。这时候，导购员这样说："美女，太抱歉了，您看我还不知道您是准备什么场合穿的衣服呢，就这么胡乱推荐。您可以告诉我是准备什么时候穿吗？"

顾客："没关系，我就随便看看，如果有合适的话，准备买件下个月参加同学婚礼的衣服。"

　　导购员："哦，那是比较正式的场合啊，那条沙滩裙虽然好看，场合却不合适了。您同学的婚礼是在哪里举行啊？是不是很隆重？"

　　顾客："恩，他家是南方的，婚礼在上海举行。隆重不隆重倒没细问。"

　　导购员："上海啊，真是好地方。现在那边的温度也有二十多度了吧？下个月会更热，您的衣服可得买合适了。"

　　顾客："可不是嘛，我准备买条礼服裙，可是咱们北方现在还不到季节，裙子不是很多啊！"

　　导购员："确实像您说的，现在卖裙子的店不是很多，刚好我家这周到了几款新款裙子，要不我给您介绍下，您看看是不是合适？"

　　顾客："是吗？我怎么没看到呢？"

　　导购员："您跟我到这边，现在看裙子的顾客少，我们就把裙子都放到最里面了。"

　　顾客跟随导购员一起到了裙子摆放区，经过导购员的推荐，顾客试穿了两件之后，选择了其中的一条，高高兴兴地结账购买了。

　　这名导购员经过自己的努力，以真诚的道歉打开了顾客的心扉，在轻松的互动聊天中将交易达成。

第三章

顾客提出疑问时，

导购不可这样答

顾客说："我朋友嫌商品的做工太粗糙。"
导购道："我给你处理一下，不影响你使用的。"

【情景回放】

快要开学了，张红的暑假服装导购工作也已经接近了尾声，不过张红并没有因为快要结束了，就马马虎虎地应付工作。她是一个善始善终的人，不管做什么工作都是一样，而且这里的店长人很好，每当她有困难时，只要店长没事，就一定会伸出援助之手。在一个这么好的地方，相信谁也不愿意用马马虎虎的态度去工作的。

今天有一位年轻的妈妈带着三岁左右的孩子来买衣服，妈妈说想买一件宽松一点的衣服，因为她生完孩子之后一直没有瘦身成功，现在干脆放弃了，想换一批新衣服，以适合现在微胖的身材。

张红根据顾客的要求很快推荐了几款韩版的衣服，顾客看了一会之后突然冒出一句话："你们是××品牌对吧？"

"是的。"张红对顾客突然冒出的问题有点错愕。

"我朋友说你们衣服的质量很一般。"顾客的金口里又冒出一句让张红更加错愕的话。

她做错了什么吗，还是她哪里惹恼了这位顾客，为什么丢出这样一句没头没脑的话给她？但是顾客是老大，无论人家怎么说，你都是要回答的。

"嗯，是这样的，我们品牌主要面向的是大部分的普通顾客，做工呢，也都是经济实用，而且价格一般顾客都比较容易接受。就说您手上拿的这款吧，它的主要用料是耐磨的××料，比如平时的磕磕碰碰，这件衣服都扛得住，不会出现刮一下就脱丝的情况。"

张红轻易地化解了问题，而且同时还说出了自己品牌的优点，女顾客觉得这款衣服对于她目前来说还是很有用的。

【销售分析】

顾客一般说出这种问题都是在他比较纠结犹豫的时候，这时候的顾客多半都已经有了相中的衣服，但是不知道该不该买，于是就想出一些让自己选择或放弃的理由。可以想一下，如果故事中的张红没有后来的那一番解释，顾客是肯定不会买她的衣服的。因为顾客找到了说服自己不买的理由，而且没有人反驳。

张红觉得自己做导购的时间越长，越觉得导购需要的知识多，今天其实张红的总体表现还是不错的，卖出了好几件衣服，让她心里蛮有成就感的。

其中最成功的一笔生意就要数今天上午她为那位女顾客推荐的风衣了。风衣的样式剪裁新潮却又不失稳重，而且贴身的设计可以将一个人的身材完美地勾勒出来。那位女顾客来了之后第一眼就相中了这件衣服，而且二话不说就要试一下。

身为导购的张红当然是在一边热情地为顾客服务，希望能打动顾客的不仅仅是衣服。当顾客试穿完之后从试衣间走出来，张红忍不住赞叹道："小姐，这件衣服真是与您完美契合，不仅将您的气质彰显了出来，还增添了一份让人着迷的魅力。"

"不错，我也很喜欢这个样式。"顾客说着忍不住触摸衣服，显然爱不释手。但是这位摸了没两下，顾客的眉头就皱了起来，"这件衣服的料子好像不太好，摸起来有点粗糙呢。"

"小姐真是细心，这是我们公司最新推出的面料，也正是这种粗糙才能营造出这衣服厚重的感觉。这面料是由××和××混合制成的，所以它同时具有这两种料子性质。"

"是吗？"顾客显然还是不太相信张红的说法。

"当然，不信您可以想象一下，如果是用丝绸制成这款样式的风衣，还会有这样的感觉吗？"张红打了个比方说道，"所以，一件衣服的感觉，靠的不仅是样式和颜色，料子也是起着很大的作用的。"

顾客心中的疑问没有了，面对自己喜欢的衣服当然不能轻易错过。顾客走了之后，张红立刻就感到自己腿软了，天知道刚才她心跳得多快，一下子说这么多专业用语，对张红这个生手来说还真是挺刺激的。

所以面对这种问题时，导购只要能找出让顾客接受这件衣服的理由并化解顾客的问题就可以了，这过程中导购不一定要回答顾客提出的问题，但一定要想办法把这个问题带过。就像张红那样，她回答有关衣服质量的问题了吗？没有。她只是找一个相接近的话题罢了。

【专家支招】

1.不要纠缠于"他的朋友"

听到顾客这么说时，导购大可不必追问人家的朋友买的是什么样的衣服，也不用为了证实自己的质量很好，就如何如何。导购要记住，无论出现任何问题你的目标都只有一个：把衣服卖出去。既然如此，就"放过"这位"朋友"吧，想办法向顾客介绍衣服才是硬道理。

2.质量一般也很有可取之处

伴随"质量一般"的还有很多其他的特性，比如价钱不会很贵，相信一位生活水平一般的顾客选择一百元一件衣服的可能性远超过一千元一件的。导购可以说这件衣服讲究的是实用性，打理起来比较简单，不用担心因为洗涤不当，而导致衣服变形、变色出现质量问题。

3.不要不熟悉产品面料材质的相关知识，而盲目迎合顾客的回答。

比如"虽然不是纯棉，但是我们的面料比纯棉还要好"、"纯棉的容易缩水起皱，很不好打理"。这样的回答都是承认了顾客对于纯棉面料的认知的前提下作出的应对，对于这类"专业性"顾客显然不具备有效说服力。

4.直接否定顾客，显示自己的专家水平。

比如"70%棉就是纯棉的了，您可以放心购买"，"纯棉不是100%的棉，这种就算是纯棉产品了"。这种直接否定顾客的回答会引起顾客的反感和不快，纵然你说得再对恐怕顾客也不会购买了。

话语一：您那么专业，一看就是对生活品质要求比较高的人哦，我们这个品牌的衣服定位的顾客群体就是像您这样有品位的女士呢。是的，我理解您的顾虑。一般顾客喜欢纯棉的原因是纯棉的面料比较吸汗透气、穿着舒适，所以我们在面料里加入了70%的纯棉成分，因此穿起来一样的舒适，这一点您不用担心。

话语二：在以前我也像您一样，认为只有100%棉才算是纯棉的，直到前一个月公司总部组织我们去工厂参观面料的加工和成衣工艺我才彻底了解了纯棉。通常我们认为的100%并不是真纯棉，而是纯棉花，从前工厂的工人根本就织不出来这样的布料呢。含棉率在70%以上国家就允许称为纯棉了。现在的纺织厂工艺可先进了，您要有兴趣，等店里不忙的时候我和您多聊聊啊。您先试试这款衣服，保证让您既体会到纯棉的柔软和透气性，又好打理不起皱变形……

情景28：

顾客担心自己买了没有用："我的孩子刚满两岁，用得着这款学习机吗？"
导购答："当然用得着。"

【情景回放】

附近的超市最近新增加一个专卖儿童学习机的柜台，王女士在去超市购物的时候注意到这个柜台附近总是人头攒动。有一次，王女士也忍不住地转到学习机的柜台，看了看情况。

导购员："欢迎光临，您可以先自己试用，感受下效果之后我再给您详细介绍。"当时的顾客比较多，导购员出于礼貌，先招呼王女士自己体验产品。

王女士坐在休息区拿了一款学习机在那边试验效果，发现功能非常全，而且图像、声音效果很好，还有一些简单的动画效果，使用之后就觉得有点心动。

过了一会，导购员忙完之后，转到王女士身边询问试用情况。

王女士回答："学习机倒是不错，可是我的孩子刚满两岁，用得着这款学习机吗？"

导购员："当然用得着。"

王女士："那么小的孩子什么都不懂呢，怎么用呢？"

导购员解释了一通，王女士还是疑虑未消，对导购员说改天再说，就回家了。

【销售分析】

案例中导购员的推荐没有成功的原因，主要是由于：

1.顾客出于好奇心理，尝试新产品

当市场上推出一些新产品的时候，一些最先接触的顾客由于好奇会选择尝试，但是又不能确定对于自己有哪些帮助。出于猎奇心理的顾客，不容易通过导购员的劝说购买产品，但是导购员也不可忽略这一部分顾客的市场影响力。这些顾客对于产品和服务的感受，极有可能以口碑相传的方式间接影响其他顾客的购买行为。

2.顾客有潜在的需求，提前关注产品

有一类顾客看起来是无目的地在看一些产品，实际上内心是有潜在需求的，只是购买的时机还没到。对于这种顾客导购员则可以通过适当地交流，建立起顾客的信任关系，在顾客对产品有一个良好认知的前提下，让顾客优先选择导购员推荐的产品。案例中的王女士就属于这一类有潜在需求的顾

客，只是时机不成熟。正常情况，儿童到三岁开始学习文化知识是比较合适的时间，王女士的孩子只有两岁，确实是有些早了。不过，如果是一个王女士信任的导购员经过劝说，很可能王女士也会购买产品。

渔具导购员小森是一个很有眼缘的人，接触到他的顾客通常都会比较喜欢他。

渔具城旁边有一个小超市，渔具城工作人员和一些顾客会就近去买一些必需的生活用品。这天，小森去超市打算购买一包烟，刚好碰到了一个老板模样的人也正在买烟。

小森凭借职业直觉认为这是一个潜在的客户。于是，在买烟的时候，就顺便搭话。

小森："您也喜欢这种烟啊？"

顾客："是，柔和。"顾客仔细打量了一下小森，看到满脸真诚的小森，勉强应付了下。

小森看到那名顾客走到超市门口，边吸烟边等人的样子，就又过去看似随意地搭讪。

小森："光买烟了，忘了打火机，借您个火用。"

顾客痛快地把打火机递给了小森。

小森："这天这么好，您是准备出去钓鱼吧？"

钓鱼刚好是顾客感兴趣的话题，两个人就你一句我一句聊了起来，到最后，小森推荐顾客到自己的渔具档口看看，边看边聊更过瘾。

在顾客到了档口之后，小森看似不经意地向顾客介绍最新的渔具和特点，并适时地推荐了几款，最终顾客真的购买了鱼竿和相关的产品。

小森就是凭借自己高超的销售技巧和对顾客潜在需求的把握，成功地将产品推销给了顾客。

【专家支招】

根据顾客对于新产品的心理，导购员应该从以下几个方面进行推销：

1.抓住顾客兴趣点，让顾客打开心扉

如果导购员对于第一次见面的顾客，就直接推销产品，极易造成顾客的反感，甚至冲突。因此，导购员在销售产品之前应该先维护好与顾客的关系。比较简单的做法就是"顾左右而言他"，通过聊时事、天气、热门话题等，让顾客产品好感，缩短彼此的距离。再通过不断地接近主题了解顾客的真实需求。

2.挖掘顾客的潜在需求，变为购买需求

潜在需求之所以没有成为顾客的当下需求，原因就是顾客可能没有意识到，或者没有完全意识到这种需求的紧迫性。导购员就是要将顾客的这种潜在需求变成当下的紧迫需求，进而促成购买行为。

一位怀孕的女士走进了一个孕婴童专卖店，先是看了看孕妇的衣服和营养品，然后就在婴幼儿销售区转来转去。

导购员迎过去，和顾客搭讪："看您这肚子，应该快生了吧？"

顾客："刚6个月，还早呢。"

导购员："是啊！那您这宝宝可是个头不小，6个月看着和快生的一样呢。"

顾客："可不，连医生都说这个孩子发育得好，个儿大。"

导购员："您这做妈妈的要辛苦些了，不过孩子好才是最重要的，您说是吧？"

顾客："可不是嘛，我这现在满脑子都想他的问题，怀孕怎么让他发育好，生的时候怎么让他顺产，怎么喂养，反正都是问题。"

导购员："现在的宝宝都是全家人的宝儿，可不得娇贵着点嘛。生产之后必备的物品您也需要早做准备，这小家伙可不一定按照正常预产期出生。"

顾客："是，我这段时间也在看这些东西呢。好像还有不少要准备的，是吗？"

导购员详细地介绍了顾客生产必备的妈妈用品和宝宝用品，顾客都欣然

接受了。

最后，顾客说："这么多啊，我可拿不了，改天让我老公陪我一起来买吧。"

导购员："您家离这里有多远，我们这有专门的送货上门服务，您先回家，我们可以马上安排为您送货。"

顾客："那太好了，就刚才您介绍的那些都拿上吧。"

导购员："好的，您是现金还是刷卡？"

就这样，导购员成功做成了一单。

这名导购员通过提问的方式，获取到顾客准确的基本信息。了解顾客的信息之后，通过深入的问题来探求顾客的潜在需求，然后再围绕顾客关注的焦点进行介绍。最后，可以根据顾客的疑问或者问题提出恰当的解决方案。最终的解决方案一定要保证和自己销售的产品有关联，最好还是自己产品有突出的优势。这样，顾客购买就是顺理成章了。

情景29：

顾客问："你这个产品有××功能吗？"
导购答："我不太清楚。"

【情景回放】

为了早起能够吃上一碗热腾腾的粥，王琳准备到超市去购买一款具有预约功能的电饭煲。下班后，王琳就直奔超市的小家电区。

导购员："您好，准备看看哪类电器？"

王琳："电饭煲在哪儿？"

导购员指引着王琳："请到这边。"

导购员："我们这有三个牌子的电饭煲，您看我们卖得最好的这款，采用了最新的'营养保温'技术，传统电饭煲做好饭长时间保温后往往口感很差，这款能更好的保持食物的营养和口感。同时，还具有'冷饭加热'功能，采用的全功率间歇性加热，加热完成自动保温，并能通过判断冷饭中水分的含量，设定并保持最佳的锅底温度加热，使得热出来的米饭松软可口，如同刚煮好的米饭。除此之外，还具有蛋糕、煲仔饭等个性烹饪功能，能大大丰富您的餐桌呢！"

王琳："你这个产品具有预约煮饭功能吗？"

导购员一愣："我不太清楚。"

导购员迅速反应过来，说："这样，我帮您看看说明书吧。"说完，就拿出说明书一页页翻起来。

王琳："谢谢，不用了，我再看看吧。"

【销售分析】

对产品功能提出质疑的顾客通常是基于以下的两种心态：

1.顾客因为产品不具备某种功能而拒绝购买

王琳最后没有购买导购员推荐的那款"卖得最好"的电饭煲，原因很简单，因为不具备王琳需要的预约功能。导购员滔滔不绝地介绍了那么多产品的知识，却根本不了解顾客的需求，只是盲目地介绍。虽然很辛苦，付出了时间和精力，却无法让顾客购买产品。

2.顾客因为不想购买而询问是否具备某种功能

还有些顾客属于"随便看看"的，根本没打算买某个产品，这时候如果导购员主动上前介绍产品的功能，顾客出于尊敬或者消磨时间，一般不会打断导购员的话语。但是为了避免导购员继续劝说自己购买，这种顾客会故意在听完产品功能介绍之后，挑选一种不具备的功能为难导购员，进而让导购员知难而退，允许自己放弃购买。这时候，导购员也会陷入被动的局面。

【专家支招】

无论是根本不想买的顾客，还是需要某种特殊功能的顾客，都需要导购员在介绍之前尽可能了解顾客的购买需求。对于根本不想买的顾客肯定就不会表明自己的需求，或者干脆就走开。而对于需要购买特定功能产品的顾客，导购员则可以在了解需求之后，有针对性地加以介绍，避免做太多的无用功。

了解顾客购买需求最好的办法无疑是提问，如何将问题设置得既能让顾客觉得舒服又乐意回答，是导购员需要学习的技能。

1.将顾客当作朋友而非审问的"犯人"

导购员："请问您需要什么样的电饭煲？"

导购员："您家有几口人，通常用电饭煲做哪类食物？"

导购员："您以前用过这种类型电饭煲吗？"

类似这种一连串的问题，很容易让顾客产品"被审问"的感觉，连珠炮似的问题往往会让导购员与顾客之间的距离拉远，顾客会产生抗拒心理或者干脆沉默地离开。如果需要通过连续的问题了解顾客的需求，导购员不妨试试采用信息互换的形式来争取顾客开口，比如导购员可以说："我家有三口人，通常用4升的电饭煲就够用了，不知道您家有多少人吃饭呢？"对于这种提问，顾客会更容易接受也乐于回答。

2.试探与提问相互配合，层层推进

导购员在询问顾客需求的时候，不要一次性把产品的功能都说出来，如果顾客没有明确需求的情况下，导购员可以通过适当的产品功能试探和提问相互配合的形式，层层推进地掌握顾客的最终需求。

导购员："您要看看电饭煲，家里现在用着的是什么样的？"

顾客："最传统的那种，想换一个，不知道现在市场上都是什么样的。"

导购员："现在的电饭煲主打智能控制，比以前的更人性化了。"

顾客："人性化的好，您给我介绍下吧。"

导购员："现在的电饭煲功能更全,您现在用电饭煲一般是煮粥还是蒸米饭?"

顾客:"都有,现在有哪些功能呢?"

导购员:"您看,这个电脑控制的主板上都有显示,光是蒸米饭就分为精煮、快速、标准三种呢。煮粥分为大米粥、粗粮粥。您看这个还有蒸面包和火锅的功能。您更看重哪种功能呢?"

顾客:"面包,自己做面包多放心啊,早饭也会经常吃面包呢。"

导购员:"好的,那我再给您详细介绍下这款具备蒸面包功能的电饭煲吧?"

顾客:"好的。"

这种层层推进的介绍方式,让顾客在导购员的介绍和指引下找到购买需求,最终买到称心如意的商品,导购员又避免了盲目推荐无法令顾客满意的尴尬。

3.问题设计由简到难,过渡自然

导购员提问的原则是由易到难。简单的问题,顾客更容易也更愿意回答,比如:"您是要看看电饭煲吗?"顾客只需要回答"是"或者"不是"就可以了。然后,导购员再逐渐增加顾客回答的难度,通过顾客的表情和语言反应判断顾客对于问题的认可程度,增加顾客对导购员的信任。最后,导购员巧妙地通过一般性问题过渡到核心购买需求,对于一些比较敏感或者容易引起顾客抵触情绪的问题,导购员要给顾客留有一定的空间,可以接受顾客不回答,或者避免目光直视顾客,造成一定的压力。

导购员:"您能接受什么价位的电饭煲呢?"对于消费能力强的顾客这个问题比较容易回答,但对于一些没有能力或者不愿意购买价格昂贵产品的顾客来说,如果直接说出自己的真实心理价位会担心被导购员瞧不起,这时候导购员就应该避免与顾客目光对视,发现顾客面露难色的时候要立即帮助顾客化解尴尬,用合适的话语帮顾客解围。

导购员看到顾客对价格有些犹豫,于是说:"我们这有一款电饭煲买的人也非常多，虽然没有蒸面包功能，但是煮饭和熬粥、煲汤的功能也有的，现代人都注重营养，煲汤的营养价值据说是最高的呢。面包毕竟是西方人的饮食习惯，中国人的肠胃还是更适应中餐饮食，您说是吧？"

这样说，导购员巧妙地帮顾客解了围，顾客可能欣然接受导购员的新建议，转而购买价格更加实惠的一款。

情景30：

顾客担心商品是假冒伪劣、仿品或贴牌生产的
导购道："我向你保证，这百分之百是真品。"

【情景回放】

建材城有一名顾客正在选购建材五金件等。

经过导购的推荐，顾客看中了一款西门子的开关面板。在询问完价格后，顾客习惯性地讨价还价。导购员告诉顾客这已经是最低价格了，不能再便宜。

顾客："单纯看价格是不便宜，不过如果是正品我也能接受。但是，现在市场上到处都是假冒伪劣的仿品或者贴牌产品，我怎么知道这款是不是正品呢？"

导购员："我向您保证，这百分之百是真品。您看我们这个店在这里，您要有问题可以随时拿回来找我的。"

顾客："我再看看吧。"

【销售分析】

对品牌提出质疑的顾客，通常的心理是这样的：

1.顾客"一朝被蛇咬，十年怕草绳"

顾客在购物的过程中，对产品质量、品牌等各个方面提出质疑，很可能是和个人的经历有关系。之前在购买类似产品的时候，如果被欺骗过，购买过假冒伪劣的产品，那么顾客在以后的购买过程中，会对导购员的推荐本能地产生怀疑。对于这样的顾客，导购员首先要建立起信任的关系，通过自己的个人魅力影响顾客，改变顾客固有的态度。

2.顾客的性格属于多疑型

有些顾客属于天生比较谨慎、多疑型的，这种顾客如果导购员仅仅用"保证真品"这样的话语是无法打动顾客购买的。建材城的这名顾客应该属于这种类型的。对于这样的顾客，导购员则需要花费更多的心思解除疑虑，除了让顾客信任导购员这个人，还要通过亲自体验、找出证据等行为让顾客切实感受到导购员的诚信。

生性多疑的顾客在购物的时候，通常是这样的：

导购员："您好！欢迎光临，请问您需要看看哪类产品？"

顾客："随便看看"，之后径直走到了数码相机柜台前。

看了一会儿，指着一款数码相机，对导购员说："把这个拿出来让我看看。"

导购员："先生您真的很有眼光。这款相机是索尼公司最新产品，像素高，防抖效果好，还配有更专业的伸缩镜头。"

顾客："真有你说的那么好吗？这个屏我怎么觉得那么小呢？还有你这机子看起来有点显旧，是索尼正品吗？现在市场上的翻新货和仿品可是非常多的。"

面对导购员的介绍，多疑型顾客总是有各种各样的问题和顾虑，因此导购员对待这类顾客的时候要有足够的耐心。

【专家支招】

导购员要正确看待顾客对于品牌的担心，只有真诚购物的顾客才会有各

种各样的疑虑，问题越多的顾客成交的可能性越大。

1.肯定顾客的担心，建立信任关系

任何人在提出自己的不同意见的时候，都不希望被别人反驳，尤其是从心理上具有一定优越感的顾客。如果导购员直接反驳顾客的话语，很可能让顾客感到不快，最终受损失的还是导购员自己。对于顾客的疑问和担心，导购员应该先与顾客建立信任的关系，在顾客认可自己的前提下，再提出自己的建议。让顾客相信导购员的比较有效的话语形式通常是这样的："确实像您说的那样……，不过……"、"我非常理解您的担心，但是……"等。

2.用专业解答顾客的疑问

导购员："确实，现在这些大品牌的产品有很多仿品充斥市场。不过，正品和仿品的质量差距很大，您看正品的面板材质和配件工艺都比较好，而仿品通常都是质量较差的塑料，因此正品的重量比仿品要重。另外，就是做工的精细程度也有很大的区别，仿品做工粗糙，边缘和切口都没有正品精致。我这刚好有一些从其他渠道收集来的仿品，您可以对比看下。"

顾客认真对比了正品和仿品的差异，认可地点了点头。

顾客："还真是像你说的那样。即使是仿品质量都不一样，不过和正品一比较就很明显了。"

说完，拿着正品对导购员说："按照这个质量标准给我装20个面板。"

导购员在面对顾客对于正品和仿品的疑虑时，如果能够为顾客提供更为专业的鉴别方法，那么将更容易让顾客信服。这就要求导购员不仅要了解自己所销售的产品，还要关注市场上类似产品，甚至假冒伪劣产品的具体情况。比如案例中购买西门子面板的顾客，当对产品担心的时候，如果导购员能够专业清晰地帮助顾客对比正品和仿品的质量差异，那么顾客在作出自己的判断之后，就很容易成交。

3.让顾客看到证据性的文件或者证书

如果顾客对于导购员的各种话语都不能完全信任的话，就需要导购员

能够提供有效地文件或者证书证明自己销售的产品是正品。一些比较知名的品牌确实对产品的销售渠道和代理权限有着比较完善的管理和控制流程，也会颁发证书或者签订书面的授权文件。店内可以张贴悬挂这些证书的原件或者复印件，也可以告知顾客相应的授权编号，以便顾客通过相关渠道进行查询。

情景31：

顾客怀疑："这款保健品的功效真像你说得那么神奇吗？"
导购答："当然了，你买下吃一吃看看。"

【情景回放】

某保健品专卖店内走进一名顾客。

导购员："您好！欢迎光临，请问有什么需要我帮忙的吗？"

顾客："生完小孩之后，我的腰和肚子一直瘦不下去，请问有合适的减肥产品吗？"

导购员："您的宝宝还在吃奶吧？"

顾客："是啊。"

导购员："那这个阶段您能用的减肥产品会受到一定的限制，纯物理方法的减肥应该适合您。"

顾客："是吗？什么是物理方法减肥？"

导购员："我们这有一款减肥贴，里面含有必须的减肥中药，然后放在相配套的按摩腰带上。每天佩戴半小时就能够达到收腹的效果。"

顾客："这款减肥腰带的效果真像你说得那么神奇吗？"

导购员："当然了，您用一段时间就看到效果了。"

顾客听了没说什么就离开了。

【销售分析】

案例中导购员的推荐没有成功的原因，主要是由于：

1.产品的特殊性，存在使用效果的不同

对产品使用后果或者效果有所担心的顾客，通常都是购买一些具有特殊功能的产品，比如减肥、保健等。这些产品使用后很容易因人而异，效果不明显或者有很大的差异性。因此，顾客在购买的时候会比较担心效果如何。导购员只有充分认识到了产品的特殊功能对于不同顾客的效果会有所区别，才能针对不同顾客进行适当的推荐。导购员既不能为了销售武断地向顾客承诺效果，也不能对自己销售的产品缺乏信心。

2.顾客对自己和产品都缺乏信心

通常经验丰富的保健品导购员在化解顾客对使用效果的顾虑时，都会先帮助顾客确立自信，让顾客相信自己能够达到自己满意的使用效果，然后再介绍产品可靠性。因此，这些导购员了解使用保健品的顾客，最终的效果更多地是来源于顾客对自己的信心和内心渴望达到的效果。

一名对自己的身材缺乏自信的顾客购买减肥产品的时候：

顾客："这个产品能达到你说的那个效果吗？"

导购员："其实要我说，就您现在这身材不减肥也没关系，本来就不算是胖嘛！"

顾客："我这还不胖啊？那得多胖才算胖呢？"

导购员："就昨天，有一个和您身高差不多的顾客，体重有150斤呢，她也来购买减肥产品。"

顾客："是啊？那么胖。她是买的这款产品？"

导购员："可不嘛，已经吃了两个疗程了，瘦了10斤，想减到120斤。我还和她说呢，这减肥关键是看自己的心态，放轻松，少吃多运动，再加上这款减肥茶，坚持下来一定能达到自己要求的。"

顾客："是吧？那我这个能减10斤吗？"

导购员："您得先对自己有信心，然后再配合我刚刚说的少吃多运动，咱不能因为减肥让身体弱了不是。"

顾客："好，我也先用两个疗程看看效果。人家那么胖都能瘦下来，我肯定也能。"

这名导购员通过帮助顾客确立自信而成功地销售了产品。

【专家支招】

导购员在销售的过程中应该这样做：

1.用品牌说话，通过品牌信誉度打消顾客疑虑

基于对使用效果的关注，一般的顾客在购买相应的产品时，都会选择具有一定知名度和美誉度的品牌。即使是对于顾客没有了解的品牌，导购员也可以通过自己的介绍，让顾客充分了解品牌的历史和信誉度。

2.用事实说话，通过精确的数据消除顾客疑虑

面对顾客对于使用效果的疑虑，导购员可以通过大量的事实，精确的数据帮助顾客消除疑虑。按照正常的心理，人们对于数字一类的分析和举例更容易信服，因此精确的数据更能显示产品效果的可信度。但是，在举例说明的时候要注意避免数据过多，同时要注意时效性，尽量选择距离最近的调查数据和统计结果。

面对顾客的质疑，导购员可以这样说：

"根据上周总部发布的市场数据，目前这款产品已经在市场上销售10万件，主要集中在北京、上海等大中型城市。"

"根据市场反馈情况显示，这款牙膏最快使用14天就能让牙齿显著变白。"

3.用售后说话，加强对售后服务的承诺

目前很多精明的商家为了消除顾客对于使用效果的疑虑，采用了无条件

退换货的售后服务承诺。可靠的售后服务让很多因为担心达不到满意效果而犹豫不定的顾客，能够下定购买决心，进而促进成交量增加。虽然可能因此承受退换货的麻烦，但是对于市场竞争激烈的今天，良好的售后服务也是增加品牌信誉度的一种有效方式。

电视直销频道在推销一款甩脂塑身腰带，对自己腰腹上的肥肉比较反感的小辛打通了电话。

小辛："你们这款腰带能达到你们介绍的效果吗？"

导购员："您可以通过政府官方的网站查询下我们公司的相关信息。我们公司已经成立了十年，并且一直致力于这款产品的研究、推广工作，做得专才能做得精，是吧？"

小辛："市场上这种类型的产品很多，我以前用过都没有效果，白白花费了大笔的钱财。"

导购员："对于您的遭遇我深表同情，确实有很多顾客朋友因为有过您这样的遭遇，而对这类产品持怀疑态度，我们也理解您的感受。不过我们这款产品目前在欧美等十几个地区都在销售，而且根据最新的市场统计数据，已经成功帮助国内105000名受肥胖困扰的人减肥成功。"

小辛："哦，这样。不过，因人而异吧，每个人的体质不一样，对产品的使用效果肯定也不相同。"

导购员："是的，这位女士，为了消除您的后顾之忧，我们现在承诺您，如果不满意一周之内无条件退货。您不需要承担任何费用和损失。"

小辛："那还不错。那我订购一款先试试吧。"

这名电视直销的导购员通过以上的三个步骤，成功地将减肥腰带推销给了小辛。

顾客质疑："最近对这款产品的负面评论很多呀？"导购急忙撇清："哎呀，媒体跟消费者的说法都夸大了。"

【情景回放】

某超市的日化专柜前，有一名顾客正在挑选牙膏。某品牌牙膏的导购员过来向顾客推荐。

导购员："您是要看看牙膏？"

顾客："是啊。"

导购员："您现在用的什么牌子？"

顾客："高丝，不过想换个其他牌子，不是说经常用一个品牌的不好吗？"

导购员："您想得很对，是要经常换下品牌。您看这个××品牌的，您用过吗？"

顾客："以前用过的，不过最近对这个品牌产品的负面评论很多呀。"

导购员立即说："哎呀，您别相信媒体的说法，他们跟一些消费者都夸大了。"

顾客："是吗？"

导购员："是啊，这款产品没有问题的，您可以放心使用。"

顾客："还是算了吧，我再看看其他品牌的。"

【销售分析】

案例中导购员的推荐没有成功的原因，主要是由于：

1.顾客希望购买到信誉度较高的产品

就顾客的购物心理来看，每个人都希望能够买到物美价廉的商品。相对于价格来说，可能产品质量和信誉度是很多顾客更为在意的。因此，面对顾客提出的一些对产品的负面评价，导购员要给予充分地理解，要心平气和地开导顾客，解释清楚其中的原因。顾客更愿意听到客观地对于品牌的评价，而不是导购员偏袒性的，刻意地维护品牌信誉一类的话语。

2.导购员急于撇清负面影响的做法容易适得其反

从心理学的概念上讲，有一种心理反应叫做"反向强化"。案例中的导购员在听到顾客对产品的负面评价之后，立即撇清，否定顾客的说法，这种行为反而会给顾客留下这样的印象：欲盖弥彰，急于否定就代表肯定有问题。这也是顾客最终没有购买某品牌牙膏的原因。

建材城内，有一名顾客正在选购建材。

导购员："您好，欢迎光临，先生您是要看哪类建材？"

顾客："准备订做几扇套装门。"

导购员："这边都是室内门，您可以先看看款式。"

顾客走到了门窗销售区。

导购员："这种烤漆门的质感很好，光泽度也比较亮，您觉得呢？"

顾客："可是这种门不好打理，时间长了，还没有普通的免漆门看起来好呢。"

导购员："怎么会呢？这种门我们卖得最好了，从来没有顾客回过头来说质量不好的。"

顾客没有听信导购员的解释，又去了另外一家。

导购员为了说服顾客，急于否定顾客的说法，不仅没有让顾客消除顾虑，反而赶走了顾客。

【专家支招】

导购员面对顾客指出的产品的负面评价时，要客观地给予顾客正面的解

118

释和分析。既不能直接否定，也不能回避话题。直接否定容易让顾客感觉不快，回避话题遮遮掩掩则可能让顾客感觉事情确实是如媒体中报道的一样。

1.赞美顾客对于市场信息的关注

通常情况下，经过媒体报道的问题都是人们比较敏感和关注的问题，比如健康、使用安全等。对于这些问题，顾客提出来是希望得到导购员合理的解释，消除他们心中的担忧。导购员对于提出这类问题的顾客尽量先通过赞美的形式，拉近顾客和导购员之间的距离，如以下例子。

顾客："最近对这个品牌产品的负面评论很多呀。"

导购员："看来您也是一位关注时事的灵通人士呢！最近是有一些媒体提出了一些疑问，总部那边确实也作出了相应的反应。对于这个问题，专家们给出的解释是这样的……"

2.用专业性的话语帮助客户分析媒体报道的问题

面对顾客提出的尖锐问题，导购员首先要做到从内心接受和相信自己销售的产品。只有这样，导购员才能端正自己的态度，让顾客传达出正面的品牌信息。然后，导购员就需要以专家的态度，用专业性的话语和数据证明自己产品的可靠性，而不需要立即否定媒体和消费者的负面评价。

也会有一部分顾客并不是真正地关心产品的负面评价，而是希望通过提出这样问题让导购员为其降价或者给予一定的优惠。这时候，就需要导购员能够弄清楚顾客真正想要表达的问题，才更有利于促进顾客的购买成交。

3.继续推荐顾客购买

在顾客基本认可导购员的分析和观点之后，就需要导购员再适时地推荐商品。在推荐的时候，可以突出强调产品的优势，并且强调这种优势对于顾客需求的重要性。如果顾客执意相信媒体的报道，导购员也不要强求，可以转而推荐其他款式的产品。

某品牌家具被电视曝光之后，到专柜询问购买的顾客寥寥可数，这天有一个顾客过来询问，并且向导购员提出了媒体曝光的事情。

导购员："您说的那篇报道指的是我家藤椅的质量问题，由于藤条的品种差异造成用户使用时寿命缩短。不过，其他的产品由于没有受到终端供应货源的影响，依然是完全可以保证质量的。您可以看看我家的板材家具，可以向您保证使用的是露水河板材。您看，我们的授权证书还在这里。"

顾客："哦，原来不是说这个品牌所有的产品都有问题啊。那我再看看，毕竟以前用过你家的家具。"

面对被媒体曝光的问题，这名导购员能够客观地帮助顾客分析情况，说明原因，进而重新推荐顾客需要的产品，最终挽回了顾客对品牌的质疑，成功说服了一名老顾客。

情景33：

顾客提出荒谬的质疑
导购说："你的看法不对（想错了），应该是这样……"

【情景回放】

在某商场内，有一个五十多岁的老人正在服装区看衣服。

走到了一女装品牌店，老人东看看西摸摸，一副若有所思的样子。

导购员迎上前去："您好，阿姨，有什么需要我帮忙的吗？"

老人："姑娘，你帮我看看，现在年轻女孩都喜欢什么样的衣服，我怎么看这些衣服都这么奇怪呢，老了跟不上潮流了。"

导购员："您是打算送人吧？准备送谁呢？"

老人："未来的儿媳妇。"

导购员："恭喜您了，儿子要结婚了是大喜事啊！"

老人："刚刚订婚，这是要到我家来，我想着总得送个礼物吧，就想看看衣服。"

导购员："那您得好好看看了，这第一个礼物要送到儿媳妇心坎上才好。"

老人："可不是嘛！我这老眼光怕是买不好啊。"

导购员："我来帮您选，您看我自己搭配的这身衣服还行吧？"

老人看了看女孩穿在身上的服装，认可地点点头。

于是，导购员仔细询问了未来儿媳妇的职业、身高、性格等，开始一件件地让向老人推荐。

可是到最后，老人好像还是觉得不够满意，总是有各种各样的问题。导购员一一回答之后，老人也有些不好意思，好像准备购买一件的样子，最后又忍不住地问："姑娘，你这件衣服的牌子是真的吧，不会是和夜市上几十块钱一件的一样吧？"

导购员面对老人这样荒谬的提问，有些哭笑不得，毕竟是在正规的商场。

导购员："阿姨，您真是想错了，我家衣服肯定是正品。"

老人有点不高兴，自言自语地说："我怎么错了，现在好多人还不是挂羊头卖狗肉，以次充好啊。"

导购员看到自己的话语刺伤了老人，赶紧道歉，可是已经来不及了，前面那么半天的努力因为自己的话付之一炬，老人离开了。

【销售分析】

案例中导购员的推荐没有成功的原因，主要是由于：

1.顾客没有下定购买决心的时候，容易提出荒谬的质疑

案例中的老人显然是属于这种顾客：不确定自己买的衣服是否被儿媳妇喜欢而犹豫不决。在不好意思直接拒绝导购员的热情推荐的情况下，老人只好通过各种问题为难导购员，希望导购员知难而退，或者露出破绽。直到最后，导购员才因为一句"您真是想错了"激怒了老人，最后老人顺势离开。

面对这样的顾客，导购员不应该就事论事，就问题回答问题，而是要努力探寻顾客问题背后蕴藏的真实心理。进行适当的心理疏导和沟通，消除顾客的疑虑将让导购员的推荐工作事半功倍。

2.顾客被错误的信息误导，会提出荒谬的质疑

还有一些顾客在购买某种产品之前，已经接受了周围人的错误信息的误导，对产品有了错误的先入为主的观念。这时候，如果顾客提出在导购员看来比较荒谬的问题时，导购员应该顺应顾客的思路，帮助化解顾客的观念，重新帮助顾客建立正确的认识。

【专家支招】

对于顾客提出的比较荒谬的质疑，导购员应该坚决地予以反驳，但是在反驳的时候要注意措辞，维护顾客的尊严。

1.直接反驳

如果顾客提出的问题涉及到品牌的信誉和导购员的尊严的时候，直接反驳则能更好地体现导购员对顾客想法的态度。但是，不可忽视的是，直接反驳容易或多或少地引起顾客的不快。因此导购员在直接表明自己观点的时候，要语气诚恳，直视顾客，面带微笑，让顾客感受到导购员的真诚。顾客的荒谬的话语通常是以问题的形式出现，需要导购员给予回答和解释，这时候运用直接反驳可以显示导购员对产品和品牌的自信。

需要导购员注意的是，在使用直接反驳的回答时，要做到对事不对人，不能因为表达自己的意见而伤害顾客的自尊心。比较容易被顾客接受的做法是通过引用第三者的话语来表明，或者通过故事举例表达。

顾客："我不会买你家产品的，你别费口舌向我推荐了。有个朋友告诉我说你家的东西质量很差。"

导购员："先生，您恐怕是被人误导了。如果说我家的产品差，那您可以告诉我您的朋友是买了我家的哪种产品吗？"

顾客："这个嘛？我还真没细问。"

导购员："这就对了。我们不排除某批次产品会有一些残次品，但是只要是在合理使用的情况下，我们都有保修期和无条件退换货的承诺的。如果由于顾客自己的原因，没有及时与我们联系保修或者退换货，您说这能说是我们产品差吗？"

顾客："也对啊，那你让我看看你家的水晶灯吧。"

导购员："好的，您请到这边。"

2.间接反驳

如果通过直接反驳会激怒顾客，或者造成不良后果的时候，导购员就要考虑使用间接反驳的方法。优秀的导购员能够很好地利用顾客的问题，将问题变为说服顾客购买的理由。比如：

顾客说："太贵了，我买不起。"

导购员："美女，您看按照目前的经济发展形势，这个产品在年底至少还要上涨10％，您又确实需要，与其等到年底非买不可的时候买，现在买还算价格最便宜的，是吧？"

每个人都有被他人认同的需求，间接反驳顾客的问题就是要先同意顾客，再分析不合理之处。同意是为了拉近顾客与导购员的距离，分析不合理的地方是为了表明导购员的观点，让新的观点更有说服力。

情景34：

顾客认为其他店的产品更好
导购说："他家的产品质量不能保证，我们可是厂家授权的。"

【情景回放】

在建材城的灯具店内，有一对夫妇正在选择灯具。

顾客："您家这款水晶灯怎么卖呢?"

导购员："这款目前是活动价格,可以给您打八折,折后价格为588元。"

顾客："这款的样子我觉得一般吧,和刚才在别家看的一款有点像,但没有那款大气。"

导购员："您说的是哪家呢?"

顾客："就你家对面的那个灯饰店。"

导购员若有所思地说:"哦,他家啊。他家的品牌比较杂,产品质量是不能保证的,我们这个品牌可是有厂家正规授权书的。"

顾客："是吗?可是我看你家也是什么牌子的都有啊。"

导购员："那可不一样……"

最终顾客没有听导购员的解释,走出了店门。

【销售分析】

案例中导购员的推荐没有成功的原因,主要是由于:

1.顾客已经有购买意向,只是希望多了解下市场信息

作为顾客来讲,当然是希望自己了解的信息越多,对于自己的购买决定才越觉得可靠。因此,会在心里已经有选定的产品之后,继续逛逛的习惯。对于这种情况,导购员要充分地理解,不能因为顾客这样说,就不耐烦或者干脆不予接待。要知道,只要顾客还没有完成购买行为,任何变化都是有可能出现的。

对于已经有购买意向的顾客,导购员可以通过自己的真诚打动顾客,即使不在这里购买,也要给顾客留下一个良好的印象。

2.顾客以其他店产品好为借口,迫使导购员降价或者给予优惠

在商场内,有一个购买某品牌运动鞋的顾客。

顾客："就门口那家店有和你家这款一模一样的运动鞋,价格却比你家便宜。"

导购员："是吗?我们这个是厂家授权经销的,你看这里有授权证书。"

您确定和我家这个牌子一样吗？现在市场上这款的仿版也不少呢。"

顾客："我记得是一样的，反正挺像的。"

导购员："他家卖多少钱？"

顾客："399元。"

导购员："那更不可能了，这个价格我们批发价都拿不来货。"

顾客："那算了，我再看看。"

从案例中顾客的反应来看，购买灯具的这对顾客显然是中意于现在看的这款水晶灯的。因此顾客是在询问了水晶灯的价格之后，才提出对面灯具店的水晶灯更大气。聪明的导购员应该能够快速的判断出，顾客是由于价格上认为还有优惠的余地才故意给导购员制造出紧张的气氛，想以此迫使导购员再给予适当的优惠。无论顾客的最终目的是什么？导购员都需要先解答顾客提出的问题，让顾客重新将关注的焦点转移到本店的产品上来。

【专家支招】

对于认为别家店产品好的顾客，导购员要首先弄清楚，顾客是真的想买别家的产品吗？还是以此为借口，让导购员在竞争感加剧的情况下，迫使其亮出底牌，给予顾客最大的优惠。

1.客观评价和分析自家店内产品的优势

无论说"别家店产品好"的顾客是在表明自己的真实意图，还是有意试探导购员的价格底限，都需要导购员先解答好"别家店产品好"的问题。在评价自家和别人产品的时候，忌用贬低他人，褒扬自己的话语形式。这样不仅不能说服顾客购买自己的产品，反而容易让顾客对导购员和店内产品产生负面的印象。毕竟背后"说人坏话"是一种不道德的行为。

导购员应该从侧面强调自己产品的优势，但要本着实事求是的原则，不能虚夸或者说大话。也可以适当通过模糊的方式讲明市场上此类产品存在的质量问题，提醒顾客注意，但要避免具体提及店名、品牌等，以防太过于有针对性。

2. 用导购员的诚意打动顾客，改变购买意愿

有经验的导购员，都会比较注意自己的态度对顾客的购买行为的影响。导购员热情到位的服务和良好的态度，有时候会让那些对产品不是非常满意的顾客做出购买决定。导购员刚好可以迎合顾客的这种心理，用真诚的服务态度让顾客改变购买意愿。

面对顾客的问题时，导购员可以这样说：

"您买不买都没关系，多了解一些同类产品的知识，说不定对您的购买有一定的帮助，您说是吧？让我来给您介绍下基本的常识。"

说不定，在这个介绍的过程中，就可以拉近与顾客的关系，巧妙地把握住顾客的需求，让顾客改变购买决定。

3. 如果可以，顺应顾客的心意，作出适当的价格让步

既然知道了顾客提出问题的根本想法是希望导购员给予进一步的价格优惠，那么，导购员如果在允许的范围之内，完全可以顺应顾客的心理，再给予适当地让步。也许，小范围的一次让步就能轻松地让顾客购买产品。不过，在使用这种让步价格办法的时候，导购员不要表现得太容易，尽量让顾客感受到降价的艰难。

情景35：

顾客觉得产品少："你家的东西怎么这么少？我都没什么可选的了。"
导购说："怎么少呢？够多的了。"

【情景回放】

某品牌服装店内来了一名女顾客，进店之后就慢悠悠地看着衣服。店面

规模不大，一会顾客就看完了所有的衣服。

顾客："你家的服装款式怎么这么少？我都没什么可选的了。"

导购员："怎么少呢？够多的了。"

顾客脸色一沉："你这个人怎么说话呢？是多是少，难道我还不知道。你看对面那家店的款式，再看你家，对比太明显了吧。"

导购员看顾客生气了，也就没再多强调什么，赌气似地说了句："那您看吧。"

顾客也觉得被导购员驳了面子，无趣地走出了店门。

【销售分析】

案例中导购员的推荐没有成功的原因，主要是由于：

1.顾客用产品少作为拒绝购买的借口

案例中的女顾客在店里转了一圈，把所有的服装都看完之后，才说服装款式少，这显然是一种推脱购买的借口。如果是没打算购物，只是随便逛逛的顾客，导购员可以不说话，或者表示一下送客的礼貌就可以了。

2.顾客希望通过提出质疑，得到导购员的关注和重视

顾客在进店购物的时候，都会有一种心理上的优越感。如果是确实想买东西的顾客提出类似的质疑，那么很有可能是因为顾客觉得自己被忽略了，希望通过质疑来吸引导购员的注意。这时候，导购员应该顺应顾客的心理，加强与顾客的交流，同时要适当地赞美顾客，发掘顾客内心的需求。

顾客说产品太少没得选的时候：

导购员说："您真是一个细心的人，我家的款式确实不算多，这和老板的经营理念也有关系。我们的产品是宁缺毋滥的，每款都是精选的精品。不知道您平时喜欢哪类风格的衣服呢？"

顾客："我平时正装的衣服较多。你家的服装感觉还是偏休闲了呢？"

导购员："是，您说得对，我家的服装用现在流行的话说就是商务休闲。呵呵，在您面前有点卖弄了。"

顾客："是吗？商务休闲，听着倒是很新鲜，能详细介绍下吗？"

这样，通过一步步的引导，最后将顾客的注意力吸引到店内现有的产品上，促进成交的可能性就大大增加了。

【专家支招】

导购员面对顾客抱怨产品少的时候，要明确顾客的真实需求。

1.不是产品少，是没有顾客需要的或者喜欢的产品

现在的门店销售中，很多导购员为了追求业绩，在与顾客的沟通过程中，追求"短平快"的成交过程，缺少必须的过渡和铺垫，而忽略了对于顾客心理的把握。就顾客自身来说，如果在店内看到的产品没有自己需要的，或者无法认识到现有产品能够满足自己的购买需求，自然而然会有产品少的抱怨和疑问。这种情况下，导购员不应该就事论事地强调产品的多少，而是要通过提问沟通，了解顾客真实的购买需求。

2.先同意顾客的观点，再用现有产品吸引顾客的关注点

面对顾客的疑问，即使导购员不认可，也应该先顾及顾客的面子。导购员一定要认可顾客的说法，本来产品多少就是一个相对的概念，没有谁对谁错。即使认可顾客的"产品少"的观点也不会有任何损失，还有可能与顾客建立彼此信任的关系，为下一步的购买做好工作，那导购员何乐而不为呢？然后，导购员再针对产品少的原因作出合情合理的解释说明，让顾客觉得"少得值得"。这样就更容易促使顾客说出自己的购买需求，进而有效地推荐合适的产品让顾客体验，顺势过渡到正常的销售环节。

某品牌服装店进来一名老顾客，在店内转了一圈，看了看新款到货情况。

顾客："小王，你家的新品太少了，我都觉得没什么可选的呢？"

小王："谢谢林姐一如既往地对我们店的支持。您真不愧是我们的老顾客，一眼就把新品的到货情况看出来了。林姐，不知道您注意到没有，这次我们在选款上都是花了一番心思的，也是充分考虑了像您这样的优质客户的购买喜好的。"

顾客："是吗？还考虑了我的喜好啊？"顾客显得也很高兴，不由自主地又用手去摸了摸新款的服装。

小王："恩，您看这款，是不是您平时喜欢的那种，比较宽松但是又加入了正装元素的西装风格。只不过这款式变化较大，可能您看得匆忙没太注意。"

顾客："还真是的哈，我真没注意到。"

小王："那您今天是准备买上班穿的衣服，还是其他场合穿的？"

顾客："上班穿的吧，还是上班占用的时间多。"

小王："哦，那除了这款休闲西装外套，您看这款衬衣是不是也刚好适

合春天穿着？"

顾客："这样，小王，你帮我选几款，然后我都试试，看下效果好吗？"

小王："没问题，您先试着，我再帮您拿其他款的。"

试穿之后，顾客挑选了2件服装，让小王打包。

面对顾客的疑问，导购员小王很好地化解了顾客的疑虑，而且了解到顾客的真正需求，并且帮助顾客重新挑选了合适的衣服。

情景36：

产品只剩最后一件，在顾客面前打开的包装，顾客依然让拿新的。
导购说："如果有新的，我一定给您，可是确实没有了。"

【情景回放】

某服装店内有一名青年女顾客正在选购衣服。

顾客："您好，这款连衣裙我想试穿一下。"

导购员："好的，我帮您拿个合适的号码。"

顾客试穿之后，在穿衣镜前面看了看，说："这款腰带上的蝴蝶结设计太夸张了，不适合我。"

导购员："您如果觉得蝴蝶结不合适，我们这里还有一款腰部设计比较简洁的款式。"

顾客："是吗？拿一件让我看看。"

导购员看到货架上已经没有摆放那款了，就到仓库去找了一件出来，并且在顾客的面前打开了包装。

导购员："您看，这款的样式是不是更合适？"

顾客又将这一款试穿了下。效果很好，顾客已经决定购买这件了。

顾客："好，就它吧，您再给我拿件新的，打包吧。"

导购员："这是最后一件了，如果还有新的，我一定给您，可是确实没有了。"

顾客看了看身上的这条裙子，又脱了下来。

顾客："哦，那算了，等你们有新货的时候，我再来买吧。"

就这样，一单已经马上成交的交易泡汤了。

【销售分析】

案例中导购员的推荐没有成功的原因，主要是由于：

1.顾客希望购买到物超所值的产品，全新是最基本的要求

从顾客的角度来看，如果决定购买某款产品的话，必然会要求导购员拿全新的，这是非常合情合理的要求。可是有些导购员却因为顾客的这种要求表现出不耐烦，认为顾客矫情，这样的情绪必然会影响到对顾客的服务态度，甚至影响到销售。因此，导购员对于顾客类似的要求一定要尽力满足，如果确实无法做到的话，也要想办法解除顾客的顾虑，尽力劝说顾客购买。

2.顾客认为试穿过的就是样品了，即使只有自己一人试穿过

很多时候，我们作为顾客在购买东西的时候都会遇到这样的情况，即使是导购员当着我们面打开的商品，当我们决定购买之后也会要求再重新换那个"新"的。其实，这种想法是很正常的，有人试用过就代表是样品了，样品自然是不能按照正价商品出售的。因此，从导购员的角度来说要理解顾客的这种心理，通过适当的销售技巧将这唯一的"样品"推销给顾客。

【专家支招】

面对仅有的最后一件商品时，导购员可以通过以下的办法说服顾客购买。

1.表明试用的为新品

对于要求重新拿新品的顾客，导购员一定要耐心地向顾客说明，这仅有的一件就是新品。

导购员："您刚才也看到了，我是刚从仓库拿出来，在您面前拆的包装。在您之前，还没有顾客试过。而且，我们店内的要求就是必须要将货架上的衣服卖掉之后才能再重新挂新品。您来之前，我们刚把陈列的一件卖掉了，还没来得及挂上，您也刚好喜欢这款，这不我才拿出来的。"

导购员通过告诉顾客店内商品的陈列规则，表明所有的商品都是随时陈列的，不会存在先销售仓库中的，再选择货架上的商品的情况，可以有助于顾客消除疑虑。

2."激将法"刺激顾客购买

聪明的导购员会利用这仅有的一件商品，强调"物以稀为贵"，通过"激将法"刺激顾客，强化顾客的购买决定。

导购员："美女，你的运气真是太好了。刚刚给您打开的那件新品，不仅是全新的，而且刚好是最后一件。你要再晚来一会可能就被别人买走了，运气真好，真是有福之人啊！我把这件帮您包起来吧？"

通过对顾客的赞美，表明这最后一件商品如果不买就没有了，很容易让顾客立即付款购买。

除此之外，导购员还可以告知顾客店内的所有商品都是限量销售的，每款的每个号都只有一件，以此给顾客施加适当的压力，让顾客知道不买就没有机会再买到这款商品了。

3.适当向顾客作出让步

在门店销售的时候，导购员也会遇到一些比较固执的顾客，坚持要求一件全新的商品。如果在采用了前面说到的办法都没有效果的时候，导购员可以适当地通过一些优惠政策让顾客下决心购买。可以采用的优惠措施以赠品或增值服务类的比较合适，尽量不要在价格上退让，会降低品牌在顾客心中的形象。

面对仅有的一条裙子，顾客要求导购员再去拿一条全新的打包，聪明的导购员会这样回答顾客。

导购员："美女，你的运气真好。是这样的，我们店里同款的衣服都只拿一手货的，就是每个号只有一件。您刚才试穿的这件也是如此。如果您再晚点可能都看不到这条裙子了。您也看到我是刚才从仓库拿出来，打开的包装，是全新的，您放心穿吧。"

顾客："是啊？可是我还是觉得没有被试穿过的好。"

导购员："您试穿的这件确实是刚刚打开包装的新品，您看我家的衣服卖得这么好，而且也是正规厂家的货，我肯定不会将旧衣服卖给您的，是吧？况且现在无论多么高档的服装，如果是新的，买回去都需要清洗一遍的。"

顾客："你说得也有道理，可就是心里还是觉得别扭。"

导购员："您看这样吧，反正也是最后一件了，也是希望您以后多光临，争取个回头客。店里刚到了一批赠品，有手机链、钥匙扣，您过来选一个，都是质量很好、很漂亮的。"

顾客："哦，让我看看赠品吧。"

导购员："我先把裙子给您包起来，把单子开好，您慢慢挑着。"

顾客："好的。"

这名导购员通过表明试穿的为新品、激将法、适当给顾客让利这样三种方式，成功地将最后一条裙子销售了出去。

情景37：

顾客："你们这件衣服款式过时了……"
导购："您看错了，这是我们的新款。"

【情景回放】

张玲是一家品牌女装店的导购。一天，一位中年女士走进来，直接问张玲："你们这里有没有适合我穿的长款大衣呀？"

张玲一边说"请稍等"一边走到一排衣架旁边，伸手拿下来一件深棕色的长款大衣，递给女士，说："您试试这款喜欢不？"

女士看了看大衣，说："你们这件衣服的款式已经过时了。"

张玲说："您看错了，这是我们的新款。"

女士一听，反问道，"我怎么会看错呢？我有个朋友前年就穿着一件这样的大衣，跟这个几乎一模一样。"

张玲说："这是我们前几天新上的款，您朋友买的大衣跟这个肯定不一样。"

女士听了张玲的话，有点生气地说："你的意思是我在骗你了？我有这个必要吗？真是的！"说完，扭头就走了。

【销售分析】

案例中导购员的推荐没有成功的原因，主要是由于：

1.顾客将新款看成了旧款

从上文事例中我们可以看出，当顾客将新款看成了旧款，说"衣服款式已经过时了"的时候，导购张玲直接反驳顾客的话，使其与顾客陷入了争辩中，并引起了对方的抵触心理，顾客最终生着气离开了。

市面上的各种新产品层出不穷，有很多新款产品与旧款之间的风格是比较类似的，只是在一些细节上做出了改变。因此，顾客会容易将新款产品看成旧款，认为其已经过时。面对顾客的误会，导购应当尽量消除对方的误解，而不是与之争辩。

2.衣服真的是旧款

新年快到了，刘娟准备给自己买一件新衣服，以犒劳一下辛勤工作一年的自己。她来到一家品牌女装专卖店，一眼便看见了模特身上穿着的酒红色大氅，她对导购说："我想试试这件衣服。"

导购很快帮刘娟找来了一件，她一边试穿一边问导购，"这件衣服不是过时的吧？我怎么看着这么眼熟呢？"

导购笑着说："怎么会呢？这绝对是今年的新款，您肯定是看错了。"

刘娟没有再坚持，决定买下这件衣服。新款衣服都不参加打折活动，这件大衣花了刘娟700块钱。

一个星期之后，刘娟穿着新大衣去参加朋友的婚礼，发现久未谋面的一个老同学穿着一件和她一模一样的大衣，一问才知道，这是人家两年前买的。刘娟越想越生气，饭都没有吃完就打车到了那家服装专卖店，要求对方给她退货。按照刘娟的想法，导购不仅向她保证衣服是新款，结账的时候还因此没有让她享受到打折优惠，这样的行为属于欺诈。

最终，经过双方协商，专卖店将应当给刘娟的折扣现金补给了她。大衣还穿在身上，刘娟决定，以后不会再来这家不诚信的店里买东西了。

有些门店为了减少损失，确实会选择当下比较适销对路的库存产品重新上架销售，这种投机取巧的心态，往往造成顾客的退换货，甚至会给店铺的声誉带来比较坏的影响。

【专家支招】

导购员在销售的过程中应该这样做：

1.导购不能直接与顾客争辩

夏天快要到了，一天，邵茹到家门口的服装超市闲逛，想要挑选一条裙子。逛着逛着，她看到一条红白相间的撞色雪纺连衣裙，觉得很喜欢，又总觉得这个款式似乎在哪儿看到过。

邵茹问导购："这件裙子是旧款吧？"

导购笑着说："您真是好眼力啊！这款确实和以前的那一款有些类似，不过，今年的新款在连衣裙的一些细节上做了些创新。您看，与原来的款式相比，这条连衣裙更注重修身的效果，而且还增加了泡泡袖的设计，并加入了腰带作为配饰，这些都是原来的旧款所没有的。"

说完，导购将那条连衣裙拿了下来，对邵茹说："这件您就能穿，试一下吧，没准能给您带来意外惊喜呢！"

邵茹点点头，接过裙子走进了试衣间，试穿效果让她非常满意，而导购介绍的那些细节也正是这条连衣裙的亮点。最终邵茹买下了这条裙子。

作为销售人员永远要记住一点，与顾客争辩是不明智的行为。当顾客对商品产生误解时，导购不能直接否认顾客的话，即使对方是错的，也要先表示认同再进行引导。上文事例中的导购就做得很好，她先是通过对顾客的赞美赢得了对方的好感，接下来又将新款衣服的设计细节以及与旧款的对比告知顾客，最后又请顾客试穿，从而让顾客自己得出结论：衣服确实是新款。

2.告诉顾客现在买最实惠

如果顾客所说的"款式已经过时"的衣服的确已经过时，那么导购不能掩盖事实，要能站在顾客的角度上为其考虑。面对顾客对服装款式过时的质疑时，导购员可以将衣服的优势介绍给顾客，如"正因为如此，所以您现在购买才最实惠呀！这种经典款的衣服是永远都不会过时的"。这样设身处地为顾客考虑的态度会令对方很感动，也比较容易接受导购的建议。

如果顾客之前已经购买过与新款类似的衣服，导购也可以引导对方选择其他风格的服装。总之，导购要本着"时刻为顾客着想"的原则，以自己的真诚打动对方。

第四章
顾客讨价还价时，
导购切忌这么谈

顾客指着一件标价2000元的油画，伸出一个指头："1000块？我拿了！"
导购知道商品利润丰厚，为了促成成交，连忙点头说："好的！"

【情景回放】

小梅在一家五星级酒店的商品部做导购，店里出售着各种富有中国特色的纪念品，包括一些中国画和油画等商品。

有一天，店里来了三位外国客人，他们在店里转了几圈，最后选购了一些标价几十元的小纪念品。正要离开的时候，一位客人抬头看到墙壁上挂的一幅油画，很感兴趣地停了下来。

画面是一个穿羊皮袄的西藏女孩，标价2000元。

见客人对油画感兴趣，小梅连忙向他们介绍这幅油画的来历和意义，客人听了连连点头，也产生了购买的意愿。

但是这位客人对价格有些不满意，他向小梅伸出一个指头，说："One thousand? I take it（1000块？我拿了！）"

这幅画是老板从潘家园旧货市场上批发来的仿品，进价不超过300元，哪怕卖1000元也有700元的利润，听到客人愿意出1000元买下这幅画，小梅想都没想，就忙不迭地点了点头，"OK!(好的！)"

说着，小梅便想把画取下来包好，但这位客人却突然摆了摆手，不愿意再买那幅画。

"NO，NO，NO！"客人走到一旁，去看旁边的画了。

小梅以为他是想再看看其他的画，就站在旁边等他看完，可是客人看来看去，却不再提付款买画的事，只又问了她几幅画的价格，见小梅都同意以他出的价出售，竟然笑着摇了摇头，在店里又看了一会儿，就和另外两位客人一起离开了店里，什么东西也没有买。

小梅看着客人离去的背影，一头雾水，她不明白自己明明同意了客人出的价钱，为什么他反而不买了呢？

【销售分析】

1.顾客并不是真心想买

在上面的事例中，我们不难发现，那位问价格的客人很可能根本不是真心想买那幅油画，他或者是想在伙伴面前验证一下卖家漫天要价的事实，也或者是想练习一下自己的砍价技能。总而言之，他向小梅问价的目的，并不是为了达成这笔买卖。所以，当他达到了自己的目的时，才会什么也不买就离开店里，让小梅十分苦恼。

2.顾客在试探商品的虚实

顾客之所以只问价而不买商品，还有一种可能就是他在做"实验"，来试探商品的真正价格。作为一名合格的导购员，我们要时刻记住，不论是外国顾客还是中国顾客，如果他并没有对商品表现出较大的兴趣——既没有详细查看，也没有体验或试穿的意愿时，就来个狮子大开口的拦腰斩，那么，这样的顾客多半是在试探商品的价格虚实，想要看清商家所卖商品的价格里到底有多大的水分。

莉莉经营了一家饰品店。今天，她在店里遇到了两个特殊的客人。两个客人进门前似乎就开始因为什么事而产生了争执，一进店里就直奔手工制作区，指着一个手镯问道："这个多少钱？"

手工制作区的饰品都是师傅纯手工制作的，虽然材料没有多少成本，但因为制作繁杂，所以一点也不便宜。

"这个是纯银的，加上师傅的手工费，售价是328元。"

其中一个客人说，"能不能便宜点，对面那家店里也有类似的手镯，才一百多，一百八卖吗？"

"这……好吧，需要包起来吗？"这个手镯本身有一点瑕疵，打折卖出去也不会赔钱，莉莉就同意了，刚想把手镯包起来，就见两个客人扭头就往店外走，刚才讲价的客人对另一人说："我就说这家店的东西水分大吧，三百多的东西，一百多就卖，这次是我赌赢了，快请客。"

原来这两个客人并不是真心想来买东西，而是来一探虚实的啊！莉莉觉得自己很受打击。

尤其是对于某些特殊商品，譬如珠宝、艺术品、绘画、书法等，顾客买回去除了佩戴或欣赏外，还想让其承担保值增值的功能，如果从你这儿买贵了，他们就没有必要收藏了。所以，在购买这类商品时，顾客通常会进行多方打探，确实地了解了商品的价格后，才会下定决心去购买。因此，越是利润空间大的商品，越不能大幅度地降价，否则会让人感觉商品品质有问题，不值得购买。

【专家支招】

1.断然拒绝顾客的"拦腰斩"

小君是一个服装店的导购员，因为她们店里的服装样式新潮，一直很受年轻人的喜欢。

刚开始营业没多久，小君就接待了一位客人，是个年轻女孩。女孩拿起一条短裙问："这条裙子多少钱？"

"129元。"小君回答道。

"这么贵啊，70元卖给我吧。"女孩说。

"这位客人很抱歉，我们店里的商品都是明码标价，不接受讨价还价的。"

"哪有买东西不让还价的，便宜点我就买了。"女孩不依不饶道。

小君无奈地摇摇头说："真的不行的。不过我们店里今天有活动，购物买一百元就可以获得一份小礼物，有精美的手提袋，还有漂亮的小方巾，很划算的。您考虑一下？"

对方有些犹豫，想了想，说："我可以先试试裙子吗？"

"当然可以。"小君知道，一旦顾客要求试穿，那成交的机率就很大了。

女孩穿这条裙子真的很合身，试穿之后，很高兴地接受了小君的建议，选了一份小礼物买下了这条裙子。

如果顾客这么狮子大开口地还价你就同意，那就中了他的招儿，这时，拒绝更能让他对商品产生信任感，觉得你们做买卖更实在。

另外，即便顾客有意想买，第一次还价也不要马上同意，否则对方会觉得自己还没有砍到最低价，买得有些不值，哪怕掏钱心里也会感觉怏怏地，或有这种那种疑虑。

基于上述两点，最简单办法就是拒绝，你可以笑着摇摇头、摆摆手，或者用吃惊地语气说"怎么可能呢？"

2.重价值，轻价格

如果顾客在听到不接受砍价后表现出失望，却又没有马上离开店铺时，导购员可以引导顾客把注意放在商品的价值上，从而让顾客产生购买意愿。比如，在一开始的事例中，小梅可以先拒绝外国客人的砍价要求，但是在拒绝之后，应该引导其细致地观赏那幅画，并向客人介绍这幅画的作者有多大的名气，绘画功底有多深，欣赏价值有多高，未来升值空间有多大等，当顾客听完以后，多半会觉得这幅画具有一定的收藏价值，也就不觉得2000元的价格贵了。而且，这样做也可以让顾客为自己不识货而胡乱砍价的行为感到内疚，从而促使顾客购买油画。

顾客对商品很满意，但听到报价后立刻将其放回去了。导购："你是不是真想买呀？诚心买就出个价？"

【情景回放】

刘佳高中毕业之后，因为没考上理想的大学，所以选择出去工作，阴差阳错之下，刘佳便成了一名服装导购员。从刘佳工作到现在已经有一个月了，这个靠说话挣钱的工作对性格有些内向的刘佳来说其实是一个不小的挑战，而幸运的是刘佳内向但不怯弱，她要勇敢地改变自己，让自己做出点成绩来。

可是一个月的时间对刘佳来说刚刚只够适应新环境，如果顾客问的比较多的话还好，刘佳还知道说些什么，如果碰上进门不怎么说话的顾客，刘佳有时候就有点不知道该怎么办了，所以这个月她招待的顾客大部分都是空手而去。

就拿今天来说吧，一位女顾客进门之后，相中一件衣服，刘佳学着其他导购的样子，对顾客相中的衣服做了简单的介绍，然后提议顾客如果喜欢，可以试穿一下，看看效果。

"好，给我拿一件M的，我试一下。"顾客在听过刘佳的建议之后说道。

"好的，请稍等。"刘佳尽量让自己的声音大一点，因为其他一起工作的导购说她说话声音太小，别人总是听不清她在说什么。

"小姐，这件衣服您穿着真合适。"虽然内向，但是最起码该说什么，刘佳还是知道的，虽然她一向说得不多。

"嗯，我觉得这件衣服也不错。"顾客看着镜子里的自己微笑着说道，

"这件衣服多少钱？"

"××元。"刘佳有问必答。

顾客听到之后，什么也没说，皱着眉就又回到试衣间去了，出来把换下的衣服递给刘佳之后，说了一句"算了吧"，就要走。

刘佳见顾客对价格有不满，赶紧问："你是不是诚心想买啊，如果是的话，出个价吧。"

可顾客听了这话后，反而走得更快了。

【销售分析】

顾客之前挺满意的，在得知价格后转身就走，很明显，这个价格不是顾客愿意接受的，其中的原因一般有两个。

一个是这个价格超出顾客原来的预算很多，顾客觉得即使杀价也不会降到他所能接受的范围，干脆趁早放弃；另一种原因就是顾客故意做出对价钱不满意的样子，希望导购能再降点，让他们花更少的钱，买同样质量的衣服。

薇薇经营着一家婚庆类服装店，店内的礼服、套装等的价格基本都在千元以上。进店的顾客基本都是目标比较明确的，所以虽然每天店内的顾客不多，但是成交的比率却很大。即使有顾客这次没买，如果确实有喜欢的在几天之后也会再次光临。

今天，薇薇的店内导购员接待了这样一名顾客。顾客进门之后看了一会，就伸手去摸一件粉红色的套裙。

导购员上前介绍说："小姐，这件套裙是我们的最新款式，采用流行的韩版风格，穿在身上既时尚又有活力。"

顾客听了导购员的介绍一言不发，继续在店内闲逛，突然向身边的导购员问："你家有适合结婚穿的衣服吗？"

导购赶紧回答说："您要准备结婚啦，先恭喜了。我们这里很多呀，来，这里就有一套红色裙子特适合您。小姐，这套裙子款式庄重，颜色喜庆，买的人非常多，我相信穿您身上效果一定不错。"

顾客看到套裙之后明显感觉眼前一亮，然后问："这套多少钱呀？"

"不贵，才1200块。"导购员报完了价格后，顾客没有再说什么，看了看衣服转身离开了。

薇薇看到这一幕后，将导购员悄悄地叫到跟前，说："在没有了解到顾客的购买预算的情况下，尽量别直接报出服装的价格，上千元的服装对许多人来说都不是小数目了。"

不过，无论顾客出自哪种原因，在顾客转身要走的情况下，先留住顾客是首要的。因为有顾客你才有生意可做。留住顾客之后，你可以用打折扣或者给赠品的方式让顾客觉得受到了优惠，从而买走衣服。

【专家支招】

1.让顾客留步

让顾客留下的方法有很多，导购可以软磨硬泡，也可以抛出些小诱饵，只要不伤和气，不动用武力恐吓就可以了，这个全看导购个人发挥了。在这里推荐导购一种比较常用的方法，导购可以这样和顾客说："这位先生，刚才您试的这件衣服效果非常好，而且我也看得出来，您自己也非常喜欢，请问是什么原因让您放弃这么合适的一件衣服呢？"

2.想办法让顾客接受这个价格

让顾客接受较高的价钱并不是件容易的事情，一下子花出那么多的钱，谁都舍不得。导购可以想办法将这个价钱化整为零，这样顾客就不会那么难接受了。

比如导购可以这样说："小姐，您也知道，平时咱们买件衣服，穿不了多久就显旧了。但是咱们这件衣服不一样，穿多久都不会有褪色发旧现象，这样一件衣服可以穿好几季，平均下来也就一天不到一块钱，这么看来，这个价格其实并不贵，您说呢？"

3.与顾客建立信任关系，让顾客愿意开口谈价

在顾客进门之后的"破冰"环节很重要，即使导购员的销售技巧再高超，如果不了解顾客的购买需求也无法向顾客推荐合适的商品。基本上，如果是有购买意图的顾客，通过礼貌用语加上适度赞美，就可以达到让顾客开口的目的。同时，导购员在提问的时候要尽量给顾客做选择题，避免简单地回答"是"或"否"的问题。如"您好，请问您是需要看看我家的风衣呢，还是裙子"，这时候无论顾客是否需要看这两类服装都会给导购员一个答案"风衣"、"裙子"，或者说"都不是，想看看棉衣"。

4.试探性地为顾客推荐几个价位的商品，通过观察顾客的反应来判断其真实的购买预算

在为顾客推荐介绍商品时，可以通过尝试推荐几款不同档次的，价格相差较大的商品来进一步判断顾客的购买预算。正常情况下，如果超过顾客购买能力的商品，一般人是不愿意去浪费时间试穿或者过多询问的。而价格低于预算的商品，顾客又会不自觉地询问质量问题，担心价格太低质量不好。

情景40：

顾客说："我在别处看过这个货，只卖××元，你这里卖得太贵，能按那个价给我我就买。"
导购说："好吧。"

【情景回放】

芳芳在一家服装店做实习导购，今天卖衣服的时候突然明白了一句话的含义，"很多事情发生在别人身上是故事，一旦发生在自己身上那就叫悲剧。"

没错，在学校的时候，芳芳也曾经常陪同学去买衣服，也听说过这样一

句话："这件衣服我在别的地方见过，人家卖的便宜多了。"

但是当时一不是自己买衣服，二不是自己面对这样的问题，所以芳芳也就没多想。但是当今天听到同样的话之后，芳芳只感到哑口无言，再也没有当初的那份轻松感了。

事情是这样，今天有位先生来买衬衫，芳芳见这位先生形象还不错，于是就推荐了几款质量比较好的衬衫，希望能博得顾客的好感。但是没想到的是——

顾客看了几款衬衫之后，又问了问价格，然后就皱起了眉头："你们店的衣服怎么这么贵，这件衣服我在别的地方见过，人家卖得便宜多了。"

"那别的地方卖多少钱啊？"小芳直觉地问道。

"人家才卖××元，比你家少了快一半了。"顾客很不客气地说道。

"啊？"真的是这样吗？小芳不知道该怎么说了，"也许只是款式一样，质量不一样吧……"

"小姑娘你也别说了，说个卖价吧。"顾客又毫不客气地打断了芳芳的话。

"我们这都是明码标价，您也看到了……"芳芳委婉地说出了拒绝的意思，唉，要是妈妈在就好了。

"算了，我还是到别的地方再看看吧。"顾客见和芳芳也说不出什么来，于是走人了。

"好吧，好吧，就按您说的价。"芳芳知道进货价，虽然这个价格卖出去，这件衣服几乎就一分不赚了，可还是不想放跑这单生意，只好答应了客人的要求。

但随后，她也受到了老板的批评。

【销售分析】

爱比较，是每个顾客都存在的心理，也是人之常情。谁都想花最少的钱，买更好的衣服，但这却给了导购很大的挑战，如何在激烈的竞争中卖出自己的衣服，成了许多导购头疼的问题。

但是无论导购想怎样卖出自己的衣服，都不要在听到顾客的这句话后，说一句："他们的质量不好。"这有时候不仅不能留住顾客，说不定还会通过这位顾客转到隔壁的店里，到时候伤了邻居的和气那可就不妙了。那么不说别人的不好，说自己的衣服"我们款式比较新，做工细致"。会有什么效果呢，这只会让顾客更加仔细地研究你的衣服，到时候顾客看到一个线头，会在心里加倍否定你衣服的质量。

芳芳今天又照常和爸爸妈妈一起来到了自己的服装店，虽然爸爸妈妈说她不去也行，这么多年一直没她，夫妻俩不是照样干得有声有色？但是芳芳并不这么想，这么多年，爸爸妈妈一直辛苦奔波，全是为了自己，现在自己有时间，有精力，理应为爸妈分担一点了。

芳芳家的服装店坐落在一条步行街上，这条街上有着各种品牌衣服的专卖店，所以来买衣服的顾客总会先四处看看，然后再决定在哪家买，也就是人们常说的货比三家。

在这样的地段卖衣服竞争是很大的，顾客不是来回比质量，就是不断较量价格。想卖一件衣服没有两把刷子是不行的。芳芳边帮妈妈整理衣服，边胡思乱想，直到一阵脚步声传来——有顾客来了。

是一位和芳芳妈妈年纪差不多的女顾客，她进门之后先是一件件慢慢地看着，在看到一件卡其色风衣的时候，停住了脚步，转身问芳芳："这件衣服多少钱？"

"这件吗？呃……是××元。"芳芳对店里的衣服还不是很熟，犹豫了一下才想起来。

"你们店里的衣服可比隔壁的贵多啦，隔壁的衣服有件跟你们差不多的，才××元，比你们便宜几十块呢。"顾客有点抱怨地说道。

"这个，嗯……"芳芳觉得不知道该怎么办了？连忙把妈妈叫了过来，自己躲到一边看着。妈妈就是厉害，三言两语就能让顾客直点头，最后直接"拿下"了这位顾客。

在这种情况下，导购还有一种话最好不要说，那就是实话："大体上来说，是这样的。"既然如此，除非顾客脑子坏掉了才会买你的衣服。有的导购还可能会这样说："其实差不多少，就那么几十块钱。"几十块钱也是钱，相信没有一个顾客会多花几十块钱，买同样质量的衣服。

【专家支招】

1.先 "客套"一下

客套就是在你说你的衣服有什么优点之前的几句概括，这样可以让顾客跟着你的思维走，让他慢慢认同你的观点，然后谈价格就好说了。客套的话一般是这样的："是这样的，因为我们两家店紧挨着，顾客一般都习惯两家都看看，相互比较一下。买衣服嘛，就得多看多比较，这样才能挑出最合适自己的衣服。"

2.虽然价格高一点，但是……

在经过上面的客套之后，顾客的思维已经被你抓在手里，这时导购就要亮出自己的优点了。导购可以继续这样主导顾客的思维，"虽然我们在价格上稍微高了一点，但是最后还是有很多顾客选择我们店里的衣服，因为顾客买衣服一般都是看重质量、款式，相信您也不例外，你看看这件衣服，这料子的手感多好，你可以摸一下，款式也不错很适合您，来体验一下，您就知道了。"

情景41：

顾客问："我已经来你们这里买过好几次了，不给我便宜点吗？"
导购答："公司定的价，对老顾客也一样。"

【情景回放】

芳芳在自己家的服装店待得时间越长，越觉得爸爸妈妈做生意真的不容易，时不时地就要去进货，每天晚上休息之后还要核对今天的衣服数量、账单。白天呢，则是要打起十二分的精神应对顾客的各种问题。

每想到这里，芳芳恨不得一下子就把销售的技巧全吸到脑子里，这样遇到没见过的问题时自己就能解决，不必找妈妈当救兵了，妈妈就可以多休息一会儿。

今天刚到店不久，就有顾客进门了，芳芳立刻热情地上前问了声"早安"。芳芳妈妈进货的时候很会挑选衣服，所以她家店里的样式比较全，也比较受欢迎。刚才这位顾客进店不到三分钟就遇到一件自己比较中意的。

芳芳热情地上前为顾客介绍这件衣服的各种特性，让顾客了解这件衣服的价值。芳芳虽然"实战"经验不多，但是"理论"早就背熟了，顾客听了也是连连点头。然后芳芳又很是时候地提出顾客可以试穿一下，看看效果如何。

等顾客试穿合适之后，两人就开始谈到了价格的问题，让芳芳最头疼的一环。希望这位顾客能好说话一点，不然芳芳真担心自己可能又要搞砸一桩生意。

"这件衣服不打折吗？"顾客听到芳芳的报价之后问道。

"这已经是打折之后的价格了。"芳芳坦白地说道。

"哎呀，我都是你家的老顾客了，多给我打点折啦。"很显然顾客希望价格能再低点。

芳芳很为难，因为这衣服是热卖的款式，店里明确规定是不能打折的，"不好意思，这衣服不打折。"

"怎么一点面子都不给我，我可是老顾客啊，你说不打折就不打折吗？找你们店长来。"

找店长就意味着店员服务不到位，芳芳很委屈，自己明明已经是竭诚服务了，大热的天，说得口干舌燥汗流浃背的，反倒还要遭投诉。

"找我们店长也没用，不打折就是不打折，这是店里的明文规定。"芳芳也有了一丝恼意。

"行了，你们这种服务我不买也罢。"顾客扔下衣服，推门出去了。

芳芳委屈地流下眼泪。

【销售分析】

面对老顾客提出的问题，导购很是为难，既不能得罪经常光顾的老顾客，又得按规定报价，两全其美的办法很难找到。而且有的顾客有贪小便宜的心理，老顾客会说"多打点折"这更是意料之中。其实很多时候，就算你报的是最低价，顾客还是要你再便宜一点。

芳芳以前觉得自己家开服装店挺好的，买衣服都不用逛街，直接在自己家拿就好了，省钱又省事。但是今天芳芳找到了一个自己家开服装店不好的地方，那就是——不用买衣服，导致了她不会讲价。

今天一位阿姨进来买衣服，相中了一件黑色的短裤，芳芳见阿姨喜欢，立刻建议她试一下看看效果，"阿姨，我觉得这条短裤很适合您，你的腿型很好看，穿出去一定很漂亮。"

"好吧，那我就试试。"阿姨很快被说动了，拿着短裤就去了试衣间。

"阿姨，您看，我说的没错吧，你穿着果然很合适呢。"芳芳热情地说道。

"嗯。"顾客只是笑着，没多说话，只是转身看着裤子合不合适。突然顾客抬起头来，问道："这条短裤多少钱啊？"

"嗯，××元。"芳芳说道。

"小姑娘，这条短裤我很喜欢，你就给便宜点吧。"阿姨开始讲价了。

"阿姨，我们的价钱都是明码标价，按规定来的。"小芳委婉地说道。

"小姑娘，话不要说得这么死嘛，这样吧，我也不会让你降很多，把这个零头抹去，正好凑个整数，我也好给钱，你也不用找啦。"阿姨很熟络地跟芳芳砍价。

"阿姨，这个真不行……"芳芳开始犯难了，她除了这句话什么也不会说了，该怎么说服这位阿姨啊。

"小姑娘，就二十块钱的零头，抹去我就要了。"阿姨有点急了。

芳芳无奈地叹了一口气，不知道该如何回答她。

还有的时候顾客并不是为了钱，而是想要一个特别待遇的心理优势。那么导购就要根据顾客的不同情况，做出相应的对策。贪便宜的，导购可以在情况允许的范围内，给顾客一点赠品，以满足顾客"贪"的需求。对于想要心里优势的顾客，导购就要多说好话了，只要让顾客知道你给他的待遇是别人享受不了的就可以了。

【专家支招】

1.让顾客知道你很重视他

面对想要心理优势的顾客，导购不妨这样说："真的非常感谢您的支持，只是也真的很抱歉，您也知道我们公司在定价上一直都是很讲诚信的，绝不会乱开价。您是个明事理的顾客，相信这也是您一直这么信任我们的原因。您的建议非常好，我会立即将您的建议反应给公司，如果有新的优惠方案出来，一定先通知您。再说咱买衣服主要看中的就是质量，您看这件衣服……"转移顾客的焦点到衣服上来，这个问题也就解决了。

2.赠品虽小，作用大

赠品可以给，但不能随便给，要让顾客知道赠品不是谁都可以要的，但是他有这个"特权"。导购不妨这样告诉顾客："是的，我知道您是我们的老顾客了，我都为您服务过好几次了，刚才我还想着您有一段时间没来了，是不是把我们给忘了呢。我猜您也知道，咱买衣服，价格只是个部分因素，而且我也已经尽力了，这样吧，我再送您一个小礼物，给您个惊喜……"这时候价格不再是谈话的主题，赠品才是。

3.告诉顾客最重要的是什么

顾客的目的是来买衣服的，当然是合适好看最重要，但是一旦碰到价钱问题顾客的重心就会转移，这时不妨"提醒"一下顾客，顺便转移顾客的注意力。这时候导购可以这样说，"王小姐，您都是我们的老顾客了，您对我们的定价一定早就有了解，我们的价格一向都是很实在的，所以我给您的价格已经是老顾客里最低的了。况且咱们买衣服穿着合适漂亮才是最重要的，遇到一件自己喜欢的也不容易，您说对吧？"

情景42：

顾客说："我认识你们老板，你就按内部价给我吧？"
导购："你真的认识他？他叫什么名字？"

【情景回放】

芳芳最近有点感冒，妈妈让她这几天就不要去店里了，在家待着就好了。说实话，一连这么多天都在服装店泡着，芳芳也的确有点累了。在家休息一下也不错。但是两天之后芳芳就不这么想了，自己一人在家偶尔一两次还可以，觉得挺自由，想做什么就做什么。但是时间长了就难免会觉得无聊。

所以今天中午自己吃完饭，又数了一会儿剩下的饭粒之后，芳芳决定"重操旧业"再去服装店。妈妈见女儿不在家养病，居然又跑到店里来难免唠叨一番，不过还好，这会儿顾客比较多，妈妈没说几句，就又忙去了。芳芳自然也开始忙碌起来。

正好有位顾客相中了一件衣服，芳芳连忙前去招待，为顾客解说。顾客本来就对这件衣服挺满意的，听了芳芳的话之后更是连连点头。

"我能试一下吗？"顾客听完芳芳的介绍之后问道。

"当然可以。"芳芳热情地说道。

这位顾客身材不错，穿起来还蛮有感觉的。也许这笔生意离成功不远了，芳芳在心里想着。

"我就要这件吧，多少钱？"顾客看着镜子中的自己，犹豫了一下说道。

"这件衣服是××元。"芳芳回答道。

"不能再便宜点吗？给我算个会员价吧，我认识你妈妈，就给个亲情价吧。"看来顾客对价钱不是很满意。

"这可不行。"芳芳拒绝了她。

"那算了，就这样吧。"顾客见"会员价"无望，竟然不买衣服就走了。

【销售分析】

顾客想要会员价，其实无非就是想要价格优惠一点，这是每位顾客在买衣服的时候都渴望的。但是这并不代表这个价钱顾客接受不了，只要导购能解决顾客的这个"非分之想"就可以了。

但是一般导购在顾客提出会员价的要求之后，都会习惯性的问一句："请问您有会员卡吗？"说实话，这并不是一个好习惯，因为你这样问会让顾客觉得你是一个势利眼的导购，看不起没有会员卡的顾客，而且你这样问也会让顾客觉得很没面子，所以这句话还是少说为妙。

【专家支招】

当顾客说："我认识你们老板，你得给我算便宜点的时候。"导购应该这样说：

1.我会告诉老板，让他对你表示感谢的

既然双方都知道这个"老板"是莫须有的，顾客利用他想赚取更多的优惠，那么导购就让这个"老板"对顾客表示感谢好了。导购可以跟这样的顾客这么说："哇！原来是老板的朋友啊，能接待您真是我的荣幸。只是目前我们的生意状况很一般，您来我们这买衣服的事情，我一定会告诉老板，让他感谢您对我们的支持。"这样一来，导购就有可以把"老板"还给顾客了。

2.老板已经交代过了，您就放心吧

无论顾客说的是真是假，给足顾客面子那是必须的。所以导购不妨就"相信"这位顾客是老板的朋友好了，场面话说得好听一些，让顾客买衣服才是硬道理。导购若想既能卖掉衣服，又能博得顾客的好感，就这样说："哎呀！原来是老板的朋友啊，这您就放心吧，老板早就交代过了，他的朋友一律都是优惠价，绝对不能亏待。"

3.将计就计

芳芳现在越来越觉得商场如战场，而且很多时候都是"兵不厌诈"，就拿今天的这位顾客来说吧，进店之后，在她的"精挑细选"之后，终于有一件短款上衣"雀屏中选"，然后不等芳芳指引，自己就去了试衣间。

真不知道是该说她是迫不及待，还是轻车熟路。但是谁让顾客就是上帝呢，虽然刚才这位顾客一下子看了那么多衣服，害她得收拾老半天，但是芳芳还是尽量保持微笑，为顾客提供最好的服务。

"小姑娘，你家这一衣服是怎么卖的啊？"顾客笑着问道。

"您说的是刚才试的那件衣服吗？"芳芳上前说道。

"没错，就是这件，我说，小姑娘，我来你们家也不是一次两次了，你们老板我也早就认识了，给我算便宜点吧。"说到最后顾客用耳语告诉芳芳这个"重大"的秘密。

只是这个人真的跟"老板"认识吗？那为什么她不直接跟爸爸打招呼呢？想到这里，芳芳不禁微微一笑。了解了这个情况之后，那么接下来该怎么说呢？

"哦，原来是老板的朋友，那您就放心吧，这一点，老板有过交代，肯定是优惠价。"芳芳说道。

"那优惠之后是多少钱？"顾客边掏钱包边问道。

"××元，比原价优惠了好多呢，这可是一般顾客绝对享受不到的优惠呢！"其实这条短裤的原价就是××元，芳芳很"狡猾"地让顾客交了款。

顾客付完账之后，芳芳热情地把包好的短裤递给顾客，"欢迎您下次再

来。"然后微笑着送走了顾客。

其实很多导购都明白，顾客说认识老板只是一种"威胁"，想得到一个比较优惠的价格而已。说认识老板的人，大多数其实并不认识，充其量也就是见过。那么面对顾客的这种谎言，到底该不该戳破呢？

当然不能，如果导购跟顾客说："别蒙我了，你根本不认识我们老板。"

那么以后也不用想了，顾客肯定一气之下就走了。然后有的导购可能会说："既然你认识我们老板，那你就给他打个电话吧，只要老板同意，白送都可以。"其实老板是无辜的，何必拉人家下水。而且顾客听到这句话后可能会说："那我这就跟你们老板打个电话。"然后你会发现顾客再也没有回来，因为他不认识老板，电话只是顾客离开的一个幌子而已。

所以应对这样的顾客你只能"将计就计"。

情景43：

顾客询问价格："这件衣服多少钱？"
导购："价格好商量，您先看好，试一试，合适了再谈。"

【情景回放】

今年三十岁的齐鑫在某家大型商场三楼经营着一个女装专卖店，开业半年以来，她的销售信条一直是：价格好商量，能把服装卖出去就行。她相信，薄利多销一定能给自己带来很好的收益。但是让她内心备感挫折的是，顾客在询问价格之后，一听到她说"价格好商量，您先试一试，合适了再谈"时，有很多反而摇摇头，放下衣服转身就走。

这天，齐鑫正在清点库存，从外面进来一个顾客，这是个四十多岁的女士，她指着一件酒红色的毛衣开衫，问："这件衣服多少钱？"

齐鑫照例热情地说："价格好商量，您先看好，试一试，合适了再谈。"

女士听了点点头，说："那给我找一件XL号的吧！"

齐鑫很快就将衣服递给女士，请她到试衣间试穿。

女士对这件衣服还算满意，这时，她问道："这衣服多少钱？"

齐鑫说："这件衣服穿您身上真是挺好看的，价格不贵，才350元。"

女士问："350元不行，太贵了，要是卖150元还差不多！"

齐鑫听了连忙说："150元可不行，最低最低300元钱"，她心想：这件衣服进价还170元，这位大姐真敢砍价啊！

女士有点生气，说："你刚刚还说价格好商量，现在就最低300元了，要是你早这样说我就不试了，浪费时间！"

说完，女士走进试衣间，换回自己的衣服，就离开了。

【销售分析】

之所以会出现上文事例中的情况，原因有以下两点：

1.顾客只是想问问价格，并非真的想买

有很多顾客在逛街时，看到一些商品就会随便问问价格，而并不是真的想要购买。因此，在顾客第一次询问商品价格时，导购可以转移顾客在价格上的注意力，通过赞美等方法避开价格话题，以摸清顾客的真正意图。如果导购都像上文的齐鑫一样，把"价格好商量"挂在嘴边，就容易在顾客心中形成一个观念，那就是这个品牌不怎么样，也就更不会购买了。

2.导购轻易在价格上做出让步

从上文事例中我们可以看出，在顾客第一次问到服装价格时，导购齐鑫就轻易地做出了极大的让步，说"价格好商量"，她这样的话就容易给顾客心理上造成一种暗示，即可以用很低的价格买到这件衣服。但在顾客试穿衣服之后，齐鑫给出的衣服价格却远远超过顾客的心理预期，这时候，如果齐鑫的让价幅度低，顾客必然不买账，假如齐鑫按顾客的价格底线销售，就有

可能连成本都无法收回。

【专家支招】

针对以上情况，有两点建议可供大家参考：

1.导购应巧妙避开价格话题

商场二楼的电梯拐角处有一个饰品专柜，里面摆放着各种款式的女士太阳镜和丝巾。一位衣着时髦的女士走过来，指着一条浅蓝色的丝巾问："这条丝巾多少钱？"

导购黄露笑着说："您真有眼光，这是我们今天刚上的新款，我给您拿出来先试一试吧！"

说完，黄璐拿出一条丝巾，帮顾客系好，一边请她照镜子，一边说："您的皮肤本来就特别白皙，这条丝巾非常衬您的肤色。您自己看，效果多好！这条丝巾是120元一条，来一条吧！"

女士说："120元一条太贵了吧？能不能便宜点？"

黄璐想了想，又拿过计算器算了一下，说："我们的丝巾本来是不打折的，不过看您系在脖子上效果那么好，都可以给我们做广告了，给您打个九折，108元，以后有什么需要再过来噢！"

女士欣然答应了。

当顾客询问价格时，导购黄璐说了句"您真有眼光"，巧妙地避开了价格话题，同时通过赞美顾客的品味和皮肤赢得了对方的好感，最后以极低的折扣完成了交易，这不失为一个很好的办法。

2.将"价格好商量"换成"价格肯定是物超所值"

杨诺是一所小学的老师，这天，她听说学校旁边新开了一家童装店，下班后就带着八岁的女儿走了进去，想看看里面有没有适合女儿的衣服。

很快，女儿发现了一套玫红色的运动衣，说想试试。杨诺问导购："这件衣服多少钱？"

导购笑着回答说："价格肯定是物超所值，这一点请您放心，我们先看一下这件衣服小姑娘穿起来是否合身，这才是最重要的，您说是吧？"

杨诺听了，也笑着点了点头，她请导购帮忙找了一套适合女儿身材的衣服，女儿穿上以后感觉正合适，连说很满意。"

这时，导购才说："看来您女儿穿上还真是特别合适，这套衣服一共220元，都是纯棉的，穿着特别舒服。您给女儿来一套吧！"

杨诺虽然觉得衣服有些小贵，但是感觉确实很适合女儿，就果断地决定买下了。

童装店导购一句"价格肯定是物超所值"，比"价格好商量"不知道要高明了多少倍。在面对顾客询问产品价格时，导购要想办法将对方的注意力从价格转移到产品价值上，这样既能引导顾客更多地了解产品，又能使自己在接下来的价格谈判中占据主动，更有成功的把握。

情景44：

顾客看完商品，直接要求："你给我一个最低价。"导购："最多只能给你打八折了。"

【情景回放】

在一家品牌木地板专卖店，一位顾客来挑选地板，新来的导购刘军一边说着"欢迎光临"一边来到顾客身边，准备为他推荐介绍产品。

这时，顾客指着一块实木复合地板，直接问道："这种地板多少钱？你给我一个最低价。"

刘军一看顾客是个爽快人，就直接报了最低价，"这种地板原价240元，最多能给您打八折。"

顾客："才打八折？太贵了吧！怎么不也得打六、七折呀？"

刘军："最低八折，不能再低了。"

顾客："那我不买了。"说完就走了。

刘军很郁闷，心想，不是你让我给个最低价吗？怎么还跟我讨价还价呢？

【销售分析】

之所以会出现上文事例中的情况，原因有以下两点：

1.导购直接报出折扣价犯了销售大忌

上文事例中的导购刘军，在顾客询问木地板价格时，直接报出了最低折扣价，这在销售价格谈判中是一大忌，这是因为他不够了解顾客的心理，不明白顾客其实并不相信他的第一次报价就是最低价，即使打八折真的是刘军的价格底线，顾客依然会对此不满意，想要用更低的价格购买产品。

2.顾客只是随便问问，并非真的想买

刘宇是商业街上一家女装店的导购，一天，店里来了一位顾客，进店之后，这位顾客先是绕着店铺走了一圈，把所有的衣服看了一个遍。之后，她伸手指着一件粉红色的小款西服，问道："这个衣服最低多少钱？"

刘宇回答说："这件西服外套原价520元，最多只能给你打八折，打完折后416元。"

这位顾客听了，并没有说什么，又拿起旁边一件碎花长裙，问，"这件最低价是多少？"

刘宇又回答说："这条裙子也可以为您打八折，原价500元，打折后是400元整。"

顾客听了，也没有说什么，放下衣服就离开了。

有的顾客在看完商品后，并没有详细了解商品的质量、生产日期或售后服务等，而是直接要求导购给个最低价，得到答案后转身就走，那么这位顾客很有可能并不想买这件商品，只是随便问问或是其他竞争对手前来探价。

【专家支招】

针对以上情况，有两点建议可供大家参考：

1.导购不能轻易亮出自己的底牌

黄飞是某品牌冰箱专卖店的导购。一天，一个中年男士来到这家店，转了一圈之后，指着一台标价"5999"的双开门冰箱，问："这台冰箱最低价是多少？"

黄飞回答道："您好，这台冰箱的售价是5999元。"

男士问道："就按原价销售吗？没有什么优惠吗？"

黄飞微笑着回答道："您好，先生，我们的冰箱现在都是正价销售，我们可以向您保证产品的品质和售后服务都是国内领先的，而且承诺三年全国联保。另外，您还可以获得一次抽奖机会，将有机会参加我们总公司举办的"上海双人游"活动，是不是真的很划算呢？"

听了黄飞的话，男士说道："确实很不错！我也真的挺想买，不过这个价格我还是觉得高了些。"

黄飞说："这样吧，我看您特别有诚意，而且是真的想买我们的产品，我就给您打个八折，能便宜将近1000元钱，这个真的是最低价了！"

男士听了，马上表示同意，并很快完成了付款。

顾客问商品的价格是很正常的事情，而价格也往往是顾客在购买一件商品时首先关注的问题。有时候，尽管商品上面明码标价，顾客还是想先问问最低多少钱，其实就是想知道还能不能再优惠些。当遇到顾客看完商品，直接要求导购说出最低价时，作为导购，首先要弄清顾客的真正意图。在没有确定顾客是不是真的想购买商品时，导购不能急于亮出自己的底牌。有的导购在顾客问价格后，马上将最低价告诉对方，这是不应该的。要知道，导购打折越容易，顾客就会越觉得你的产品还可以再便宜些。

而上文事例中的导购黄飞面对这种情况，采取的则是直接报价法，首先将冰箱的最低价告诉了对方，等到明确了对方是真的想买，才同意为其打八折,使顾客欣然接受,这样的做法是恰当的。

2.导购应巧妙地将顾客从价格引导到商品价值上

在一家品牌女鞋店,一位刚进门的女顾客正指着一双平跟过膝长靴问导购:"这双鞋最低卖多少钱?"

导购张婷问:"请问您穿多大尺码的鞋呢?我先给您找一双合适的,您试穿一下,要是不合适再便宜您也不会买是吧?"

女士听了,告诉张婷,"我穿38码。"

张婷对顾客说:"好的,请稍等!"很快,就拿着一双长靴递给对方,说:"您穿上试试吧!"

那位女士很快就将鞋穿好了,并走到镜子前面照了照,觉得很满意。

张婷说:"我们这款长靴用的原料是全牛皮,与其他带拉链的长靴相比,我们不带拉链的设计使靴子的版型更好看,穿起来也不容易松懈。而且这款靴子最大的优点就是可以凸显您腿部线条的优美。很多顾客都反映自己在穿上长靴后,双腿显得又粗又短,您看我们这款完全没有这样的问题。"

女士满意地点点头,说:"这双鞋确实不显腿胖,最低多少钱呢?"

张婷说:"这双鞋我们平时都卖620元,看您穿上以后效果这么好,还可以为我们做做广告,就给您打九折,558元,这是我们的最低价了。"

女士听了张婷的话,愉快地买下了这双长靴。

在顾客没有了解到商品真正的价值之前,导购嘴里最低的价格在他们心中也是可以再低一些的。因此,当导购遇到顾客直接询问价格时,应当巧妙地转移对方的注意力,使其开始关注并了解商品的各项优势,从而对商品产生浓厚兴趣和购买欲望。这样,交易才更有可能会成功。

顾客说："这块手表太贵了！" 导购反驳道："一点也不贵，很多人都买这款。"

【情景回放】

王然是百货大楼一楼某品牌手表专卖店的导购。一天，店里来了一对中年夫妇，他们的儿子今年大学毕业，刚刚被一家公司录取，他们想给儿子挑选一块手表。

过了一会儿，那位妻子指着一款样式简单大方的石英表对丈夫说，"看，这款手表不错，咱家儿子带着肯定特别好。"

丈夫回答说："还真是挺不错的，"转身问，"这块手表多少钱？"

王然把那块手表拿出来看了看价签，回答说："您好，这款手表售价5999元。"

听到她的话，中年夫妇吃了一惊："这块手表太贵了！这是什么手表啊？"

王然说："一点儿都不贵，很多人都买这款呢！"

中年夫妇摇了摇头，走出了专卖店。

【销售分析】

之所以会出现上文事例中的情况，原因有以下两点：

1.商品的价格的确很贵，超过了顾客的预算

上文事例中的中年夫妇应该就是属于这一类顾客。他们一方面并未充分了解商品的品质与价值，这样的价格买一块手表不值；另一方面他们确实觉

得手表的价格太贵，即使真的很喜欢也不会购买。导购对他们说"一点儿都不贵，很多人都买这款呢"，显然他们是不相信的，而且导购直接反驳顾客的观点，会给对方留下很没礼貌的印象，有损于专卖店的形象。

2.商品不贵，顾客只是想讨价还价

某市一家品牌化妆品店内，导购张红正在接待一位女性顾客。这位顾客看上去三十岁出头，皮肤保养得很好，她正在向张红咨询一套护肤品的价格。

张红告诉她："您好，这套护肤品包含洗面奶、爽肤水、滋润霜还有BB霜各一瓶，一共580元。"

这位女士一听，说："一套护肤品将近600元，太贵了吧？"

张红微笑着说："这位女士，您的皮肤这么好，既白皙红润又特别有光泽，还富有弹性，一看您平时就很注重对皮肤的保养，不会舍不得花钱买优质的护肤品。我们是全国的一线品牌，经过权威部门质量检测，而且是采用纯植物配方，对您的皮肤不会有任何刺激。买护肤品就要买让自个儿放心的，您说是不是？"

看顾客不说话，张红又说："我们这套护肤品目前已经是最低价格了，其实如果按照使用时间来计算的话，每天的费用并不是很高。您看我们这款滋润霜，您用两个月完全没问题，每天的费用才几毛钱。真的是很划算呢！"

听了张红的话，这位女顾客有点不好意思，说："听你这么说还真是挺不错，那我先买一套试试吧！"说完，高兴地到收银处去付款了。

事例中的女顾客就属于"习惯性讨价还价型"的顾客。在这类客人看来，商家所开的价格都很高，会挣顾客很多钱，这样的习惯性思维和防御心理使他在面对导购开出的价格时，会习惯性表示"太贵了"，希望导购可以主动降低价格。

导购张红摸准了顾客的心理，先是通过对顾客由衷的赞美使其觉得很有面子，之后又利用平均法向其说明产品是物超所值的，最终与顾客顺利完成交易。

【专家支招】

针对以上情况，有两点建议可供大家参考：

1.导购首先要认可顾客的异议

北京宝马汽车4S店，一位三十多岁的男士在看过一款售价80多万元的车型后，忍不住说道："车是好车啊！就是太贵了！"

导购王明对他说："的确，您看上的这款车售价是不便宜，先生，您真有眼光！不过，汽车的价格是由很多因素决定的，以我们宝马车为例，品质是一贯的上乘，品牌更是一流，安全性能也非常好，重要的是，宝马车带给您的荣耀也不是一般轿车能比的，这种荣耀是只有大哥您这样事业有成的人才可以享受到的！另外，我们4S店位置，在其他地区也设有很多分店，有什么问题您可以直接到店里解决，非常方便。"

男士依然拿不定主意，说："即便如此，还是贵了点儿。"

王明又说："没错，这款车与其他普通汽车相比，价格是稍微贵了些，但您想想看，买车是不是应该首先考虑安全性能？我们这款车后支撑架和车身内部侧面框架使用的都是具有高强度和高防碰撞能力的微晶合金钢，安全性能绝对可靠。您与其整天提心吊胆，为何不多花点钱，选择更高品质的汽车呢？这是对您及家人最重要的！"

听完王明的话，这位男士终于下定了决心，当场交款把这辆车提走了。

当顾客埋怨产品的价格太高时，导购应当首先对顾客的意见表示认同，承认产品的价格确实不低，接下来，导购就需要将产品的功能、品质及售后服务等介绍给顾客，并激发其购买欲望，促使交易成功。

2.销售方法因顾客类型各异而不同

针对顾客觉得产品价格过高的情况，导购的解决方法可以因人而异。

如果顾客是真的觉得价格太贵，超出了自己的预算，导购不能直接反驳，应当主动帮对方推荐其他价位稍低的产品，这样顾客就比较容易接受了。因此，导购要对自己销售的产品质量、性能、功能等了如指掌，以便随时帮助顾客选择适合的产品。

如果顾客埋怨产品价格过高只是为了压低价格、讨价还价，导购可以利用平均法或赞美法使顾客转变想法，得到物有所值的结论。所谓平均法，就是将产品价格分摊到每周或每天，尤其对一些高档产品有效，与普通产品相比较，自然是买贵一些的更划算。赞美法则是导购通过对顾客外形或气质、品位等方面的真诚赞美，使顾客关注价格的注意力被转移，心甘情愿购买商品。

情景46：

顾客道："买三件你能给我打几折？打不了折我就只能拿一件。"
导购："那你就买一件吧，公司定的价，我没有权力打折。"

【情景回放】

小月是一家知名护肤品店的导购，一天，店里来了一个四十出头的女士，说想挑选几件护肤品。通过观察，小月发现这位顾客的皮肤属于中性偏干的肤质，而且肤色比较黑，于是，小月向对方推荐了几款美白和补水效果都非常好的护肤品，并分别拿出试用装请对方体验。

这位女士在试用过小月推荐的爽肤水和滋润霜后，感觉这两款的产品确实效果不错，表示很满意，她问小月，"这两个怎么卖呢？"小月回答道："您好，这款爽肤水是一瓶150元，滋润霜是一瓶160元，都是正价销售，一共310元。"女士听了，很快又从旁边的柜台上拿了一款新上市的眼霜，才又问道："那买这三件你能给我打几折？打不了折我就只能拿一件了。"

小月说："那您就买一件吧，这都是公司定的价，我没有权利打折。"

顾客听了，放下手中的眼霜，说："要不我再去别家看看吧！"

说完就推门出去了。

【销售分析】

之所以会出现上文事例中的情况，原因有以下两点：

1.导购的拒绝方式惹恼了顾客

有不少店家为了促销，经常会搞一些"买两件商品打八折，买三件商品打七折"这类的优惠活动，尤其是在一些服装店更为常见。因此，很多顾客也有这样的心理：我多买几件是不是就能够便宜些。于是，他们往往会向导购提出上文事例中那样的要求，"我买三件你能给我打折吗？要是不能我就买一件。"

上文事例中的导购小月在顾客提出希望打折的要求后予以直接拒绝，并以公司为挡箭牌，说自己没有权利打折，这样的拒绝方式会让顾客感觉到不被尊重，或认为导购在找借口，即使原来有意购买这里的商品，也会因为导购的话打消购买念头。

2.导购消极的处理方式使顾客放弃购买

从上文事例中我们可以看出，那位顾客对导购之前推荐的产品还是很满意的，如果在顾客提出希望打折购买的要求时，导购可以及时引导对方关注产品价值和品质，并向对方合理解释为什么不能降价的原因。那么，那位顾客很有可能会欣然接受产品的价格，并按原价购买三件商品。但是导购说的"那您就买一件吧"使顾客容易产生"一件都不想买了"的想法。因此，导购这样的话属于直接将顾客推出了自家门外，推给了其他竞争对手，将"煮熟的鸭子"放飞了。因为顾客不在这家店买，就会去别的护肤品店买，甚至以后都不会再来上门看其他产品。因此，导购在销售过程中要避免犯这种错误。

【专家支招】

针对以上情况，有两点建议可供大家参考：

1.通过积分的形式替代顾客的打折要求

"极速"是一家生意非常火爆的综合礼品店，里面商品多种多样，化妆品、饰品、礼品、毛绒玩具、生活用品等等，这些商品都做工精致、外形漂亮，深受人们喜爱。刘艳就在这家店做导购。

一天，有两个二十岁出头的姑娘来到极速，她们走到饰品区，挑选了两个彩钻的发卡和一条很个性的项链。她们拿着这三件饰品问，"这几件一共多少钱啊？"

站在旁边的刘艳看了看旁边的价签，回答道："您好，这两个发卡都是60元一个，这条项链是50元，一共110元。"

一个女孩儿问道："能打折吗？"

刘艳回答："不好意思，我们这里的商品利润都不高，属于薄利多销，不能打折的。"

另一个女孩说："要是能打折的话，我们这三件都要，要是不能打折，那我们只买一条项链就行了。"

刘艳听了，微笑着说："我们这里的商品虽然不能打折，但是都可以进行积分，每年都有积分换购的活动，其实跟打折是一样的。您要是购买这三件饰品的话，我们就能为您免费办一张会员卡，方便您进行积分。另外，您手里这两个彩钻发卡在我们店卖得特别好，现在没有几款了，您要是因为几块钱的折扣就放弃购买的话，那就太可惜了！"

两个女孩听了刘艳的话，商量了一下，最终还是买下了这三件饰品。

面对顾客用"多买几件商品"为条件提出的打折要求，作为导购，切忌直接拒绝顾客，"那你买一件吧"，这样的话会使对方很反感，导致交易失败。导购可以通过一些灵活的方法来解决这个问题。向顾客推荐办会员卡，鼓励对方用自己购买的商品进行积分，就是一个很好的办法。顾客购买的商品越多，积分也就越高，这样，顾客就不会觉得自己吃亏了。

2.用产品的档次与品质来吸引顾客

我们知道，一些国际一线的知名品牌是从来不会打折的，比如一些化妆品、皮包等奢侈品就都是正价销售，没有折扣。这是因为，购买奢侈品是身份的象征，而打折会降低这些产品的档次，真正有购买实力的顾客也不愿自己时常光顾的品牌店总在打折。

因此，在面对顾客要求打折的情况，导购可以向顾客介绍产品在品牌和品质等方面的优势，并强调产品的档次决定了它的价格。这样的说法会更容易使顾客接受，也会让他们更有面子。

情景47:

顾客说："你们这都是从批发市场进的货，我到那里买会更便宜。"
导购不高兴地说："那你去那里买吧！"

【情景回放】

范萌是购物中心一家品牌女装专卖店的导购，一天下午，已经到了快下班的时候，一个三十多岁的顾客走了进来，她环视了一遍店里的衣服，目光停在了一件红色的短款羊绒衫上面。她指着衣服问范萌，"这一件有我穿的号吗？"

范萌帮顾客找了一件尺码适合的衣服，递给她说："您试穿一下吧！"

顾客拿着衣服走进试衣间，过了一会儿走出来，她一边对着镜子打量自己，一边询问道："这件毛衣多少钱？"

范萌回答道："这是我们店的新款毛衣，550元一件。"

顾客吃惊地问："550元？怎么这么贵？能打折吗？"

范萌说："我们店的衣服不打折。"

顾客听了，说："你们这都是从批发市场进的货，我到那里买肯定比这便宜多了！"

范萌本来就有些不耐烦，听了顾客的话，就不高兴地说："那你去那里买吧！"

顾客的脸色一下子就变了，"你这个人怎么说话呢？你以为就你一家卖衣服吗？下次想让我来都没门！"说完，扭头就走了，还把门使劲摔上了。

因为这件事，范萌的心情也跟着变得糟糕起来。

【销售分析】

之所以会出现上文事例中的情况，原因有以下两点：

1.导购的态度决定自己的业绩

从上文的事例中我们可以看出，服装店导购范萌因为一时冲动，对顾客说出"那你去那里买吧"的气话，不仅引起了顾客的反感，导致其愤然离开，还破坏了专卖店和品牌的形象，范萌自己的情绪也跟着受到影响。因此，导购在销售过程中的态度是非常重要的，它将决定着导购的业绩好坏。无论在什么情况下，真诚、耐心、热情都是一个导购应有的态度。

2.顾客想以此讨价还价

当遇到顾客提出"去批发市场上购买某件商品会便宜的多"时，作为导购，要能够分辨顾客是真的认为该产品太贵了，还是用这句话来跟自己讨价还价。如果是前者，导购可以主动帮顾客推荐其他价位稍低的产品；如果是后者，导购也应更耐心地向顾客介绍自家产品的优势，使对方认识到批发市场的产品与专卖店产品的不同，从而认清自己的需求。

【专家支招】

针对以上情况，有两点建议可供大家参考：

1.导购应将产品优势告知顾客

刘军是一家品牌瓷砖专卖店的导购。一天，有一对夫妻来到这家专卖店，想要挑选适合他们家装修风格的瓷砖。

刘军先是询问了一下夫妻俩对颜色的喜好以及他们家的具体装修风格，当得知他们都比较偏好红色，而且装修风格比较中式化之后，刘军就向他们推荐了一款酒红色的浅纹理瓷砖。

夫妻俩看过之后都觉得很喜欢，就问刘军："这样的瓷砖多少钱一块？"

刘军回答道："我们的瓷砖根据规格不同价位也不一样，请问您都需要在什么地方铺呢？"

男士说："基本上都铺在客厅、厨房和卫生间，两个卧室不需要。"

刘军听了，说，"像您所说的就需要较大的瓷砖了，我们这里的售价是150元一块。"

女士听了，对男士说："这么贵，咱们不然去批发市场看看吧，没准能便宜得多。"

刘军听了两人的对话，微笑着对他们说："的确，批发市场上的瓷砖价格可能比我们的产品低一些，但是我认为，买东西首先应看产品的质量，其次才是价格。尤其是用来装修的材料，一旦投入使用更不是说换就能换的。我理解您是想用最低的价格买到最好的产品。其实，一些大公司有经验的采购人员都了解，一些低价位产品产生的问题比它能够为人们带来的作用还要大，您觉得呢？"

接着，张亮又向两位顾客详细介绍了自家瓷砖的用料、品质及售后服务，最终，夫妻俩决定所有需要的瓷砖都从这家专卖店买。

当顾客提出批发市场上的产品价格更低时，导购要表示认同，并耐心向对方介绍自己所售产品与其他产品相比的优势，从而使顾客更加青睐自己的产品，以促成交易。

2.导购可以帮助顾客进行风险分析

张亮是北京某品牌电脑专卖店的导购。一天，一个学生模样的小伙子来到这里，说想要看一台笔记本电脑。

过了一会儿，小伙子相中了一台中等配置的笔记本，就问张亮："这台笔记本多少钱？"

张亮过来看了看，回答说："这台现在售价5500元。"

小伙子说："你们这里怎么这么贵？在中关村电脑批发市场，这样配置的笔记本有4500元就完全可以搞定了！"

张亮笑了笑，说："我知道你刚刚说的这个情况，电脑批发市场上笔记本的价格是比我们便宜，但是你也知道，现在有不少做计算机生意的人为了赚取更多的利润，偷偷用一些水货或者经过翻新的旧机出售来欺骗顾客，而且售后服务也不完善。难道你不希望买个让你更放心的笔记本吗？我想，你好不容易买了一个笔记本，一定不想为它担忧吧？为了那几百块钱也太不值了，你说呢？"

小伙子听了，感觉确实是这么回事，经过一番考虑后，他还是决定从专卖店买放心电脑。

相信每位顾客买东西除了希望物美价廉，更希望买得放心。当顾客纠结于批发市场与专卖店相同产品的差价时，导购可以通过帮助顾客分析在批发市场购买产品所要承担的风险，来提醒对方购买放心产品。

情景48：

顾客说："别的牌子跟你这款差不多，但价格便宜得多。"
导购好奇："那他们卖多少钱？"

【情景回放】

闫雪在一家品牌羽绒服店做导购，一天，店里来了一位四十岁左右女士，身边带着一个十几岁的小姑娘，女士说要给女儿挑一件羽绒服。

不一会儿，小姑娘选中了一件大红色的长款毛领羽绒服，试穿之后还算满意。

女士问："这件羽绒服多少钱？"

闫雪拿过衣服看了看价签，说："您好，这款羽绒服现在售价300元。"

女士听了，皱了皱眉说："别的牌子跟你这款差不多，但价格要便宜得多。"

闫雪好奇地问："那他们卖多少钱？"

女士笑了笑，说："他们才要270元，你这件衣服要是也能270元卖给我，我就买下了。"

闫雪想了想，只好说："好吧！"

【销售分析】

之所以会出现上文事例中的情况，原因有以下两点：

1.顾客想以此砍价

顾客买东西都喜欢货比三家，最后买其中最实惠的商品。有很多顾客为了将商品的价格压低，就会对导购说其他店有多么便宜。上文中的例子就说的是这种情况，这时候导购的回答非常重要，决定着交易能否成功与自己店铺利润的多少。羽绒服专卖店导购闫雪问顾客"他们卖多少钱"，其实就相当于默认了顾客说的话，承认自家的商品与别家一样而售价却高与别家，这正巧掉进了顾客设计的圈套中，从而失去了主动权，被顾客牵着走，使专卖店的利润受损。

2.网上与实体店的差异

现在网上的店铺有很多，各种商品应有尽有，因为这些店铺不需要缴纳大额的租金，所以商品价格也普遍偏低。比如，在实体店中售价500元的衣服，在网上买可能只需要400元。因此，有很多顾客喜欢在实体店把试过的衣服尺码记下来，再到网上去购买。

也有很多顾客会用网上商品的价格与实体店的比较，既希望买到货真价实的东西，又想花最少的钱。针对顾客说"这件衣服网上才卖150元，你们怎么卖230元呢？"的情况，导购就要实事求是地提醒顾客，很多网上的商品虽然便宜，在图片上看起来和实体店的一模一样，可是质量却相差很多，顾客从网上买到的衣服有可能会和自己想象的差别很大，让顾客自己做选择。

【专家支招】

1.导购应及时向顾客介绍自己商品的优势

陈光是一家品牌手机专卖店的导购。一天，一个小伙子来买手机，挑了半天后，拿起一款售价2500元的智能手机，对陈光说："我上午在另一家店里看到一款手机，外形跟这个差不多，功能也一样，才卖1600元，你们这个太贵了吧？"

陈光对手机销售行业很了解，他知道像小伙子说的那种手机不应该售价那么低，就意识到小伙子是嫌这款手机贵，想让自己给便宜些。于是，他这样说道："手机售价的高低跟很多种因素有关，比如品牌、制造与进货渠道、零件来源、质量与售后服务等，手机是随身消费品，要买就要买质量可靠的。我可以保证我们的手机是正品，而且有着非常完善的售后服务，三年之内都可以保修，您可以放心使用。"

小伙子听了，说："那就买这一款吧！"

导购陈光就很好地掌握了顾客想要低价购买手机的意图，及时向对方介绍自己产品的各项优势，消除了顾客的后顾之忧，从而做成了生意。

2.导购不要贬低别人的品牌

作为导购，在听到顾客说其他店的商品比自己售价低时，不能马上冲动地脱口贬低别人的品牌。比如"他们的商品跟我们不是一个档次的。"这样的话会给顾客带来很不好的印象，让顾客觉得导购素质不高。只有对自己品牌没有信心的人才会去贬低竞争对手，因此，我们要避免犯这种错误。

3.导购要鼓励顾客体验商品

刘茹在百货商场三楼的女装专区某柜台做导购。一天，她接待了一位衣着时尚的女孩，

女孩看起来不到二十五岁，一头飘逸的长发在身后散着，是个很漂亮的女孩子。

刘茹礼貌地说："欢迎光临，有喜欢的可以试穿。"

女孩径直向墙上挂着的一件酒红色蝙蝠衫走去，边走边指着问："这件衣服多少钱？"

刘茹回答："您好，这件衣服120元。我给您拿下来，您试穿一下吧！"

女孩惊呼："你这里怎么这么贵？别的牌子跟你这款差不多，才卖70块钱，你们贵了一倍啊！"

刘茹说："这位客人，您观察的真仔细，上次有个顾客也说过这个问题，不过后来他经过对比，发现衣服在颜色、做工和材质上还是有很多不同，所以他最后还是买了我们这里的衣服。我们知道现在市面上有一些跟我们款式相近的衣服，但质地和档次绝对不同，穿在身上也会有不同的效果，您试穿一下就能感觉出来了。您先试试这件衣服合适不？"

说完，刘茹找了一件尺码适合的衣服递给女孩，女孩试过之后说："果然还是不一样啊，还是这款版型更好看。"

说完，女孩高兴地付了款。

服装店导购刘茹就很巧妙地将顾客的注意力转移到了自己店的服装上，并使交易最终成功。当顾客提出其他店的商品比自己家售价低时，导购要引导顾客亲自进行体验，当顾客感觉到效果的不同，就不会在意价格上的差异了。

情景49：

顾客说："咱们也谈了这么长时间了，再便宜100块，我就拿了。"
导购："你真会砍价，不赚你钱，帮你捎一件吧。"

【情景回放】

梁玉是某品牌床上用品店的导购。一天，店里来了一位客人，说自己的儿子下个月结婚，准备给儿子看看床品。转了一圈后，她看上了一套价值500元的四件套，并让梁玉帮她把这套床品从包装盒里拿出来，铺在展床上让她仔细看看。

这是一套大红的床上用品，里面有一件床单、一件双人被套，还有两个枕套，上面都绣着大红的鸳鸯，看起来很是喜庆。

女士高兴地跟梁玉说："这套床品还不错，我儿子肯定也喜欢，多少钱一套呀？"

梁玉说："是啊，您真有眼光，这套床品是我们店卖得最好的一款，图案喜庆、做工精致，很多顾客都买回去准备在孩子结婚的时候用呢！这套原价500元，我可以给您打个九折，450元钱买到这样的床上用品真的很超值呢！"

那位女士说："咱们也谈了这么长时间了，再便宜50元，凑400元整我就拿了。"

梁玉说："您真会砍价，不挣您钱，帮您捎一件吧！"

【销售分析】

之所以会出现上文事例中的情况，原因有以下两点：

1.顾客只是在试探导购

有很多顾客在得到了折扣之后，依然要还价，这其实是很普遍的一个现象。顾客无非就是想要得到更多的优惠，也有的顾客可能对商品是很满意的，提出二次议价就是在试探导购，能降价当然好，即使不能再降也是可以接受的，这个时候导购不应轻易答应顾客的要求，上文事例中的导购梁玉就犯了这样的错误。既然那位顾客很喜欢那套床品，那么当时只要她再坚持一点，那位顾客可能就接受第一次的价格了。

2.导购太轻易让步，顾客不珍惜

张薇是一家男装店导购。一天，有一对中年夫妻来到店里，想给那位男士挑选一件夹克。

张薇帮他们推荐了一款浅棕色的薄款中式夹克，并找了一件尺码合适的请男士试穿。

那位男士穿上夹克以后，照着镜子说："感觉还不错，就是有点薄。"

张薇说："这位先生，现在已经过完年了，眼看就要开春了，天气越来越暖和，这件衣服您买回去就能穿，还能穿一阵子呢，要是买一件厚夹克，穿不了几天就得热了。"

男士点点头，问："这一件多少钱？"

张薇回答道："您好，这件夹克原价600元，您要拿就按九折吧，540元。"

这时，旁边的女士说话了："你再便宜100块，我们就拿了。"

张薇说："行，冲您这么会砍价，就440元吧，不挣您钱。"说完，就要把衣服包起来。

这时，那位男士说："等等，我还想去别家再转转，姑娘你先把这件衣服收起来吧！"

说完，两人就离开了，走出店门后，男士说："你看她说完最低价又一下子就给咱们便宜了100块，这件衣服指不定多大利润呢！再去别处看看吧！"

店里的张薇也很纳闷，刚刚顾客说好了便宜100元就能拿，怎么说走就走了呢？

导购张薇做出了价格上的让步，反而使顾客打消了购买的念头，是因为她太轻易就答应了顾客的要求，使得顾客疑惑这依然不是衣服的最低价，因而放弃购买。因此，导购要避免在销售过程中出现这样的错误。

【专家支招】

针对以上情况，有两点建议可供大家参考：

1.顾客要求降价，导购需要多坚持一下

陈娟是一个公司白领，一天，她下班后来到商业街，想要挑选一双适合春天穿的鞋子。进了几家鞋店都没有找到合适的，这时，一家名叫"等你来"的女鞋店出现在她面前。

陈娟走了进去，一眼就看到摆放在左边柜台最上面的一双白色单跟皮鞋，这双鞋样式简单大方，陈娟觉得很喜欢，就问身边的导购员："这双鞋有37码的吗？"

导购小张马上回答："有，请稍等，我这就去给您找。"

不一会儿，小张就拿了一双鞋递给陈娟,说，"请您先试穿一下。"

陈娟穿上以后，在店里走了几圈，发现这双鞋脚感也很好，穿着非常舒服，一点都不累，就萌生了购买的想法。这时，小张说话了，"这双鞋穿您脚上多秀气呀！有不少顾客都喜欢这个款，但他们穿不了小码的鞋，都觉得特别遗憾呢！"

之后，小张和陈娟又交流了很多生活中的想法。

最后，陈娟问："这双鞋打完折以后多少钱？"

小张回答："您好，我们这双鞋原价是350元，可以给您打个九折，315元。"

陈娟说："咱们也谈这么长时间了，再便宜15块钱，我就拿了。"

小张说："我给您打的折扣已经是最低了，这样吧，我再赠送您一个鞋

棉，不需要打鞋油就能很好地清洁保养您的鞋子。要是您方便的话也可以到我们这里来，我们售出的鞋都是承诺终身免费清洁保养的。"

陈娟听了小张的话，点头同意了。

当顾客要求再次打折时，导购应当再坚持一点，如果顾客是真的想买这件商品，就不会纠结于价格。导购也可以像上文事例中的小张那样，赠送对方一些实用的小物品，或介绍其它的优惠方式，以满足顾客的需求。导购采用这样的方式，顾客更乐于接受。

3.导购可以适当做象征性让步

如果到了价格谈判的最后阶段，顾客非常想买某件商品，又坚持要求导购再次降低商品价格，并且僵持不下时，导购可以根据实际情况做出象征性让步。需要注意的是，导购不能太轻易承诺降价，可以当着顾客的面打电话请示店长，让顾客听到导购正在积极地帮助他，挂掉电话之后再向顾客说一个小幅度的让步价格，这样有助于增加顾客对导购的好感度，使其在接下来的价格谈判过程中也能适当让步。

情景50：

顾客挑剔："我不想要这么多功能，也不想付这个价钱。"
导购："那你能接受的价钱是多少?"

【情景回放】

王力是一家品牌手机专卖店的导购。一天，有一个不到三十岁的小伙子到店里挑选手机，王力给他推荐了一款最新的触屏手机，并向他介绍这款手机的各项功能。

听完王力的介绍，小伙子问："这手机卖多少钱？"

王力回答说："这是我们店里的最新款产品，功能是同类手机里面最齐全的，现在的售价是3200元。

小伙子拿起手机看了看，"3200元？我不想要这么多功能，也不想付这个价钱。"

王力又问："那你能接受的价钱是多少？"

小伙子说："这个手机要是2000元钱我就买，再高就不买了。"

王力"扑哧"笑了，"2000元我们进都进不回来，你别开玩笑了！"

小伙子听王力这么说，有点儿生气："谁跟你开玩笑了，刚才是不是你问我能接受的价钱是多少，现在怎么又说我开玩笑了？你卖就卖，不卖就不卖，我最高就出2000元。"

王力说："2000元太低了，我们连成本价都收不回来。"

小伙子说："既然这样那就算了，我还是去别处看看吧！"说完，就不太高兴地走了。

【销售分析】

之所以会出现上文事例中的情况，原因有以下两点：

1.导购不应直接问顾客能接受的价格

从上文事例中，我们可以看出，手机店导购王力在销售过程中犯了一个显而易见的错误，当顾客提出接受不了手机的价格时，他并没有去了解顾客对产品本身及功能的真实想法，而是直接问对方能接受什么价钱，由此使自己陷入了被动，最终导致交易失败。

顾客买东西，自然是希望价格越便宜越好。当导购问顾客能接受什么价钱时，得到的答案一定是导购自己不愿听到的，这时候导购自己就会面临进退两难的状态：如果迎合顾客的要求，产品的利润就太低；要是坚持自己原先的价格或降价幅度太小，顾客又会不满意。因此，这样的问题会使双方价格谈判进入僵局，还很容易像上文的导购王力一样惹恼顾客，影响专卖店的口碑和信誉。

2.顾客不想买某种产品可能有多种原因

顾客说接受不了产品的价格，可能有以下三种原因：一、顾客花得起钱，只是对产品的功能和价值不够了解，觉得产品不值这个价；二、顾客是因为产品的价格超出了预算，才会觉得产品的功能有些多余。

如果王力在顾客提出价格异议时，并未在价格上继续做文章，而是问明顾客对手机各项功能的意见，并将对方注意力转移到手机的品质和价值上，结果可能就会有所不同。

【专家支招】

针对以上情况，有两点建议可供大家参考：

1.导购应对顾客的想法表示认同

当顾客提出不能接受产品的价格时，作为导购，应当首先对顾客的这种想法表示认同。比如，导购可以这样说，"我了解您的感受，很多人第一次询问我们产品的价格时也有这种感觉，但他们中的多数人现在都成了我们的会员。"导购这样说既能拉近自己与顾客的心灵距离，又能够占据主动，为自己接下来对产品的各项优势介绍打下基础。

2.导购应摸清顾客真正想法

董云是一家儿童品牌用品专卖店的导购。一天，有一对父母来为他们两岁的儿子挑选餐桌椅。丈夫西装革履，梳着一丝不苟的中分发型，妻子身穿貂绒大氅，看起来雍容华贵。

他们进来转了一圈后，指着一张实木的餐桌椅问董云："这套餐椅怎么卖？"

董云回答道："您好，这套实木餐桌椅有很多种功能，现在售价1200元。"

那位妻子挑剔地说："我不想要这么多功能，能让孩子坐在上面吃饭就行，我也不想付这个价钱。"

董云耐心地为他们介绍："您好，这是我们店里功能最多的一款儿童餐桌椅，宝宝既能坐在上面用餐，还能把上下两部分拆开分开摆放，就成了宝宝的小书桌和小凳子，可以坐在上面看书。另外，这款餐桌椅还能根据宝宝的身高调节两个不同的档位，非常方便。"说完，她就当着两位顾客的面把餐桌椅的各项功能演示了一遍。

听了董云的介绍，又看了她的演示，夫妻俩商量了一下，决定买下这套餐桌椅。

如果顾客提出不能接受产品的价格，导购可以从顾客的穿着打扮和言谈举止上，判断对方能不能买得起，并摸清顾客真正的想法。有的顾客是想买买不起，而有的顾客则是买得起不想买，上文事例中的夫妻俩就属于后者。导购董云通过对产品及时的介绍和现场演示，使顾客更加了解多功能产品的好处，并得到了顾客的认同，最终取得了交易的成功。

3.主动为顾客提供介绍其他产品

当我们给顾客推荐一款我们自认为不错的产品，顾客也觉得不错，但就是太贵了，有很多功能用不上，顾客就可能会说："我不想要这么多功能，也不想付这个价钱。"遇到这种情况，作为导购可以这么说，"先生，我们这边也上了一些新款，我来帮您介绍。"接下来，就可以将对方带到价位稍低一些的产品旁，顾客一看就会明白导购是在给自己面子，从而心存感激，为最后的交易成功打下基础。

第五章

顾客提出额外要求时，

导购切忌这样答

情景51：

顾客要求："请帮我拿一件新的！"
导购回答："这是最后一件了，我们没有新的了。"

【情景回放】

小刘正在帮一位客人介绍衣服的款式和面料，说得口都快干了，客人才点点头，决定买一件，小刘连忙把她刚刚试穿的那件衣服包了起来，递到客人手上。

但客人却不乐意接过来，对小刘说："再帮我拿一件新的吧。"

"这件就是新的，一点都不脏，您还是第一个试穿的呢。"小刘见多了这种客人，不愿意去仓库拿新的。

"谁知道你说的是不是真的，还是帮我拿一件新的吧，这件刚才试穿的时候也有些问题，有些线头都没有处理呢。"客人继续说道。

小刘赶紧掏出小剪刀，笑着说："我帮您修一修就好了，新的也是这样，这些线头都没有处理。"

"不行，你还是帮我拿一件新的吧，否则我就不买了。"

小刘一愣，心里有些不高兴了，"仓库里没有新的了，这是最后一件。"说完，把衣服往袋子里一塞，就站到了旁边，一副你爱买不买的样子。

客人觉得自己的要求十分合理，却没想到遇到个这么不通情达理的导购员，一时也不高兴了，抬脚就往店外走，"不买就不买，别以为只有你们这里有衣服卖啊。"

【销售分析】

顾客试穿满意，却要求拿大一号的或者是拿一件新的，这样的情况有很多，前者多半是顾客喜欢穿宽松一点的衣服，或者宽松的衣服穿习惯了，刚好合身的觉得有点不适应，而后者却是因为担心衣服脏。

面对没货的情况，导购可以从顾客先试探性地问问顾客，为什么不穿合身的，而要大一号这样不合身的，或者为什么一定要拿一件新的。

根据顾客不同的回答，导购应该循循善诱，顺着顾客的要求往下说，然后转移到这件衣服穿合身的比较好。最好不要出现这样的应对："这个号正合适，多穿几次就习惯了"、"我觉得挺好的，就拿这一件吧。"这样会让顾客觉得你只想卖出这件衣服，不管人家的意愿，会引起顾客的反感，觉得你是一个只顾及自己利益的人。

【专家支招】

1.如果有货，满足顾客

顾客就是上帝，导购当然要以顾客的要求的为主，为顾客去拿大一号的。但是这样是不够的，导购最好再加几句："您真的要拿大一号的吗？其实这件才是最适合您的，大一号的话，您穿的效果可能没有这件好。当然，这只是我的看法，如果您要大一号的也没关系，我现在就去拿。"一般顾客听到这样的话，都会犹豫一下，听从导购的建议。如果顾客坚持，那就如他所愿。

2.给顾客"施压"，让他买这件合适的

最近生意一直很不错，虽然忙了点，但是一想到自己这个月高涨的薪水，王寻工作起来就会立即精神抖擞。

"这件衣服挺个性啊，姐，你看怎么样？"来买衣服的小妹对自己的大姐说道。

"我也觉得挺不错的，试一下吧。"姐姐说道。

"这位小姐，您真有眼光，这是我们店最畅销的一款呢！请问小姐穿多大号的？我好帮您找合适的。"王寻微笑着说道。

"嗯，先拿件××号的吧。"妹妹犹豫了一下说道。

"试衣间在里面，请随我来。"王寻说完便向前带路。

很快，妹妹换好新衣服，从试衣间走到镜子前，看到试穿后的效果，妹妹不禁微微一笑，很合适呢！"姐，你看我穿上怎么样？"妹妹自信地转了圈。

"挺合适的嘛。"姐姐对现在的效果也很满意。

看来这笔生意马上就要成功了，王寻高兴地在心中想到。但是没想到妹妹居然——

"我想要大一号的，有没有？这件我觉得有点小。"

这件衣服很畅销，大一号的好几天前就卖光了，这可怎么办啊？王寻眼看要到手的生意就要没了，心里不免着急起来。

"这个，我帮你去找找看，请稍等。"一时想不出好办法，王寻只好用起了"拖延战术"，希望过一会儿能想到好办法。但是没货就是没货，现在唯一能做的就是劝顾客买那一件了。

"很抱歉，因为这款很畅销，现在大一号的已经卖完了。其实我觉得你穿着一件正合适，大一号的很可能就宽松，没有这么好的效果了。您觉得呢？"

两姐妹犹豫了，王寻"乘胜追击"，"买一件合适的衣服不容易，这几乎是可遇不可求的，我保证这件衣服您穿着合适。而且我们店在三天之内可以退换，您不会买亏的。"

终于一笔生意又成了！

"施压"就是像上面故事中的王寻一样，说出这款衣服的畅销之处，然后告诉他因为畅销没有大一号的了，并且这个号的也不多了。如果他们今天不买，以后想买可能就没有了。比如这样说："这位顾客真的很抱歉。因为您眼光太好了，挑了一件我们店最畅销的，但是现在大一号的已经卖完了。遇到一件合适的衣服不容易，而且这件的尺寸刚合适，又不小，您以后穿着不会有问题的。您看现在这个号的我们就剩下的没有几件了……"

情景52：

顾客要求换其他颜色的（没有）怎么办
导购回答："这是最后一件了。"

【情景回放】

李默是一名服装导购员，最近店里进了一批新款服装，卖得十分火热，客人们一见就喜欢上了，二话不说就会买下来。

下午又来了一位顾客，也是冲着这款新衣服来的。客人选择了一件米色的，试穿之后觉得很合身，唯一不满意的就是颜色太浅，她担心一出门就会蹭一身土回来，到时候白白浪费一件新衣服。

"帮我拿一件其他颜色的吧。"客人脱下衣服说道。

李默却有些为难，对客人说："这是最后一件了，没有其他颜色。"

客人眉头一皱，"你们店里难道只进这几件衣服吗？竟然只剩下最后一件了，那岂不是别人挑剩下的，才轮到我穿？"

"这件也是新的，上午才挂出来，肯定不会有质量问题。"

但客人却不听她的解释，看了看衣服，还是摇头走了。

【销售分析】

顾客要求换其他颜色一般分为两种情况，一是顾客对这个衣服的颜色不满意，但是觉得样式不错，想换一个更合适的颜色。在没有其他颜色的情况下，为顾客推荐别的衣服是第一选择。

顾客要求换其他颜色的另一个原因是，顾客都有喜欢比较的心理，即使他现在试穿的那件衣服已经很合适，但是他们就想在同类比较一下，好让自己买一个最好的。

针对这种情况，导购要做的就是想办法打消顾客换其他颜色的念头，最好不要顺着的顾客的想法问一些"那您喜欢什么颜色？"之类的问题，因为有的顾客喜欢的颜色不止一种，但是他说的出来的每一种你都没有，这样不仅是给自己找难堪，也会给顾客留下"你们店什么都没有"的坏印象。

【专家支招】

1.用衣服的设计风格说服顾客

"妈，你看看这件衣服喜不喜欢？"一个年轻孝顺的女儿陪妈妈一起来买衣服，见到一件喜欢的，就立刻让妈妈看一下。

"不错，不过我都这么大年纪了，穿这件衣服不太合适吧？"妈妈比较保守，觉得女儿推荐的衣服太年轻了。

"阿姨，你看上去这么健朗，一点上年纪的感觉都没有，穿这件衣服正合适，不信您试试。"王寻立刻加入到"游说"的行列。

"妈，您就试试嘛！我觉得这件衣服真不错呢！"女儿极力地劝说母亲。

"好吧，好吧，那我就试试。"母亲拗不过女儿，只好妥协。

"阿姨，您这么年轻，穿起来肯定好看，我带您去试衣间。"王寻微笑地说道。

"妈，你看，我没说错吧，你看，这件衣服多合身啊。"女儿得意地说道。

"合身是挺合身的，只是这颜色我穿着是不是太亮了啊。"妈妈觉得自己年纪大了，稍亮一点的颜色就觉得穿着不习惯，"那个，导购小姐，还有其他颜色吗？给我换一件。"

这个款式的衣服就只有这一个颜色，这下该怎么办？

"阿姨，其实这个颜色很适合您，它并不是鲜亮，是暗亮，只是屋子里的灯光让您觉得这件衣服色彩过亮，其实出门之后，给人的感觉的是低调的华丽，你穿起来一点都不突兀。"王寻为自己想出了一个好主意暗自欣喜，然后接着说道："这件衣服很适合您，相信这一点您也已经看到了，要是换一个颜色，就不会有这样的效果了。"

"先拿一件别的颜色对比一下吧。"妈妈犹豫了一下说道。

"是这样的，因为只有这一个颜色最适合这个样式，所以这件衣服只有这一个颜色，这个颜色很适合您，而且价钱也不贵，才××元，您还有什么好犹豫的呢？"

终于王寻的口水没白费，又成功地做了一笔生意。

当顾客要求换其他颜色时，导购可以这样和顾客说："您想换一个颜色的，也就是说这件衣服的样式您还是比较满意的，对吗？"得到顾客的肯定回答之后，导购可以这样向顾客解释："是这样的，这个衣服之所以用这个颜色就是它有××元素的设计，据说设计师当初换了很多种颜色来搭配这样款式，经过多次试验发现只有这个颜色可以将衣服的特点表现得最好，如果换其他颜色就没有这种感觉了。"

2.有条件的话，为顾客推荐顾客喜欢颜色的其他款式

面对这样的情况导购可以为顾客推荐另外一款，对顾客说："小姐，您气质真好，我觉得这一件也很适合您，不妨这两件你都试一下，买不买没关系，挑件适合自己的衣服才是最重要的，您说呢？"之后导购再告诉顾客，那一件没有别的颜色，试着劝说顾客买试穿效果比较好的那一件，一般遇到这样的情况，顾客都会在其中选择一件。

情景53：

顾客要求导购给他（她）免费包装一下
导购回答："这是最后一件了，我们没有新的了。"

【情景回放】

徐然工作的这个服装店是一个比较"复杂"的店，说复杂是因为这个店的衣服并不是某个品牌的专卖店，而是店主根据自己对服装流行的观察，为了满足不同审美的消费者，自己进的货，有一点"大杂烩"的意思。

今天以为女顾客进来买衣服，开始的时候这位顾客把店里所有的衣服都看了遍，然后徐然以为这位顾客要买一大件的衣服，就挑了几件新样式的衣服给这位顾客，没想到顾客一件都不满意。就在徐然发愁该怎么拿下这位顾客的时候，这位顾客从甩货清仓的角落里拿出了一件小吊带背心！徐然在心里喊了一句"上帝"，这位顾客既然想买吊带，那看那些大外套干什么？

"这件吊带多少钱？"顾客问道。

"××块钱。"徐然说道。

"这个是均码的吗？"顾客把吊带反过来看了看，然后又对着自己比了比。

"是均码的，小姐放心好了，以您的身材穿上去肯定没有问题。"徐然微笑着说道。

"那行吧，我就拿这件了。"顾客倒是也痛快，很快就决定买下这件吊带了，不过徐然心里很明白，顾客之所以这么干脆是因为这件吊带很便宜。

"好的，请这边结账。"顾客向柜台的方向指去。

"哎，能给我包装一下吗？"

她说的包装不会是拿个礼盒，再用丝带系个蝴蝶结吧？徐然心里暗想，但是说的却是"是要拿个袋子装一下吗？抱歉，这些小件衣服进货来的时候并没有包装袋。但是如果您不介意的话，这个方便袋可以吗？"

"真小气，连个放衣服的袋子都没有。"虽然嘴上这么说，但是顾客还是接过了徐然递上来的方便袋，也就是说这个"包装"勉强过关了。

【销售分析】

其实很多顾客所谓的包装不过是想有个袋子放衣服，让他们拿着方便一点。对于这种问题，其实很多服装专卖店都有印有自己品牌的包装袋，在顾客买衣服的时候用来为顾客包装衣服，既宣传了自己的品牌，又做好了售后服务。

那么，对于像徐然工作的这种不是品牌专卖店的服装店，就要想办法自己买一些包装袋了，毕竟顾客买衣服要个袋子放衣服是再正常不过的了。如果顾客买的衣服就像上面故事中的那样，没"资格"动用包装袋的话，那就学习一下徐然，拿个方便袋凑活一下吧。

当然有的顾客所说的包装可能真像徐然假想的那样——拿个礼盒，再打个蝴蝶结，那么导购就要考虑一下拒绝的措辞了，因为这样的包装一般都比较昂贵，而且店里不一定有这样的包装盒，所以拒绝是首选。

【专家支招】

当顾客要求免费为他包装的时候，导购应该这样做：

1.问清楚"包装"的程度

情人节将至，导购员小王的工作越来越忙，而客人的要求也越来越多，越来越复杂，为小王的工作带来了更多的麻烦。

这一天，又有一个顾客选择好了自己要买的衣服后，对小王说："你们这里有没有好一点的包装？"

"是要送人吗？我们店里配的纸袋就很精美。"小王连忙说。

"但是我想再装饰一下。"客人说。

小王问："需要包装到什么程度呢？如果太精致的话，我们店里可能做不到。"

客人想了想，说："最好是那种硬质的纸盒子，再配点颜色鲜艳的丝带。"

正好店里新进了一些硬质的纸盒，也很漂亮，而丝带店里有现成的，小王就点点头，答应了客人的要求，看着客人愉快地走出店门，她也觉得十分高兴。

在这种情况下，问清楚顾客想要的包装，绝对是最先做的一件事，只有这样导购才能知道自己下一步该怎么做，导购在问的时候不妨这样说："您想包装一下，是因为要送朋友吗？很抱歉，我们这只是卖衣服的地方，没有包装的服务，但是我知道有一个卖包装盒的店，那里比较实惠。您不会花太多的钱，就可以买一个很不错的包装盒。"

2.如果自己穿，尽量提供一个放衣服的袋子

就这样一连忙了好几天，一天下午，店里又来了两位客人，小王热情地招待了她们，当她们选好要买的衣物后，也要求包装一下。

"是要送人吗？"这时候，情人节已经过去了，而且两个客人都是女孩，选的衣物也是女装，所以她觉得应该是客人自己穿用的。

果然，两个客人点了点头，说："是自己穿的。"

"那最好还是不要过分包装比较好。"

"为什么？难道你们店里连这点包装费都不肯出？"其中一个女孩有点不高兴地问。

小王连忙摇头解释道："不是费用的问题，而是因为我们店里的袋子都很精美，完全不用再进行二次包装。而且，过分包装会用到很多的彩纸和丝带，这些东西不仅占用空间，拆开后也只能当做垃圾扔掉，如果是自己穿的衣服，实在没必要这样做，二位觉得呢？"

女孩想了想，便作罢，要求拿个好一点的袋子装衣服，小王欣然同意。

这时导购可以这样问顾客："请问您是想拿个袋子放衣服是吗？这是应

该的，请稍等。"然后为顾客拿个袋子，并帮顾客把衣服放好。

如果遇到故事中徐然那种情况，导购可以这样说："抱歉，这件衣服来的时候就没有匹配的袋子，给您造成不便真的很抱歉，但是最重要的是这衣服买得值，您说呢？如果喜欢欢迎下次再来。"这样用送客的方式带过包装的问题，未尝不是一个好办法。

情景54：

顾客想买一款非促销产品："你让我享受现在的促销优惠吧！"
导购摇摇头："不行，办不到。"

【情景回放】

李月是一家品牌内衣店的导购。一天，一位四十岁左右的女士来到这家店，说需要购买一套保暖内衣。

李月带着女士来到保暖内衣专区，并告诉她左边的一排都是今天的促销款，在原价100元的基础上打八折，80元就能买一套，右边的一排则按原价100元销售。

女士挑选了一会儿，发现左边的一排保暖内衣里面没有自己喜欢的款式，就在右边挑选了一套紫色鸡心领的衣服，问李月："这套保暖内衣我挺喜欢的，你让我享受今天的促销优惠吧！"

李月摇摇头，说："不行，办不到。"

女士听了，把手中的保暖内衣放了回去，一脸怒色地说了句，"不能优惠就不能优惠，你这个导购怎么这个态度呢？懂不懂礼貌啊？以后谁还来你这儿啊？"

说完，她就推门走出了这家内衣店。

【销售分析】

1. 导购说话的方式让顾客难以接受

从上文的事例中我们可以看出，导购李月的"不行，办不到"一句话，将自己与顾客放在了对立面上。俗话说，"良言一句三冬暖，恶语伤人六月寒。"真诚温暖的一句话可以让人无比感动，而冷漠无礼的话语往往让他人无法接受。

在服务业更是如此，一些新手导购，在遇到顾客想以促销价购买非促销商品时，往往会用"实事求是"的语气答复说"不行"，而这样的答复肯定让顾客心生不满，在这种情况下，导购要想成功将商品销售出去就非常困难。我们都说"顾客是上帝"，他们在消费的同时，更需要得到的是尊重。导购话说得好，成交就会顺理成章，反之，顾客就可能转身离开，甚至引发不必要的纠纷。因此，导购要礼貌待客，让顾客真正感受到上帝般的温暖，这样他们才能心甘情愿地买单。

2. 导购要及时告知顾客各种产品的不同

对于同一种商品，促销商品与非促销商品必定是有区别的。比如，品质不同、原材料不同或上市时间不同，但它们都有着各自不同的优势。上文事例中的导购李月并没有将这些情况告知顾客，使其对商品有更多的认识，而是不由分说，直接拒绝了顾客的要求，导致顾客愤而离店，这是我们在销售过程中要避免发生的情况。

3. 导购受情绪影响对顾客出言不逊

晓燕是一家品牌女鞋专卖店的导购。这天，她的心情特别糟糕，因为早晨来上班的路上，她不小心将手机丢在了公交车上，那是晓燕花了整整两个月的工资买来的某品牌新款手机，刚用了两个星期。晓燕到专卖店才发现手机丢了，急忙借来隔壁大嫂的手机给自己丢失的手机打电话，希望能把它找回来。手机很快接通了，但是没过两秒，就被挂断了。再打过去，就是"对不起，您拨打的电话已关机"的提示语，晓燕知道，手机找不回来了。

她懊悔自己的粗心，一直闷闷不乐的。过了一会儿，专卖店来了一位客人，这是一个二十岁出头的女孩。她进来就问："请问您这里今天进行促销的鞋在哪儿？"

晓燕指了指旁边一个鞋柜，女孩就走了过去。转了一圈，她似乎都没有发现自己钟意的鞋子。忽然，她看到了旁边鞋柜上一双米色的小船鞋，便指着问："这双多少钱？"

晓燕回答说："这款220元，不参加促销。"

女孩儿试了试，觉得很满意，就对晓燕说："你就让我享受现在的促销优惠吧，我挺喜欢这双鞋的。"

晓燕还在为自己丢失的手机郁闷，想都没想就一口拒绝，"不行，办不到！"

女孩儿愣了一下之后，马上离开了这家店。

每个人都有可能会遇到一些不如意的事情，有的人会不由自主地将负面情绪带到工作中，这是一种错误的做法。尤其是在服务行业，导购如果将不愉快地情绪带到工作中，就会直接影响到顾客的情绪，从而影响自己的业绩。

【专家支招】

1.导购要避免直接向顾客说"不"

当导购对顾客说"不行，办不到"时，与顾客的沟通就会处于一种消极状态。导购更不能在顾客面前使用负面的语言和对立的语气，所谓负面语言，指的就是"不行"、"办不到"、"不可以"等直接表示拒绝的语言，这些都容易引起顾客的抵触心理。

其实，同样的意思可以用不同的方式来表达，而且效果有很大不同。比如"不行"和"真的不好意思，我们能为您做的是……"，后者委婉地告知了对方自己的意思，并引导对方接受自己的其他建议，就更能让人接受；回答"好的，没问题"要比回答"嗯"显得更主动且富有诚意。因此，作为导购，遇到顾客提出的一些无法满足的要求，我们要学会既能拒绝对方的要求，又能让对方听起来觉得舒服。

另外，导购要学会多用肯定式，少用否定式。比如，顾客问，"这双靴子有酒红色的吗？"导购回答"没有"，这就是否定式。换言之，导购回答："是的，这款靴子现在有黑色和白色的，风格不同，但是两种颜色都挺好看的，您可以试一试！"这就是肯定式，这样的回答更容易吸引顾客，使其转变目光，注意到店里其他的商品。

2.导购可以将顾客注意力转移到促销产品上

某商场家电区正在搞促销活动，一部分电器可以八折销售。一位三十岁出头的男士走了过来，看了看参加促销的几款液晶电视，又走到了一旁的正价销售区域，指着一台上面标价"5999"的液晶电视，问身旁的导购，"这个电视可以按促销价给我吗？"

导购回答："先生，您好，这款液晶电视今天是不参加促销的，不过如果您喜欢这一台，我们今天参加促销的液晶电视里面有一台跟这个功能类似，价格也差不多，只要6299元就能买到，但是要比您看上的这台大两寸，还能看3D电影，非常超值！相信您会感兴趣的，请跟我来。"

说完，导购带着这位男士来到一台电视旁边，并再次做了更为详细的介绍。男士听了，觉得很满意，马上决定下单购买。

当顾客提出想以促销价购买非促销商品时，作为导购，应了解顾客喜欢的商品有什么特点，尽量将其注意力转移到其他产品上，可以针对顾客的喜好为其推荐适合的促销商品，如果顾客只喜欢那件非促销商品，导购就要向其耐心解释不能按促销价销售的原因，并着重强调该商品功能、质量等方面的优点，要让顾客觉得物超所值，就不会太在意价格了。

情景55：

顾客要求："我买这么多，你得给我多打点折扣？" 导购说："买再多也是一样的价。"

【情景回放】

陈莹在一家品牌服装连锁店做导购，这天下午，店里进来一个三十岁出头、身穿运动服身材匀称的女士，她径直走到陈莹的面前，问到："外面模特穿的套装我想看一下。"

原来这位客人是被模特身上的衣服吸引了，那是一套职业裙装，米白色的假两件修身小西服，搭配同色系一字裙。陈莹问过女士的衣服尺码后，说道，"请稍等"，很快便找出一套来递给女士，"看是看不出效果的，要是方便的话，您去试衣间试一试吧！"

女士点头，转身走进试衣间。再出来时，脱掉运动装换上套裙的她竟然就像换了一个人似的，剪裁合身的套裙将她的身材曲线勾勒得非常完美，而且给人一种端庄、高贵的感觉，她脚上穿着试衣间预备的高跟鞋，更加显出挺拔的身姿。女士满意地照着镜子，说道，"要是再加上一条丝巾是不是会更好呢？"

陈莹回答说："这套衣服穿在您身上太合适了！我们这里有不同款的丝巾，您可以看看！"

说完，引着女士向丝巾架走去，对方很快选了一条浅蓝色的短款丝巾，系在脖子上后，马上又增添了一种柔美的感觉。这时，女士问到，"这几件一共多少钱呀？"

陈莹说："套裙原价850元，打完9折是765元，丝巾100元，一共是865元。"

女士要求道："我买这么多，你得给我多打点折扣吧？"

陈莹说："买再多也是一样的价。"

女士"哦"了一声，转身进了试衣间，不一会儿，她换完衣服走出来，说，"我还是再看看吧！"说完，就离开了。

【销售分析】

之所以会出现上文事例中的情况，原因有以下两点：

1.导购的方式和语气很重要

从上面的事例中，我们可以看出，那位女士对自己相中的衣服还是很满意的。但当她试探性地要求多打些折扣时，导购员的语言太强势了，直接否定了她的要求。其实，即使衣服真的不能再打折，假如导购采用另一种婉言拒绝的方式，顾客很可能也会欣然接受。没有一个顾客会喜欢听到"买再多也是一样的价"这样直接的否定。因此，导购要懂得软性沟通，否则顾客只会越来越少。

2.导购并没有将产品的价值展示出来

在上文的事例中，面对顾客在价格上的异议，导购员只是告诉对方不能再优惠，却没有充分向对方展示出产品的价值和优势。顾客都想买到物有所值的东西，如果他对该商品不够了解，或觉得商品价值与价格不能匹配，就大多不会付钱购买。

【专家支招】

1.用微笑忽略法面对顾客在价格折扣上的要求

一天，一位女士带着女儿来到一家品牌服装店，导购小敏接待了她们。这位女士给自己和女儿分别看了一套春装，在试过之后，女士询问两套衣服的价格。

小敏算过之后，回答说："您好，您那套衣服原价是350元，打八折之后是280元；您女儿的那套衣服原价260元，打完八折是208元。一共468元。"

女士说："我一下子买两套，你还不多给打点折扣？"

小敏没说话，只是微笑地望着她。

女士又问了一句："怎么样？再便宜点儿，一共450块钱，怎么样？"

小敏还是没说话，笑着望着她。

女士忍不住说："到底行不行啊？"

这时，小敏依然微笑着，对女士轻声说道："已经给您打过八折了。"

言外之意，已经打过折了就不能再便宜了。女士听了，也觉得有点不好意思，她说："好吧，那就给我包起来吧！"

面对顾客一再提出的降价要求，导购员只是用微笑应对，最后轻轻说一句"已经给您打过八折了"，这种无声的拒绝既顾全了客人的面子，又坚持了自己的态度，让客人无法再接着讨价还价，从而促成交易。

导购员可以在与顾客的议价过程中适当使用微笑应对法，这种方法尤其适用于一些比较有亲和力的导购员，很多顾客都会被导购独特的销售方式所影响，而愿意买单。

2.用产品的品牌和价值说服顾客

小君在一家国际品牌女鞋专卖店做导购。一天，有两位年轻的女顾客结伴来看鞋，她们分别相中了一双短帮马丁靴和一双平跟过膝长靴。在试穿后，其中一位顾客问小君："这两双鞋都怎么卖呀？"

小君回答："您好，您穿着的这双马丁靴是550元，那位顾客脚穿的长靴是750元。"

穿长靴的顾客对小君说："我们买两双的话，你给多打些折扣行吗？"

小君微笑着说："我理解您的需求，不瞒您说，我在买东西时也想用最优惠的价格买到最好的产品。但是真的很抱歉，我们这里是明码标价，而且我们的品牌、设计和服务都是有保证的。您看，这是我们店产品的宣传图册，您和朋友试穿的两双鞋就在上面，都是来自意大利的一线品牌，由著名设计师参与设计，用特等的牛皮精制而成，鞋型美观大方，穿着舒适。而且我们承诺终身免费维修与保养，这是其他品牌不一定能够做到的。所以，真的很抱歉，我们不能在价格上帮到您，但请您相信我们的品质和服务，您随时有需要都可以过来。"

停顿了一下，小君又接着说，"您看，市面上的鞋子有很多，但能够找到自己钟意又合脚的并不多。鞋子贵在精而不在多，如果鞋子便宜但质量不好，买了反而是浪费，相反，买一双好鞋您可以穿很长时间，而且可以更好地呵护您的双脚，您说是不是这个道理？"

两位顾客被小君说动了，她们觉得这两双鞋真的很适合自己，也非常喜欢，还是很物有所值的，因此决定把它们买下来。

导购先肯定了大家都希望以优惠的价格买称心如意的商品的愿望，通过感同身受的方式和引起顾客共鸣，接着又向顾客介绍自家产品所具有的优势，最后，用产品的感性优势提升了其价值，从而化解了顾客的价格异议。

导购要善于在产品的价格与价值上引导顾客，尽量让顾客认识到产品的真正价值，并慢慢淡化价格上的异议。这样离交易的成功就更近了一步。

因此，导购要对自己所销售的产品非常了解，并做到能够随时向顾客详细介绍产品质量、用料、性能、功能等情况，或及时向顾客推荐符合其要求的产品，以促成更多交易。

情景56：

顾客索取更多的赠品："你再多赠给我一些吧。"
导购说："好，那您就多拿两个吧。"

【情景回放】

一家服装店门前挂着一块醒目的牌子：凡进店的顾客，无论消费多少，都有精美礼品相赠。

201

很多路过的人看到牌子，都会进去转一转，想看看这里有没有适合自己的衣服，也想知道这里有什么精美礼品送给大家。

张晶就在这家服装店做导购，一天，有一位顾客买了一件衬衫，结账时问张晶，"你们说的礼物在哪儿呢？"

张晶指了指旁边的一个精美的礼品筐，说，"在这里。"客人一看，里面装着很多漂亮的小熊玩具，张晶拿出了一个小熊，递给客人。对方说："你再多赠我几个吧，我家里有三个孩子，一个不够分"。

张晶说："行，那您就多拿两个吧！"

客人又从礼品筐里拿出了两个不同颜色的小熊，离开了服装店。

不到两天时间，服装店库存的小熊玩具就赠完了，张晶把赠礼物的牌子也拿了下来。

很快又有客人来买东西，结账时依然要求领取礼物。

张晶向客人解释说："不好意思啊，我们店的礼品已经赠送完了。"

客人一听，"没有赠品了？那我先不买这件衣服了，反正暂时也穿不着"。

说完就离开了。

【销售分析】

之所以会出现上文事例中的情况，原因有以下两点：

1.赠品不够导致后面的顾客不满

从上面的事例我们可以得知，导购员在发赠品时没有计划性，非常随意，对客人多拿几个赠品的要求都一概满足。就像上文中的张晶，当顾客提出想给家里的三个孩子每人拿一个小礼品，她马上答应了，这样下去，赠品在很快的时间内就发完了，容易导致后面再来的客人因得不到赠品而心生不满，影响服装店的生意。

2 顾客是以索要更多的赠品为条件，来决定是否购买产品

在一家商场化妆品区的欧珀莱专柜前，一位三十多岁的女士停下脚步驻

足观看。导购王静走到她面前问，"您好，请问需要点儿什么呢？"

女士说："我看一下新款眼霜。"

王静从柜台里拿出一支眼霜，递给女士，说："这是我们的最新款眼霜，可以有效滋润眼周肌肤，去黑眼圈和眼袋的效果也特别好。原价219元，现在有优惠活动，您200元就可以买到了。除此之外，我们还能赠送您一瓶BB霜，真的很超值呢！"

女士接过眼霜，问："可以多赠送给我两瓶BB霜吗？要是赠品丰富些我就买。"

王静微笑着说："感谢您对我们赠品的喜爱！但真的很抱歉，只能赠您那一种赠品了。"

女士说："那算了，我不买了。"

有的顾客一听没有赠品，就开始打退堂鼓，或者说："要是没有赠品我就不买了。"就像上文中的这位女士一样。遇到这种情况，导购人员要从产品的品质出发，介绍产品的各种优势，让客人相信这款产品是既经济又划算的，已经物有所值。这样，顾客也就不会一味纠结在多要一份赠品的问题上了。

【专家支招】

1.可建议顾客对多要的赠品付成本价

正月初三是萌萌的10岁生日，爸爸妈妈准备带她到新开业的一家自助烤肉店吃饭庆祝。这是一家环境优雅、档次较高的餐厅，因此，虽然是年后第三天，店里的客人却非常多。

他们找了个座位坐下来，服务员给他们拿来了三套餐具。妈妈带着萌萌去拿各种配料和水果，接着，他们就开始享受起美味的烤肉来。

过了一会儿，服务员来到他们身边，说："您好，我们这里正在搞活动，您可以办一张三千元的会员卡，以后每次来消费都可以享受八折优惠，还能得到一套价值200元的餐具。这个活动非常超值，您要不要考虑一下？"

说完，服务员把手中一个精美的包装盒递给萌萌妈，说，"您看，就是这种。"

萌萌妈接过来，发现通过盒子上面一块透明的区域，可以清楚地看到里面的东西。这的确是非常精美的一套艺术品，小巧精致的一对瓷碗，还有两个小盘子，两双筷子和一对小勺，上面绘制着古香古色的图画。萌萌妈看了一会儿，就觉得爱不释手。

萌萌妈对服务员说："我们花三千元办卡，能不能再多赠我们一套餐具啊？我想送朋友一套。"

服务员笑着回答说："这位女士，虽然这套餐具是免费赠送给您的，但餐具原料和制作工艺都是上乘的，成本比较高。您仔细看，这是优级骨瓷，透光性特别好，白度柔和，一看就与普通瓷器不一样。而且我们的赠品数量有限，所以不能送给您两套。不过我看您是真的很喜欢这套餐具，这样吧，我去找店长申请一下，看能不能让您按成本价再拿走一套。"

萌萌妈连忙点头，不一会儿，服务员走回来，告诉萌萌妈可以按成本价80元再多买一套餐具。萌萌妈想了想，最后还是决定买了一套。

有的顾客是真的很喜欢店家的赠品，或者有其他用途，所以想多索要一套。我们可以适当收取顾客成本价，满足其要求。需要注意的是，我们要向顾客介绍赠品的品质并合理解释不能多赠送给他的原因。

2.可根据厂商提供赠品的多少来灵活决定

一般赠品都是由厂商提供的，数量各有不同。我们要先了解一下赠品的数量，再灵活处理客人的要求。如果是厂商无限量供应的，就可以多送客人一个；假如是厂商每套规定了赠送数量的，就要向顾客耐心解释。如"您好，真是不好意思，我们的赠品是数量有限的，每一套产品只有一份赠品，如果多送您一套，那后面的客人就没有了。请您理解。"

情景57：

顾客说："我不要赠品，你直接给我打折好了。"
导购说："我没有这个权利。"

【情景回放】

王芳是一家玩具店的导购。一天，一位女士来店里挑选玩具，相中了一个功能齐全的小熊故事机。故事机的外形是一只粉色的小熊正在弹吉他，机身小巧，但是内容非常丰富，有国学经典、儿歌童谣、品德故事、睡前故事、英语学习等，功能也很齐全，可以下载新内容，还有独立的遥控器。女士问王芳："这个故事机怎么卖呀？"

王芳回答道："您好！这款故事机售价190元。里面除了配备齐全的数据线、充电器和电池，还有两件赠品，分别是一条儿童围巾和一块儿童电子手表。"

女士说："我女儿的围巾有好几条呢，手表现在也不需要，能不能这样，我不要赠品，你直接给我打个折好了。"

王芳回答说："我没有这个权利。"

女士听了，说："那我再去别处看看吧！"

说完，转身就离开了这家玩具店。

【销售分析】

之所以会出现上文事例中的情况，原因有以下两点：

1.导购说话太直接招致顾客反感

从上面的事例我们可以看出，在面对客人将赠品换成直接打折的要求时，玩具店导购王芳的回答让客人很不满意。像"我没有这个权利"、"公司有规定"等这类话不应该出自导购之口，因为这样的话给顾客带来的拒绝感都特别直接，容易招致其反感。另一方面，即使公司真的有相关规定，导购这样说也会给顾客造成一种"导购在用公司做挡箭牌，寻找借口"的感觉，影响其对商品和店铺的好印象。因此，往往因为导购过于直接的一句话，客人马上就会打消购买东西的想法，甚至以后都不会再来光顾。

2.赠品不够实用、质量不好，顾客不愿意要

在一家商场的小家电专区，买电磁炉送不粘锅、买电暖气送拉杆箱、买微波炉送保鲜盒等活动正在进行着。

一个三十多岁的女士走到豆浆机专柜的旁边，指着其中一款售价358元的某品牌豆浆机，问："这个豆浆机现在有什么优惠吗？"

导购走过来，回答说："您好，现在买一个豆浆机可赠送一个电水壶。"说完，指了指旁边摆放着的一个电水壶。

听到答复后，女士走过去，拿起电水壶看了看商标，发现这是个从来没有听说过的牌子，而且材质看起来也比较薄，她担心这个电水壶在使用过程中质量有问题，就说："我家已经有两个电水壶了，暂时不需要新的。你直接给我再打个折吧！电水壶我也不要了。"

其实，很多顾客都像上面例子中的女士一样，并不是不想要赠品，而是对赠品的质量不放心。有不少厂商觉得赠品是免费赠送给顾客的，因此做得比较随意，也不会去过多考虑赠品的质量问题。殊不知，如果顾客拿到赠品用不了几天就坏了，在他们看来还不如直接低价买商品来得划算。因此，对赠品质量方面的担忧是顾客想要放弃赠品的一大原因。

【专家支招】

1.导购不能以简单直接的方式拒绝顾客

田柳在一家饰品店做导购。一天，店里走进来两个二十出头、打扮得年轻时尚的女孩儿。她们在项链区挑选了一会儿，相中了两条样式相近的施华

洛水晶镶嵌的项链。

其中一个女孩儿问田柳，"这两条项链多少钱？"

田柳回答："两条售价一样，都是68元。还可以赠送您和朋友一人一对精美的耳钉。"

女孩儿问："那我们不想要耳钉，你直接给我们把项链打个折吧！"

另一个女孩儿也附和着说："就是，就是，不要耳钉给我们便宜点儿吧。"

田柳微笑地看着女孩儿，说："我很理解你们的想法。只是我们现在是在搞活动，赠品都是额外赠送给客人的礼物，和其他饰品的价格是没有关系的。而且，这些耳钉都是我们精心挑选出来的纯银耳钉，样式精巧，美观大方，不掉钻，不变色。很多客人也都很喜欢。我给您拿一款看看吧！"

说完，田柳从柜台里拿出一个小饰品盒，打开递给客人。一个女孩儿接过去，两人看过后都不约而同地说："好漂亮的耳钉！"

最后，两个女孩儿高兴地拿着项链和耳钉离开了。

当顾客提出不要赠品要折扣时，导购要耐心向顾客介绍赠品的优点，把"赠品"变为"正品"，让顾客认识到赠品的价值，从而喜欢上赠品。在此过程中，导购一定要注意自己的态度和说话的语气，因为同样意思的话，如果换一种表达方式，就更容易让顾客接受。比如，导购可以先认同顾客的想法，再委婉地解释赠品只是额外赠送给客人的，与商品价格无关。这样，顾客就不会只关注打折的问题了。

2.导购要向顾客介绍赠品的高质量和高使用率

针对大多数顾客担忧赠品质量问题的情况，导购要提前详细了解赠品的材质、特点及售后情况，以便随时向顾客着重介绍赠品的高质量和高使用率，让顾客觉得物超所值。当然，这就要求厂家在选定赠品时要尽量选择低值易耗品，让顾客回家之后可以经常用得到。另外，质量是"买赠"的本钱，如果因为赠品的质量问题影响了顾客对产品的印象就得不偿失了。因此，所选赠品要重质量。

情景58：

顾客不是会员，但要求："你就按会员价给我打折嘛！"
导购："好吧，我用自己的卡帮你刷一下。"

【情景回放】

张璐是一家品牌服装店的导购。一天，一个二十五、六岁的女孩走进店里，选中了一件米白色的毛呢长款外套。张璐给女孩找了一件大小合适的请她试穿，女孩穿上之后照了照镜子，非常满意。她问张璐："这件衣服多少钱呢？"

张璐回答："您好，这款毛呢外套售价680元，要是会员的话可以享受八五折优惠。"

女孩说："680元，真不便宜啊！我不是会员，你就按会员价给我打个折吧！"

张璐说："好吧，我用自己的卡帮你刷一下。"

最后，女孩用578元钱把这件外套买走了。

【销售分析】

之所以会出现上文事例中的情况，原因有以下两点：

1.导购要主动引导顾客

导购的职责是引导顾客，而不是被顾客牵着走。比如上文例子中的导购张璐，在面对非会员顾客的打折要求时，轻易就答应了用自己的卡帮对方刷。这样做看起来顾客的目的达到了，导购也成功将服装卖出去了，但原本售价680元的衣服只卖了578元，少了100元，损失了一笔利润。

2.导购帮非会员打折会引起其他会员不满

第三天，张璐正在记录销售情况，从外面进来一个身穿貂绒大衣的女士，张璐一看，是老顾客王姐，急忙站起身来迎接。

"王姐，您过来啦？快来看看我们昨天上的新款外套吧！咦，王姐，您怎么啦？谁惹您生气啦？"

这位姓王的女士看起来气冲冲地，她走到一款米白色长款毛呢外套旁边，指着问，"这件衣服多少钱？"

张璐有些丈二和尚摸不着头脑，当她还是礼貌地笑着回答道："王姐，这个外套原价680元，您是咱们店的会员，可以享受八五折的优惠，578元就可以买到了，很超值的，您要是喜欢就试试，我给您找件合适的。"

王姐一听，更生气了，不知不觉中音调都提高了，"看来我们单位同事说的是真的，她昨天说在你家用会员价买了这件外套，省了一百多，我还不信。你们怎么能这样做事呢？我办你家会员是花了一千块钱的，才能享受到八五折优惠。我同事一分钱没花，照样享受一样的优惠，这对我公平吗？你给我解释解释！"

王姐一番话说得张璐哑口无言，她刚说了句："王姐，您别生气，听我给您解释……"

她的话音没落，又被王姐打断了，"什么都别说了，把我的会员卡退了吧，以后我就直接用现金买了！"

张璐没有办法，只好将王姐会员卡中的钱都退还给她，王姐拿着钱离开了。张璐知道，这位老顾客恐怕是不会再来光顾了。

如今，会员制在我国被普遍应用，人们手持一张会员卡就可以享受若干优惠。但是会员卡的办理方式不同，有的可以在购物时进行积分，商家会定期开展积分换购的促销活动；还有的是顾客花一笔钱在商家办理会员卡，以后再去购物时就可以享受会员价优惠。事例中服装店为王姐办理的会员卡就属于后者，因此，当她得知导购张璐答应非会员要求，用店里的卡为其按会员价打折，她就觉得自己被欺骗了。

【专家支招】

1.导购应坚持原则并对顾客进行合理解释

当非会员顾客提出按会员价打折的要求，并表示如果不能按会员价打折就放弃购买时，作为导购不能慌了手脚，或为了留住顾客就轻易答应对方的要求。

马丽经营着一家美甲店。一天，店里来了一个三十岁左右的客人。马丽有礼貌地欢迎道："欢迎光临爱不释手美甲店！"

这位客人先是看了看店里的宣传图册，又仔细观察了一会儿粘贴着各种漂亮指甲样式的展板。这才问到："做一次美甲多少钱呢？"

马丽回答："您好，我们这里做一次甲护是15元，做美甲是35元一次，一共50元。如果您加入我们会员的话，只需一次性交500元，以后每次来都可以享受7折优惠。"

客人说："我今天先做一次试试，你就帮我按会员价打个折呗！"

马丽微笑着说："真的很抱歉，我们是一家专业做美甲的品牌店，一共有300多个会员，一直非常注重信誉。如果我为您按照会员价打折，对其他会员来说是不公平的。所以希望您能谅解。"

那位客人听了马丽的话，说，"是这样啊，那我能理解"。

导购应当向事例中的马丽一样，耐心地向顾客解释，作为一家品牌店要讲信誉，如果给非会员顾客打折，那对其他会员来说是不公平的。这样合理的解释可以让顾客信服，从而对导购及其店铺形成更好的印象。

2.导购应引导新顾客成为会员

看顾客不做声，马丽又接着说："要不这样，您先体验一次试试，要是感觉满意您也可以办一张我们的会员，打完七折后才35元一次，非常划算。而且我们使用的美甲原料都是纯植物的，您不用担心会对您的健康造成不良影响。您看怎么样？"

客人点头答应了，二十分钟之后，她看着自己健康发亮、轮廓优美的指甲，觉得满意极了。于是，这位客人毫不犹豫地拿出500元钱办了一张会员卡。

作为导购，应当通过向顾客介绍产品的优势和对会员的优惠活动，引导非会员顾客成为新会员。另外，店家也可以通过适当降低会员门槛鼓励更多顾客加入会员。比如，交500元的顾客可以享受七折优惠，交300元的顾客可以享受八折优惠，由顾客自己来选择。这样，店铺的回头客才会越来越多，生意也就会越来越红火。

情景59：

顾客："可以帮我写一张贺卡吗？"
导购："我们没有这项服务。"

【情景回放】

母亲节快要到了，在外地上大学的任怡想要在网上给妈妈挑选一份礼物，直接寄回家。因为任怡觉得妈妈很爱美，却没有几件像样的首饰，她考虑了许久，决定给妈妈买一套珍珠饰品。

任怡先是在淘宝网上找了一家信誉比较好的珍珠饰品专卖店，在里面挑选了一套价值300元的珍珠饰品，包括一条珍珠项链和一对珍珠耳钉。任怡在查看了商品详情和许多网友评价后，觉得还不错，正准备付款，突然想起来一件事，就问网店的导购：可以帮我写一张贺卡吗？这套饰品是我准备送给妈妈的母亲节礼物，需要直接寄回家。

导购回复道：我们没有这项服务。

任怡考虑了一会儿，还是觉得送妈妈礼物的同时能够传递祝福比较好，就取消了之前的订单，又在网上别的店铺进行挑选。

很快，她又找到一家网友评价很高的珍珠饰品店铺，发现里面的饰品也都很漂亮。她先问导购：如果我购买一套珍珠饰品，您可以帮我写一张贺卡吗？这是我想要在母亲节送给妈妈的礼物，准备直接寄回家。

导购很快回复道：没问题，包在我身上。您把需要写的内容发到旺旺里面，后面的事情都交给我吧。

听了导购的话，任怡很开心，她为妈妈挑选了一套价值280元的珍珠套装，并很快完成了付款。接着，她又将要写给妈妈的祝福话给那位导购发了过去。

母亲节后的一天，任怡接到了妈妈的电话，妈妈说，"看到女儿为自己挑选的礼物，读着贺卡上充满真情地祝福，自己真是世上最幸福的人。"

【销售分析】

之所以会出现上文事例中的情况，原因有以下两点：

1.导购对顾客的拒绝太过于生硬

从上文的事例我们可以看出，在第一家珍珠饰品网店，任怡原本都要付款了，最后又取消了订单，就是因为店铺导购的一句话，"我们没有这项服务"。这句话的语气听起来无比生硬，对任怡的拒绝又是那么的直接，这让她最终打消了在这里购买商品的念头。

2.导购服务质量的好坏对顾客的影响往往要高于商品本身

有很多顾客即使认可了某个商品，也会因为导购的服务不到位而放弃购买，他们甚至更愿意选择商品不如前者，而服务却令他们异常感动的店铺。就像上文中的任怡，第一家网店的导购让她觉得不满意，即使商品很好，她依然放弃了购买，而最终选择了让她感动的第二家网店。因此，导购要不断提高自己的服务水准，避免因为服务不到位造成顾客的流失。

【专家支招】

1.做到超出对方的期望值

再过五天，张婧同事的儿子就满两周岁了，她想给小家伙挑选一件礼物，这天下班后，她走进了一家礼品店。

张婧在礼品店逛了一个遍，终于发现了一件适合的礼物。那是一台智能故事播放机，外面是一只可爱的小熊造型，里面内容丰富，正好适合同事儿子的年龄。于是，张婧询问故事机的价格，导购回答说一百二十元，她觉得可以接受，就请导购帮自己包装好。

付完帐之后，张婧随口问："我这个是准备送给同事儿子的，他下周过生日，你可以帮我写一张贺卡吗？"

导购爽快地答应，"没问题，正好咱家有贺卡，就算免费赠送给您的吧！至于贺卡的内容还是您自己来写吧，这儿有笔。"说着，她从旁边的柜台上拿出一张方方正正的贺卡，递给张婧，接着又递给她一支笔。张婧接过来一看，贺卡上面画着三只可爱的小熊，还写着"快乐成长"的字样，她感到非常满意，忙对导购说："谢谢您！"

很快，张婧在贺卡上写下了一些祝福语，之后又将它一起装在了故事机的盒子里。这时，导购又走过来，将手里拿着的一个精美手提袋递给张婧，"您把故事机装在这个手提袋里面吧，这也是我们赠送给您的。"

直到离开这家礼品店很远，张婧的心里一直是暖暖的，只因为导购那几个贴心的举动。

上文中的礼品店导购的做法非常好，在顾客提出索要贺卡的要求时，她爽快地答应了对方的要求，在顾客临走时，还额外赠送给对方一个适合送礼的精美礼品袋，可以说，她所做的已经超出了顾客所期望的，因此，她也给顾客留下了非常好的印象。

2.导购要能为顾客排忧解难

对于导购来说，顾客就是上帝。对于顾客提出的要求，导购应当尽力予以满足。如果实在做不到，也要真诚地向对方解释原因，不能动辄以"我们没有这项服务"来搪塞顾客。导购要站在顾客角度上为对方排忧解难，比如，在下雨天为顾客提供免费伞，或帮顾客提供免费贺卡等，这样才能获得对方更多的信任，从而为自己和店铺加分。

第六章

顾客举棋不定时，

导购切忌这么做

情景60：

顾客说："我和家人商量一下买不买。"
导购说："有什么可商量的呢？现在拿下吧！"

【情景回放】

三立商场的女装专柜前，有一位女顾客正在挑选衣服。这名顾客是一个年轻的女孩，衣着打扮比较朴素，带着一副眼镜，说起话来习惯性地低下头，声音很轻柔。

只见她来到女装专柜，边走边看着自己感兴趣的衣服。有导购员小谢上前询问她想买哪类服装时。女孩说："我不确定，先看看再说吧。""那您能告诉我是想在什么场合穿吗？"女孩认真地想了想，小声地说："日常穿着的吧，我想改变一下自己现在的形象。"小谢仔细看看女孩身上的一身运动服，然后建议说："那您看，我帮您推荐下这个季节最流行的甜美休闲装吧，您的气质比较文静甜美，应该还是很合适的。"女孩显然是认可了小谢的建议，然后默不作声地跟着小谢走到了甜美风格的几款服装前面。

接下来就是完全由小谢主导的推荐试穿的过程了，女孩一套套地搭配，一件件地试穿。终于，有一套长裙短衫的搭配让女孩露出了会心地笑容，显然女孩对这套衣服很满意。试穿之后，小谢看女孩没有拒绝的意思，就直接说："这套您穿着最好看了，我给您打包吧。""价格是多少？"女孩下意识地问道。"两件一共是280块，您是现金，还是刷卡？"小谢进一步推进销售。可是这时候，女孩又开始犹豫了，"先等等，这个风格的衣服我没穿过，不知道是不是真的合适，我还是改天带着同学来，帮我参谋下再说吧。"小谢一听，女孩不想买了，显得有些着急，但是按捺不动："您要相信自己的眼光啊，而且不是还有我帮您参谋呢嘛，我可是在服装行业干了5年了，我觉得这套衣服无论是款式还是颜色都和您的气质很搭配呢。"可是，女孩依然坚持说不确定，然后就离开了专柜。

【销售分析】

在服装的销售过程中，有时候会遇到这样的一类顾客：他们对自己的穿衣风格和适合的款式没有感觉，或者说对服装没有足够的鉴赏力。这类顾客在购买衣服时，要么需要像小谢一样的导购员给予推荐，要么需要有陪同人员作为参谋，决定他们购买与否。

小谢在听到顾客说"改天带着同学来，帮我参谋下再说"时的回答也没有太大的问题。之所以最后顾客没有买是因为听到服装的价格是280元之后认为价格不合适。小谢没有真正了解顾客那句话背后的心理变化，所以没能对症下药地解决顾客的疑虑，才导致了交易失败。

因此，作为导购员除了要听清楚顾客话语表面的意思，还要明白话语背后隐藏着的真正意图。顾客需要其他人参谋之后，再决定是否购买也是同样的问题。如果是真的不能确定是否合适，才提出找参谋的，导购员就应该尽可能地给顾客吃下定心丸，让她相信自己的判断或者导购员的推荐。如果顾客是因为其他的原因不想购买，那导购员就要具体情况具体分析，灵活应对了。对于从一开始就没打算购买衣服，而是真的随便逛逛，打发时间的顾客也只能是顺其自然。

【专家支招】

1.不能再犯的错误

不尊重顾客的话语不能说，如"您不会这么没主见吧？买衣服还需要朋友帮忙。这件就非常合适呢！"即使顾客真的是不够有主见，也不能用这种带有攻击性的话语，如果遇到脾气不好的顾客很可能发生争吵。

对顾客的话不反驳，顺着顾客的意图的话也不能说，如"那您下次带着朋友再来吧"，这样的话显得导购员对自己销售的衣服不够自信。

逞一时口舌之快的话不要说，如"衣服是穿在自己身上的，自己的感觉最重要"，这样的话语虽然有理，但是明显的没有说服力。

2.成功销售的语言技巧

成功的销售依然是既考虑顾客的感受，同时又能将自己的态度和推荐引入顾客心里。

话语一：（介绍服装本身的优点）美女，今天您的朋友没有和您一起真是太可惜了。这套衣服简直就是为您量身定做的。刚才听您说是××大学的，那您还是个才女呢。这套衣服的面料选用了最为环保的纯棉面料，工艺上也采用最为先进的加工处理技术，保证不缩水，不变形。这种布料本身的成本就是很高的。

话语二：（针对顾客内心的价格疑虑开始解答）美女，冒昧地问一句，您身上这套衣服多少钱？（100多块）哦，这个价格是比较优惠呢。运动服的变化比较少，一个版型能够卖好多年，生产工艺的要求也会比时装简单些，价格低些是自然的。（指着选中的套装）像这种时装类的衣服就不一样了，一个版可能就出一批货就不能再用了，对面料、做工的要求要复杂严格得多。您看这件小衫的锁边，每个边都是用了高档的包边材料。说实话，这样的衣服一套280元，可能还没有您身上那套100多的运动服的利润高呢。

话语三：您放心，我保证您的朋友对您的眼光会特别认可的。再说了，我家的衣服都是无条件退换货的。只要不影响我们的二次销售，您可以在一周内随时过来调换。我是担心您如果下次和朋友一起再来的时候会没有货了。昨天有个顾客过来买前一天看中的一款衣服，就差了一天，她穿的号就卖掉了。我们的衣服都是每个号只有一件。您看要不要我帮您拿一套新的出来，您是刷卡还是现金？

情景61：

顾客说："这是我帮别人买的，我考虑考虑再来吧。"
导购无言应对："……"

【情景回放】

某品牌男装店内，进来一名女顾客，进店之后也没有说话，就独自挨着货架看起来。西服、商务休闲装、领带、腰带，从套装，到单件再到小配饰，无一不落地仔细看，边看边若有所思地样子。

看了一遍之后，女顾客问导购员拿了几套衣服和领带，又根据导购员的推荐看了下搭配的效果，挑中了其中的一套，可是又显得很犹豫地样子，迟迟不能决定是否购买。

导购员在旁边不断地介绍这套衣服的面料、版型、款式的优点，果断地告诉顾客："您放心吧，这套衣服绝对是物超所值的，您买了绝不会后悔"。

女顾客说："这是我帮别人买的，还是改天让他亲自来试下吧。"

女顾客说完看了看手里的衣服，最后还是放回了原位。

而导购员见女顾客往外走，竟然什么话也不说了，目送着女顾客离开，甚至还有些不高兴，觉得自己受到了欺骗。

"她来男装店买男装，我当然知道她是帮别人买的啊，既然自己拿不定主意，为什么还要进来看！"导购员愤愤不平地对同事说。

同事也只是笑了笑，并没有回答她的问题。

【销售分析】

在服装销售中，经常有顾客为他人购买衣服。出于各种原因，顾客有时候对自己的判断和眼光不是非常的自信，不能确定挑选的衣服是否对方会喜欢。这类顾客大多是属于犹豫型的，做事不够果断，需要有人从旁边提供建议，帮助其下决定购买。

正如这名男装店来的这名顾客，顾客担心地是自己挑选的码数不合适，而导购员在旁边帮忙却是说衣服的性价比如何高。导购了没有充分了解顾客的疑虑和购物的关键点，只是站在自己的角度去给顾客推荐，这样的促销话语显然是不能被顾客接受和认可的，也必然导致最后顾客的流失。

莱莱是一家服装店的导购员，中午吃过午饭正犯困的时候，店里进来了一位客人，她赶紧打起精神，上前招呼。

"您喜欢哪种款式的衣服？"莱莱热情地问。

客人在店里转了一圈，然后说："我是帮一个朋友买的，今天逛街的时候才想起来，有个朋友过两天就过生日了，想帮她买件好看的裙子。"

莱莱连忙上前介绍，把店里几款热卖的裙装都拿了出来。

可客人左看看，右看看，犹豫半天，还是拿不定主意，便对莱莱说："虽说是帮朋友买的生日礼物，但衣服这一类的东西如果不是她亲自试过，还真的很难下决心买哪件，我还是考虑考虑，或者亲自带她来试试吧。"

说完，客人就准备出门。

莱莱却不想放过这个机会，在客人刚转身之际，马上开口问道："您朋友平时穿什么样的衣服？身高体重大概是多少？"

她这一提问，客人还真留了下来，和她说起了朋友的情况，莱莱借机又询问了很多对方的情况，思来想去，便重点介绍了两款裙装，对客人说："听了您的描述，我觉得这两款都很适合您的朋友。送朋友礼物，还是有点惊喜比较好，而且，我们店里还提供无偿退换服务，如果您的朋友穿着衣服真的有问题，或者是不喜欢，随时可以来店里退换。"

"真的吗？"客人果然被这么好的条件吸引住了，又询问了一些情况，就决定下单购买其中一件粉色的裙装，高兴地离开了店里。

当导购员遇到为别人买衣服的顾客时，建议在接待的时候首先要了解穿衣人的品位、身材，以及与顾客的关系等信息，然后再有针对性地解答顾客的疑问。导购员如果了解到顾客是因为不清楚顾客朋友的穿衣尺码而犹豫不决的话，完全可以通过让年龄、身材相仿的人试穿这一促销手段打消顾客的顾虑，最后销售成功。

【专家支招】

1.不能再犯的错误

完全站在自己立场的话语，如"今天不买恐怕下次来就没货了"、"如果您今天买，可以让您享受八折优惠"等话语让顾客的感觉是迫不及待地推销商品，既给顾客造成一定心理压力让她感觉不舒服，又降低了品牌的气势，有种低头求人的感觉。

一味迎合顾客的话语，如"那您改天把男朋友带来再说吧"这种话让顾客听了会感觉舒服，但是对店铺的销售又不利。在服装行业竞争如此激烈的今天，顾客走出店门之后再回来的几率是非常小的。

2.成功销售的语言技巧

话语一：美女，一看您就是做事细心的人。刚才您也告诉我了这套衣服的颜色和领带搭配得很时尚，也特别有档次，很符合您男朋友的品位。我想知道，现在您还有哪些顾虑让您不敢确定是否合适呢？

话语二：真的好羡慕您的男朋友有这么好的女朋友，人漂亮，心细致，最重要还那么体贴。前几天也有顾客给男朋友买衣服作为礼物，我当时还不理解她为何这么做呢。她告诉我原来是为了给彼此制造一份浪漫，也给男朋友送一个大大的惊喜。相信您男朋友收到这份礼物之后也会非常高兴，是吗？您把男朋友的身高、体重告诉我，我帮您参谋参谋穿这个码数是否合适。

话语三：您看是否和那边那名顾客的身材比较像，我让他帮着试穿一下，您就知道是否合适了，好吗？

话语四：穿这个码数还是挺合适的，这下您可以放心了。您拿回去之后如果穿着不合适，或者有其它不满意的地方，只要不影响再次销售，可以在一周之内过来调换，您看这样好吗？我帮您开票，是付现金还是刷卡？

情景62:

顾客看花了眼，不知道到底该选购哪款产品
导购仍在等待："您看好了，我帮您拿。"

【情景回放】

王岩是某品牌珠宝行的导购。一天上午，有一个三十岁左右的女士走到万足金首饰的柜台旁停了下来。王岩说道："欢迎光临，请问您需要看什么首饰？"

女士点了点头，说："我先自己看看吧！"

她一边看着柜台里的首饰，一边慢慢向前走，一会儿工夫就沿着长长的柜台走了一个来回。面对琳琅满目、造型各异的美丽饰品，这位女士似乎已经挑花了眼，她一会儿盯着某样饰品凝视好几秒，一会儿又轻轻地摇摇头，迟迟做不出决定。

导购王岩一直站在柜台里面等待着，她对女士说："您看好了哪款，我帮您拿。"

又过了许久，这位女士什么话都没说，就离开了这家珠宝行。

【销售分析】

上文事例中的情况是由以下两点原因造成的：

1.顾客并不知道自己需要什么

从上文的事例中我们可以推断，那位女士可能有想为自己或他人挑选一

223

件饰品的想法，但在走进珠宝店之后，各式各样的饰品让她眼花缭乱，看来看去反而找不到自己钟意的那一款。而导购王岩只是说了一句"您看好了哪款，我帮您拿"，这样的话其实相当于没说，因为很可能连顾客自己都不知道需要那一款。最终，导购的消极等待态度使自己错过了销售良机。

就像上文例子中的女士一样，很多顾客其实并不知道自己需要什么，或者即使他们的购买动机很明确，比如就想去买一枚戒指。但因为顾客不是饰品专家，并不能够清楚地了解自己到底需要购买一枚什么品牌的戒指，至于外观、价格、材质等，了解的就更少了。这就要求导购要在销售过程中采取主动，想办法引导顾客，并将适合的产品推荐给他们。如果任由顾客自己去寻找，他们就会很难挑选到真正使自己满意的产品。

2. 顾客担心试用后不买遭导购白眼

在一家商场某知名护肤品专卖店里，张玲一边抬头看着柜台上陈列的各种护肤品，一边向前踱着步子。她时不时地拿起某种护肤品，看几眼之后又很快放下，接着再走到别的产品前，再拿起来看看，再放下。

导购走到张玲面前，说："您好，您看好了哪款，我帮您拿！"张玲忙摆手道："你家的护肤品太多了，我看得眼花缭乱，不知道买什么好了。"

导购笑着说："别急，我们店里的护肤品适合不同的肤质，肯定会有一款适合您。您的肤色非常白皙，只是看起来有些偏干，我推荐您使用这套补水效果特别好的护肤品。这是爽肤水，我给您手上拍一些，您先感觉一下吧！"

张玲说"好的"，于是让导购给她试用了几款不同的爽肤水，使用之后，她觉得不是很满意，说还是先不买了。

导购脸上露出了失望的神色，也不再理会张玲。

张玲觉得很尴尬，她心想，早知道这样，刚刚就不试了。

有很多顾客在花样繁多的商品面前，不知道该如何挑选，又因为担心自己试过之后不买会遭到导购的白眼而不好意思试用，就像上文中的张玲一样，导致有些顾客与自己适合的产品擦肩而过，这既是顾客的遗憾，更是导购的损失。因此，作为导购，在遇到顾客为挑选产品犹豫不决的情况时，应主动打消顾客心中的顾虑，让对方充分接触产品，从而对其有更多的了解，这样才有利于交易的成功。

【专家支招】

针对上述问题，有以下两点建议可供参考：

1.导购要善于提问，并倾听顾客需求

当遇到顾客因产品太多挑花眼的情况时，导购的态度是非常重要的，这是决定交易成功与否的关键因素之一。如果导购态度消极，只是在旁边等着顾客自己挑选决定，那最终结果很可能是顾客决定什么都不买；如果导购能够态度真诚地了解顾客的需求，就可以为接下来的交易打下良好的基础，并占据主动。在了解顾客需求时，导购要善于提问也要善于倾听。

关于提问有这样一个故事：

有两个信徒都嗜好抽烟，一天，他们一起去找神父。

信徒甲：我可以在祷告的时候抽烟吗？神父。

神父：亲爱的孩子，不可以，祷告的时候要专心。

信徒乙：我可以在抽烟的时候祷告吗？

神父：当然可以，我的孩子，我们在做任何事情时都该向上帝祷告。

这个小故事告诉我们，同样的问题，只是因为提问方式不一样，得到的答案也不同。因此，在沟通交流中，掌握提问的技巧是非常重要的，尤其是作为一名导购，提问是了解顾客需求最直接有效的方法。当顾客向导购表达自己的想法时，导购应耐心倾听，因为只有理解了顾客的真实需求，才有利于导购有的放矢，更好地为顾客服务。

2.导购应主动为顾客推荐适合的产品

在了解了顾客的需求之后，导购应主动为对方推荐适合的产品。比如，为肤色较黑的顾客推荐美白产品，为身材较胖的顾客推荐穿起来显瘦的服装

等等，这就要求导购要对自己所销售的产品质量、规格、颜色以及库存等情况提前了解清楚，以做到心中有数。

情景63：

顾客："这种衣服洗了会缩水吗？"
导购："应该不会的。"

【情景回放】

这个服装店的老板选得地段非常好，正好处在中心的繁华地带，所以生意一直都很不错，而李芳对每天忙碌充实的生活也感到非常的满意，只是现在很多有关服装类的常识因为接触时间较短，她还不太懂，导致李芳非常地苦恼。

就拿刚才来说吧，一个五十岁左右的大叔来买休闲背心，李芳立刻向他推荐了一款经典稳重的样式，大叔看了也很满意，试穿也非常合适。这一切本来很顺利的，甚至顺利到让李芳暗自为自己鼓掌，但是大叔的最后一个问题把先前和谐的场面破坏掉了。

"小姑娘，这种面料是棉的，洗了不会缩水吧？"

"轰……"李芳感到一个炸弹在脑子里爆炸了，她曾无数次在脑子里幻想过卖衣服的场面，也想过无数的解决方案，但是唯独现在的场面的除外。因为她自己之前买衣服的时候，经常有妈妈在一旁把关，她也就乐得清闲，从来没想过衣服还会缩水的问题。

现在李芳后悔极了，但是该怎么回答这位大叔呢，难得有笔生意能进行到快交款的地步，李芳真的不愿放弃，于是——

"这位叔叔您就放心吧，呃……这件衣服应该不会缩水的，"李芳小心的措辞。

但是大叔听了李芳的话之后却皱起了眉头，"这种面料到底缩不缩水？"很显然大叔对李芳的回答很不满意。

"不会，这种面料不会出现这种情况的。"李芳尽量挽回局面，但是大势已去，难以力挽狂澜了——

大叔见李芳言辞模糊闪烁，对衣服的质量更加质疑了，所以他决定不买了。

【专家诊断】

缩水的问题一般见于棉质的面料，顾客会这么问也是很正常的，但是如何给顾客一个放心的解释，让他们放心的买衣服，却是很有讲究的。

对于这样的问题，导购一般会直接回答："不会的，这种面料从来没出现过缩水的情况，你放心好了。"这么绝对的回答，有没有解释原因，想让顾客如你说的那样放心，这个真的很难。

还有的导购会说："棉质的面料缩水很正常，洗的时候注意一下就好了。"这其实只是一种含糊其辞的应付，顾客并没有得到让他们安心的回答，所以效果也不会很好。

【能力升级】

当顾客问道"这种面料会缩水吗"这种问题时，导购可以这样和顾客说：

一、如果可能会缩水，"大事化小"

有的衣料本来就有缩水性，而很不幸的顾客问的就是这种面料，这时导购应该想办法让顾客感觉这种衣料的缩水性是可以接受的，并不是很严重。比如导购可以这样说："小姐您对衣服真在行，以前也有顾客问过这种问题，都说这种纯棉面料穿起来很舒服，但就怕会缩水。但是现在我可以负责任地告诉您，这款面料是经过防缩水处理的，只要您按照要求正确清洗，就不会出现缩水的问题。"

二、如果真的不缩水，明确告知不缩水的理由

作为一名合格的导购，要对自己所卖的衣服有足够多的了解，尤其是顾客比较关心的面料之类的问题，把它们的特性都搞清楚，在顾客问起时，给顾客一个明白的答复。这样不仅会给顾客吃一粒定心丸，还会给顾客留下"专业导购"的好形象。导购这时候可以这样说："这种面料是由××制成的，本身就不具有缩水性，所以您就放心吧。"

情景64：

顾客道："这款商品到处都有，为什么我非得在你这里买？"
导购："那……你再转转。"

【情景回放】

王静是一家床上用品店的导购，一天，一个二十多岁的小伙子推门进来，问这里有没有在单人床上铺的电褥子。

王静答应了一声，从货架上拿下来一个长方形的盒子，打开之后，又从里面掏出一个深蓝色的电褥子，递给小伙子问："是不是这种？"

小伙子看了看，说："对，就是这种，大小也合适。多少钱啊？"

王静指着长方形盒子上面的价签，说："200元一块。"

小伙子问："不是吧？我们同学买的跟这个差不多，怎么才110元啊，你们这个怎么这么贵呢？给打个折吧！"

王静说："小伙子，我这里的东西都是明码标价，不打折的，你要是能拿就200一条。"

小伙子听了，说："这样的电褥子到处都有，我又不是非从这里买不可。"

王静说："那你再转转吧！"

小伙子把手中的电褥子放下，转身离开了。

【销售分析】

上文事例中的情况是由以下两点原因造成的：

1. 导购不应将顾客推出门外

上文事例中的导购王静，说了一句在销售过程中不该说的话"那你再转转吧"，这句话相当于对顾客下了逐客令，间接把顾客推了出去，推给了其他的竞争对手。通常当顾客听到这句话，即使之前还有在这里购买东西的想法，也会马上打消念头离开这里。就像事例中的小伙子一样，他本来已经找到了需要的电褥子并有心购买。在他提出价格上的异议时，如果导购王静能够向他耐心解释自家产品比别家贵的原因，就有可能促成这笔交易。

2.导购没能听出顾客的言外之意

有的顾客嘴里说着"这款商品到处都有，我不一定非从你这里买"，心里却不一定这样想。有可能他很喜欢这里的商品，只是觉得价格有点高，希望导购能够感觉到压力，主动给自己降低价格，或得到一些其它的优惠。而如果导购听不出顾客的言外之意，就容易造成顾客的流失。

【专家支招】

针对上述问题，有以下两点建议可供参考：

1. 阐述足够的理由让顾客留下来

新年快到了，周甜想给自己的十四岁的小侄女芸芸挑选一件礼物。一天，她来到一家礼品店，看到货架上摆放着一排存钱罐，都是些非常个性时尚的造型，有的是戴着小草帽的小女孩，有的是穿着军装的小伙子，特别讨人喜欢。

周甜一眼就相中了一个长发小姑娘小狗的存钱罐，小姑娘笑容阳光、穿着时尚，手上还拉着一根绳子，绳子的另一端有一只惟妙惟肖的小狗。最别具匠心的是，这只小狗和小女孩是完全独立的，并非连在一起。"小侄女一定会喜欢！"想到这里，周甜问道："这个存钱罐多少钱？"

导购走过来，说："您好，这一套是60元。"

周甜皱皱眉，说："还挺贵，前几天我有个朋友刚买了个存钱罐，也很漂亮，才花了不到30块钱。卖这种存钱罐的地方有很多，我要不先去别处再看看吧！"

话虽然这样说，其实周甜心里是很喜欢这个存钱罐的，只是她觉得60元有点贵，想看看导购能不能给自己便宜一些。

听了周甜的话，导购笑着说："你说的那种30块的存钱罐我们这里也有，你看这种"说着，导购拿起一个金发女孩造型的存钱罐，说，"这个就是30元一个。"接着，她又指着那个牵狗女孩存钱罐，说："这一款是我们店里前几天新上的，现在不打折，但是卖的特别好，尤其一些初中生都非常喜欢这种造型。就只剩下最后三个了。你看，这只小狗既能拴在小女孩手中的绳子上，又能作为一个独立的玩具，怎么玩都可以。你还可以比较一下，这两个存钱罐的厚度也是不一样的，还是价格高的这一款结实得多，我说得没错吧？你要是相信我就拿这一个，保证你不会后悔的！当然你也可以去别处看看，但是下次再来就不一定能买到这款了。"

听了导购的话，周甜不再犹豫了，当即让她把存钱罐包了起来。

顾客容易因为商品的价格比自己在别家看到的高而犹豫不决，往往会忽视了商品的个性和品质，导购要巧妙地将将商品的优点展现出来。上文中的导购就巧妙地通过用自家两种不同存钱罐的对比，以及对顾客"再不买这件商品就没有了"的暗示，成功地将顾客留了下来，并完成了交易。

2.让顾客离开之后再转回来

很多顾客在购买商品之前，都喜欢多去逛几家，最终选择最物有所值的商品，也有的顾客碍于面子，在离开一家店铺之后，即使觉得那里的商品不错，也不好意思再回去。

当顾客执意说"我还是去别家转转吧"时，导购要真诚地表示理解，并对顾客的下次光临表示欢迎，如"您现在买不买没关系，我理解您的心情，毕竟我们每个人都想要挑选到最适合自己的产品。不过，刚刚那件衣服穿在您身上真的非常合适，简直就是为您量身定制的。我们随时欢迎您来把它带回家。"听到这样的话，顾客就很有可能在找不到更合适的商品之后再次回到这里。

情景65：

顾客拒绝留下个人信息："我不登记资料了，免得你们老给我打推销电话。"
导购连连保证："不会的，不会打扰您的。"

【情景回放】

有一次，老王陪朋友去家具城逛家具，逛了好多家都没有看到心仪的款式，最后在一家专做松木家具的品牌店徘徊良久，可是朋友仍然没有做最后决定，打算改天再多看几家。

在他们准备离开的时候，热情的导购想要留下老王朋友的联系方式，可是被他拒绝了，他说："我不登记资料了，免得你们老给我打推销电话，要不就是发一堆没用的短信"。

听了他的话，导购连连保证说："不会的，一定不会打扰您的。"

老王的朋友反问："既然你说不会打扰我，那我留电话也没什么意义了吧？"

说完，他们就离开了。

【销售分析】

上文事例中的情况是由以下两点原因造成的：

1.导购不够坦诚，让顾客不理解其用心

其实，对于想要留下顾客个人信息这样的举动，导购应该用尽可能缓和的方式说出用途，而不是遮遮掩掩，这样反而会让顾客反感。如果导购能够清楚地向顾客说明对方个人信息的用途，比如某活动将近，届时将有许多优惠活动，留下顾客信息是为了方便通知到他。这样顾客反而会更理解，如果顾客仍不愿意留下个人信息，导购则不应勉强。

2.导购自相矛盾的做法使顾客反感

从上文的事例中我们可以看出，家具城的导购原本是想留下客户的信息，以便以后向其推销产品，但他又对顾客做出"不会打扰"的保证，相当于搬起石头砸自己的脚，这样自相矛盾的做法容易使顾客反感。因此，导购在面对顾客的疑问时，应避免自相矛盾的情况出现。因为这样其实会给顾客留下负面的印象，甚至会影响到顾客的二次选择，将本来良好的第一印象破坏掉，得不偿失。

【专家支招】

针对上述问题，有以下两点建议可供参考：

1.让顾客愉快地留下联系方式

一天，王宁下班后走出公司，到旁边的商场一楼买了几件化妆品。

在她结账准备离开的时候，导购拿着一个登记本问她："可以再打扰您一下吗？我们下个月有一个促销活动，您有兴趣参加吗？到时候会有许多抽奖环节，到场的朋友还可以获得免费化一次生活妆的机会，您要是方便的话就给我们留一个联系电话，等具体时间定下来我们再通知您。"

王宁问："我原来也给一些店家留过联系方式，后来就经常收到一些广告信息和骚扰电话，我还是不留了吧？"

导购说："这点您可以放心，我们只会在有优惠活动的时候通知您，而且保证不会影响您的休息，这点请您放心。"

听了导购的话，王宁愉快地在登记簿上写上了自己的电话号码。

在收集顾客的个人信息之前，导购有许多的铺垫工作需要做，首先要让顾客对店内的商品感兴趣。这当然涉及到许多方面的因素，比如商品的质量要过硬、店面的装修要让人感觉到舒适、导购的态度要真诚、语言要有亲和力等等，导购在与顾客交流之后，自然而然地提出登记个人信息这类要求，就会让顾客觉得容易接受。

另外，在征求顾客意见的时候最好先向顾客介绍一些即将举办的活动，比如店庆活动等，告诉顾客登记个人信息就可以免费参加抽奖；或者针对顾客开展一些调查问卷，让顾客把注意力放在对商品的要求上，也可以为顾客留下一些悬念，比如向其说明下周可能会有免费的试用商品赠送等等。总之，导购要尽可能让客户愉快地留下个人信息。

2. 导购应强调商品额质量和信誉，让顾客觉得安心放心

对于许多类商品，尤其是大型商品来说，保证稳定的客源，尽量提高顾客的满意率和回头率非常重要。而建立顾客的个人信息档案是许多商家常用的手段，这些信息可以帮助商家有效地将店内信息传达到有需求的客户手里。因此，如何顺利地让每一位客户都放心地留下自己的个人信息，是许多导购都应当认真琢磨的问题。

情景66：

顾客说："我再试试刚刚那件红色的衣服吧！"
导购说："您刚刚不都试过几次了吗？"

【情景回放】

王楠在某品牌女装专卖店做导购。一天，一个五十多岁的女士来到店里，转了一圈后相中一件红色的羊绒开衫，说："那件衣服多少钱？有我能穿的吗？"

王楠笑着说："有，这款衣服325元一件，阿姨，我给您找一件试试。"

说完，她走进库房，转眼拿着一件衣服走了出来，并把衣服递给了那位顾客，说"您试试吧！"

那位顾客直接将自己的外套脱了下来，将这件衣服套在身上，对着镜子转了几圈后，又把衣服脱了下来，"价格倒是不贵，就是有点艳，我穿不出去。"

说完，她又指着一件浅绿色的套头式毛衣，说："我试试这件吧！"

穿上后，这位顾客觉得不满意，就又脱下来，说："好像还是刚刚那件好看些。"

再次穿上那件红色开衫后，她又摇摇头，脱了下来。

这样反复几次后，顾客自己也有点挑花眼了，觉得哪件都不是很满意。于是，她再次向王楠要求："我再试试刚刚那件红色的衣服吧！"

王楠说："您刚刚不都试过几次了吗？"

顾客听了，有点生气，"怎么，难道我买衣服还不能多试几次吗？不试试怎么知道合不合适呢？"

王楠小声说："又不是没让您试，可是您看您都试了几次了？"

顾客更生气了，"算了，我不试了，我也不买了。"

说完，就离开了这家店。

【销售分析】

上文事例中的情况是由以下两点原因造成的：

1.导购不耐烦的态度导致交易泡汤

有很多顾客在购买商品的时候往往比较来比较去，迟迟拿不定主意。就像上文事例中的顾客，几件衣服反复试穿好几次，依然不知道自己到底该买哪一件。其实这是一个好现象，说明顾客有购买衣服的想法，否则她不会将这么多时间浪费在试穿同一件衣服上，遗憾的是，导购王楠并没有抓住这个好机会将衣服销售出去，而是在顾客提出再次试穿衣服时表现出了不耐烦，惹恼了顾客，导致就要到手的生意泡了汤。

2.导购没能及时打消顾客的顾虑

上文事例中，顾客第一眼就相中了一件红色羊绒开衫，并且认可了这件衣服的价格，这原本是一桩非常有可能成功的交易。只是，在顾客提出"担心衣服颜色太艳，自己穿不出去"的顾虑时，导购王楠并没有想办法打消对方的顾虑，而是采取消极的观望态度，直到顾客反复提出试穿那件红衣服，她都没有及时抓住"顾客其实很喜欢这件衣服"的信号。如果导购能够对顾客穿着这件衣服的效果及时给予肯定，并加以引导，这笔交易会很容易成功，这位顾客也有可能成为她的回头客。

【专家支招】

针对上述问题，有以下两点建议可供参考：

1.导购要及时解答顾客问题，打消其顾虑

刘洋在一家品牌女鞋店做导购。一天，一个三十岁出头的女士来到这家店，相中了一款酒红色的单跟鞋，说想试一试，刘洋帮她找了一双尺码合适的鞋，请她试穿。

这位顾客穿上鞋站起来走了几步，说："我感觉这双鞋的跟稍微高了些，不知道走路时间长了会不会很累。"

刘洋回答说："我理解您的顾虑，买鞋子就应该买一双穿着舒适的，不过我们的鞋都是国内知名品牌，设计师在最初的设计中就将顾客的这一需求放在了首要位置上，很多顾客都说我们的鞋穿着一点儿都不累，您可以买一双试试。"

女士又试了几双其它款式的鞋子，都觉得不是很满意，就又问，"我可以再试试那双酒红色的鞋吗？"

刘洋笑着说："当然可以啊，您尽管试穿，直到您觉得满意为止。您穿那双鞋真的是很好看呢！"

女士再一次的试穿后，决定将那双鞋买下了。

导购刘洋在顾客多次提出试穿不同款鞋子的要求时，一直表现得非常有耐心，当对方担心走路时间长会比较累时，刘洋又向其介绍了鞋子的品牌优势和其他顾客的信息反馈，及时打消了顾客的疑虑，最终成功售出了鞋子。因此，导购的态度是非常重要的，只有能设身处地为顾客考虑的导购才能赢得对方的信任。

2. 导购应根据顾客需求帮对方挑选合适的商品

当顾客在挑选商品过程中表现出犹豫不决时，导购不应在旁边观望，要根据自己对商品的了解和顾客的特点，帮助其挑选到合适的产品。比如，导购可以用"我觉得刚才那一件米色的衣服非常适合您的气质，穿起来优雅大方，是哪个方面让您不喜欢呢？"等话语帮助顾客确定哪件商品更适合对方。

情景67：

顾客说："这件衣服要是不合适的话可以退吗？"
导购说："退不了。"

【情景回放】

春节临近的时候，张小姐单位发了一笔不少的奖金，本打算购置几件新衣服，来增添过年气氛的她却遭遇了堵心事。

原来，在她的单位旁边有一家品牌女装专卖店，张小姐和同事曾进去转过，有几件衣服一直挺喜欢，可是因为价格很贵，一直没舍得买，这次发了奖金，张小姐下定决定要好好犒劳一下自己，所以，她再一次来到了这家专卖店。

几番挑选之后，张小姐最终选中了一件售价560元的红色薄款长身风衣，这件衣服样式时髦，很适合开春以后穿。可是她又担心这件风衣与自己现有的衣服不搭调，如果为了这件风衣再去买一套可以搭配的衣服，就严重超出她的预算了。

　　想到这里，张小姐问导购小姐："如果这件衣服买回去又觉得不合适的话还可以退吗？"可能由于当时店内顾客较多，导购并没有耐心询问张小姐的具体想法，而是直接回绝说："店内有规定，衣服一经购买就退不了。"张小姐听到这样的回复觉得很不舒心，也担心这件衣服买回去真的不合适，所以就放弃了购买的念头。

【销售分析】

　　上文事例中的情况是由以下两点原因造成的：

1.导购对于顾客的提问回答过于生硬

　　上文事例中的张小姐提出"衣服买回去要是不合适的话还能不能退"的问题，这其实是很多顾客都会关心的问题，有的顾客是给别人买的衣服怕不合适，而有的顾客是给自己买的衣服也担心会出现什么问题。事例中导购生硬的回答"退不了"引起了张小姐的反感，导致其原本看好的衣服最后却没有购买，这不得不说是导购的损失。

　　当顾客提出问题时往往都会期待得到比较详细的、让其满意的回答，如果导购的回答生硬冷漠，就会对顾客的心理造成负面影响，甚至会使其产生想立刻离开的想法。

2.顾客并不是真的想退货

　　有的顾客询问导购商品能不能退，其实只是想让自己买到的商品更有保障，而不是真的想退货。比如，上文中的张小姐其实未必真的需要将那件衣服退掉，何况，在那家专卖店里有几件衣服她都很喜欢，即使那件红色风衣她觉得不合适，也可以换成其它款式。因此，如果当时导购能够告诉她合理的退换货方式，那么她很有可能会将衣服买回家。

【专家支招】

针对上述问题，有以下两点建议可供参考：

1.导购对于顾客的正常退换要求要合理处理

导购对于顾客的正常退换要求应妥善处理。需要注意的是，导购需要提前详细告知顾客退换商品的条件，如：商品如有质量问题，经质量检测后在七天内可以凭发票退货；若有其它问题如尺码不合适，则可以调换，条件是不影响商品的二次销售。

"十一"长假快要到了，家在山区的李青准备带着五岁的女儿到秦皇岛度假，一天，她正在逛一家大型商场，发现里面有很多不同造型的儿童泳衣，才想起来该给女儿买一套泳衣。

她挑选了一会儿，选中了一套价值80元的玫红色分身泳衣，可是这款泳衣的最大号看起来也不是很宽松，李青担心女儿穿上会太紧，于是问导购："这套泳衣我女儿要是穿着不合适可以退吗？"

导购说："您好，在七天之内，只要您不剪掉泳衣的价签，并且不把它弄脏，就可以拿来换其它款式。"

李青说："可是别的款式也没有适合我女儿的呀！"

导购笑着说："别担心，如果实在找不到适合的泳衣，您也可以换购一些生活用品，您看我们这里的各种生活必需品应有尽有，像卫生纸、洗衣液之类的您都会用得到啊！总会有您需要的商品的。"

听了导购的话，李青放心地买了一套泳衣，回家给女儿一试，穿着正合适，也就不需要去退换了。

事例中导购的话就合理地向顾客解释了商店的退换货条件，打消了对方的顾虑，从而促成了交易。

2.防患于未然

有的顾客在将商品买回家以后，又拿回来说发现了质量问题，要求退货，使导购百口莫辩，左右为难。还有的顾客甚至在买回商品很多天后又回来退换，并因此与导购引发纠纷。因此，在售出商品时，导购应细心检查后再交给顾客，并提醒对方确认商品无质量问题，以避免出现上述情况。另外，导购也应当告知顾客商品可以退换的时间期限，比如在七天之内才可以调换，以防患于未然。

第七章
顾客付款时，
导购切忌这么讲

情景68：

顾客说："哎呀，我的钱没有带够。"
导购答："那你有多少？我看能不能把东西给你。"

【情景回放】

刘庆在一家箱包城做导购。一天，一位女士走进来，挑了半天之后，拿着一个玫红色的挎包问："这个包多少钱？

刘庆回答："您好，这款女包是90元。"

女士打开包，看了看里面的空间大小，又挎在胳膊上照了照镜子，脸上露出了满意的神色，她转过身，又问刘庆："你给打个折吧，要是便宜点我就买。"

刘庆回答道："真的很抱歉，我们这里薄利多销，本来就不赚您钱的。"

女士说："那好吧，90就90。"说完，她从口袋里掏出钱包，准备付钱。忽然，她对刘庆说："哎呀，我的钱没带够怎么办？"

刘庆问："那您带了多少？我看能不能把包给您。"

女士说："我只有最后的70块钱了。"

刘庆听了，只好说，"那就70给您拿一个吧，我们真不挣钱，连路费都不够，就当给您捎一个了。"说完，她把挎包递给女士。

那位女士付了款，转身离开了。

过了一会儿，刘庆到店外面拿东西，正巧看到刚刚那位女士拎着一大包零食从一家商店走出来。刘庆很纳闷：这位女士不是说只有70块钱了吗？现在怎么又有钱去买零食了呢？想到这里，刘庆突然很后悔用那么低的价格就把包卖出去了，因为70元确实是那个包的进价。

【销售分析】

上述情况是由以下两点原因造成的：

1."没带够钱"只是个借口

从上文的事例中我们可以看出，那位买挎包的女士并不是没有带够钱，而是觉得挎包的价格高，就以没带够钱为借口，希望能以低价将挎包买到手而已。其实这样的现象并不罕见，有不少顾客都会以自己的钱不够为由给导购施压，以达到低价购买商品的目的，导购要能摸清顾客的真正意图。

2.导购直接问"你有多少钱"使得自己陷入被动

导购刘庆在听到顾客说没带够钱时，并没有摸清顾客的意图，而是直接问对方"那你有多少钱，我看能不能把包给您"，一句话使自己陷入了被动。听到这样的话，顾客就明白这个包的价格是有商量余地的，这时候，顾客想付多少钱就会告诉导购自己有多少钱，就像上文中的女士说自己只有70元，最终也以这个超低的价格将挎包买到了手。

【专家支招】

以下有两点建议可供大家参考：

1.对于小额差价，导购可以先为顾客垫付

好不容易谈了半天，顾客最后却说自己"没有带够钱，等下次带够钱再来买"，这应该是很多导购都容易遇到的问题，也让他们觉得很头疼。如果找低价位的商品给顾客，对方未必会喜欢；如果顾客离开，再次上门的可能性又会很小。

王洁在商场二楼女装专柜做导购。一天，一位二十七八岁的姑娘走到这里，站在一件裸色的长款打底衫面前看了半天，王洁走上前去，说："您好，欢迎光临！看到喜欢的衣服可以试穿一下。"

姑娘指着那件衣服说："那我试一下这件吧！"

王洁问了姑娘衣服的尺码后，很快就找出了一件递给她。过了一会儿，姑娘从试衣间走出来，这件衣服穿在她的身上效果很好，颜色也很相称，她

本人非常满意。两人谈妥了价格，以160元成交。姑娘拿出钱包准备付账，忽然发现自己只剩下140元钱了，她着急又无奈地说，"怎么办？我的钱不够了，还差20块。"

王洁从自己的兜里掏出20元钱，说，"这件衣服已经是最低价了，不能再低了。这样吧，这20元我用自己的钱先给你垫着，等你下次来的时候再给我就行。"

姑娘觉得很不好意思，王洁说："别客气，谁没有遇到困难的时候。只要这衣服在你身上穿出好效果，我就高兴！"

第二天，姑娘就把20元钱给王洁送过来了。

导购王洁的做法就很巧妙，当面对顾客没有带够钱的情况时，她并没有急于降价，而是用自己的钱为对方垫付。这样既保证了店铺的信誉和利润，又得到了顾客的感谢和好感，一举两得。那位姑娘在经过这件事情之后，很可能会成为王洁店里的常客。

当然，这个方法只适用于顾客差钱不多的情况下，至少不超过商品的利润。这样即使顾客日后没有将导购垫的钱归还，导购也不至于血本无归。

1.导购可以陪顾客到就近的银行取钱

张芳是一家化妆品店的导购兼美甲师，一天，一位女士来到这里，问做一次美甲多少钱。张芳告诉她指甲护理一次是10元，美甲根据指甲油的不同收费也不一样。女士挑选了一款深粉色的指甲油，张芳一边给她做指甲护理，一边向她推荐店里的会员业务。

原来，这家店已经有了70多个会员，她们都是通过提前交500元办理会员卡，就可以享受七折的优惠。张芳告诉顾客，如果办理了会员卡，她这次的消费就可以根据优惠减免15元。顾客听了也觉得很划算，有心想办理这项业务，又担心自己带的钱不够，拿出钱包一看，果然还差300元呢。她只好对张芳说："不好意思，我没有带够钱。"

张芳看出了这位顾客是真的想办卡，于是，她建议道："咱们商场旁边就是银行，现在我正好有时间，您要是方便的话我可以陪您一起去取钱，省得您再多跑一趟，您觉得怎么样？"

顾客一听，说："也好，那就麻烦你跟我走一趟了。"

张芳帮顾客办理好了会员卡，跟着她一起向银行走去。

上文中的顾客钱没带够，差了300元，这时候，导购张芳提议由自己陪顾客到银行取钱，既省得对方多跑一趟，又避免了顾客"一去不复返"的情况发生，也是个一举两得的好办法。如果顾客说自己所带的钱不够，而且差得很多，如果店铺附近有银行，顾客又愿意去取钱，导购可以陪顾客一起去；假如顾客不方便就近取钱，导购也可以建议对方先支付商品价格的一半，并承诺为顾客妥善保管商品。

情景69：

顾客付了假钞
导购问："这张钱是假的，你给我换一张？"

【情景回放】

张朋是一家灯具城的导购。一天，有一位四十岁上下的女士来这里挑选灯管，张朋帮对方推荐了几款节能环保的新型灯管，并将产品的功能和优点向她详细介绍了一遍，顾客非常满意，决定买两盒。

付款的时候，这位女士问："这两盒灯管多少钱？"

张朋回答道："您好，这款灯管单价40元，两盒80元。"

女士听了，拿出一张100元的钞票递给张朋。

张朋接过来，拿在手上搓了几下，又给女士递回去，"这张钱是假的，您给我换一张？"

女士一愣，"这是我刚从银行取出来的钱，怎么会是假的呢？"她的表情真诚，不像是装出来的。

但张朋依然说："我还能骗您不成？我都在这儿工作快十年了，什么样的钱没见过？"

女士听了，神情有些尴尬，"你这个小伙子，好像我成心拿假钞来你们这里花似的。你说我这钱是假的，有证据吗？"

张朋拿来验钞机，说，"您还不信，那咱们就验一验，看我说的准不准。"说完，就将那100元钱放了进去，果然，里面传出一个女声提示："请注意，这张是假币"。

女士接过钱，说，"这灯管我就先不买了，我得去银行问个清楚。"

说完放下灯管就走了。

张朋望着女士的背影，自言自语道："您不还有好多钱呢吗？换一张不就得了？"

【销售分析】

上述情况是由以下两点原因造成的：

1.顾客不知道自己拿的是假钞

顾客用假钞结账，这样的情况在销售业并不少见。其中，有的顾客是故意用假钞来买东西。比如，两个人一起结伴前来购物，其中一个人拿出100元钱，假意要买某样商品，在导购确认钱款没有问题后，另一个人又将钱强行拿回，并劝阻同伴不要买。然后，之前的那个人就会装作不听劝，从另一个兜里掏出一张已经假钞，重新塞回导购手里。如果导购警惕性不高，就会被蒙蔽。

当然，也有一些顾客并不知道自己拿的是假钞，比如上文事例中的女士，她可能并不是有意要用假钞来购物，而导购张朋说的那些话都使她感到很不舒服，觉得很尴尬或没有面子，以至于最后放弃了购买灯管的想法。

2.导购的处理方式不够委婉

上文事例中的导购张朋没有经过验钞机确认就直接对顾客说对方的钱是假的，并不能使对方服气，并且他的言语中带有嘲笑意味，如"我什么样的钱没见过"这样的话，对顾客不够尊重，导致一笔已经成交的生意以失败告终。

【专家支招】

以下有两点建议可供大家参考：

1.导购确认收到假钞后要委婉地向顾客说明

袁丽是一家药店的导购，一天，一位中年男士来到店里，说自己需要购买一些治疗高血压的药物。

袁丽帮这位顾客挑选完药物之后，经过计算，她告诉对方这些药一共需要120元。中年男士从兜里掏出了150元钱，递给袁丽。她接过钱后，凭多年收银的直觉，一眼就判断出那张50元的纸币是假钞。袁丽不动声色，微笑着对顾客说："请稍等。"说完，就拿着那两张钱走到了验钞机旁边，放了进去。几秒钟之后，只听验钞机里传出一句话："这张是假币。"

袁丽把那张50元钱拿出来，依然微笑着对那位顾客说："不好意思，请您帮我换一张吧，这一张是假钞，您好好回忆一下这是从哪里来的，看看还能不能换回来。"

男士听了，说："肯定是昨天我在小区旁边的商店买东西时找给我的，等我回去问问就知道了。"

说完，男士又从兜里拿出一张100元钱，递给了袁丽。

上文中的导购袁丽在发现假钞之后，就先经过确认，又委婉客气地向顾客说明情况，并提出更换要求，结果对方很愉快地就答应了。

作为导购，在遇到这类情况时，一定要本着尊重顾客的原则，站在顾客的角度上为对方考虑，并合理提出自己的要求，这样才能很好地解决问题。

2.设置温馨提示牌

为避免顾客有意或无意地使用假钞结账，导购也可以通过一些新奇的点子提醒对方，比如，在万达大玩家的付款台上，就印着这样一行字，"我能容忍身材是假的，胸是假的，屁股是假的，就是不能容忍钱是假的"。不得不承认，像这样诙谐幽默的提醒方式，要比导购直接的强制性要求让顾客舒服多了。

情景70：

顾客要求："请给我开一张发票。"
导购答："我们这儿开不了发票。"

【情景回放】

刘小姐和王小姐同在银行上班，她们打算利用假期时间到朋友介绍的一家化妆品专卖店购置一套化妆品。

一个周末的下午，刘小姐约着王小姐一起来到了这家化妆品店，这家店的规模很大，化妆品应有尽有，琳琅满目，她们很快便各自挑选了一套自己心仪的化妆品，售价分别是1380元和1580元。

付完款后，刘小姐说："请给我们开一张发票。"

导购回答："我们这儿开不了发票。"

这让刘小姐二人感到非常疑惑，这家化妆品店应该是非常正规的专卖店，为何不能开发票呢？何况她们购买的化妆品都在一千元以上，不是小数目。但无论她们如何追问，导购也只是说这是店内规定，甚至推脱说自己是新来的，对此不是很了解。

刘小姐二人长期在金融系统工作，经验告诉她们，在购物时索要发票是非常重要的，这样如果商品存在质量问题时自己的权利才能得到更好的保障。但是无奈她们已经付过款，也只能在没有开发票的情况下离开，只不过两人都决定，这将她们唯一也是最后一次进入这家化妆品店。

【销售分析】

上述情况是由以下两点原因造成的：

1.导购的直接拒绝会让顾客产生不信任感

顾客购买商品要求开具发票属于正常行为，并且受到法律支持和保护，导购不应该拒绝。如果由于特殊原因无法为对方正常开具发票，导购应该耐心向顾客说明情况。尤其是在顾客购买的是贵重商品的时候，如果导购直接拒绝开具发票，会让顾客产生不信任感，从而影响到顾客的下次购买，甚至会让顾客对已经购买的商品要求退货，给导购的销售业绩造成不良影响。

2.顾客要求开发票是想得到一份保障

刘勇很早就在北京中关村看上一台品牌平板电脑，这个平板是米白色的，外形很漂亮，配置也不错，当时卖3200元，半年后，刘勇再次询问问导购价格，得知比原来降了500元，于是他果断地买了一台。

让刘勇觉得美中不足的是这台平板电脑没有发票。按照导购的说法，发票没有什么用途，因为个人购买商品，发票要加5个税点，而且保修时不需要看发票。所以刘勇就没再坚持。

但是，刘勇的平板电脑买回来后只用了半个月，就经常出现自动关机的现象，他把机子拿到维修点一看，对方向他索要发票，并且说没有发票不给修，刘勇只好又回到那家店补办了发票，来回浪费了不少时间和精力。

当商品损坏或有质量问题时，很多维修点往往只认发票，没有发票就不能免费维修，也不能参与退换，这正是很多顾客在结账之后都喜欢向商家索要发票的原因之一。还有的顾客为了稳妥起见，通常会要求先开发票后付款，以更好地保障自己的权利。

【专家支招】

以下有两点建议可供大家参考：

1.面对顾客开发票的要求，导购不能直接拒绝

在销售过程中，如果导购遇到顾客要求开发票，而自己又不能满足其要求的情况，导购要给顾客提供正当的理由，并向对方表达歉意。如果顾客仍然坚持，导购可以采取其它补救措施，比如先开收据，之后再补上发票的办

法等，总之不应在销售的最后一个环节给顾客留下不好的印象。

2. 导购可以用赠送礼物或适当打折的方法代替开发票

面对顾客索要发票的要求，如果导购无法满足，也可以通过赠送对方小礼物或适当为商品打折的办法来代替开发票，相信导购一个贴心的举动能够换来顾客的理解。

另外，还有的顾客会要求导购给自己开具比实际金额高的发票，针对这种情况，导购也要耐心向对方解释，发票的金额是有限制的，不能随意为顾客开出。如果对方执意要求，导购也可以通过为其适当打折的方法来解决。

情景71：

顾客又回到商店里："刚才你们找错我钱了。"
导购："你刚才怎么不当面点清呢？"

【情景回放】

元旦快到了，一家大型商场正在举行"全场购物满200元返20元"的促销活动，由于前期宣传比较到位，这天商场里挤满了前来购物的人们。

在一家中老年服装专卖店，导购王岚忙得头晕脑胀。这时，一位五十岁出头的女士来到她面前，说："刚刚我从你这里买了件外套，你看，就是这件。"说着，她扬了扬手里的一件红色大衣，又接着说："刚才你找错我钱了，这件衣服是315元，我给了你400元，你应该找我85元，但是我刚刚买别的东西时发现，你只找给我65元，少了20元。"

听了顾客的话，王岚的头都大了，她没好气地问："你刚才怎么不当面点清呢？"

顾客一听也急了："明明是你少找了我钱，怎么还成我的不是了？"说着，又提高了嗓门，"大家评评理，她粗心大意少找我20，我大老远又跑过

251

来，她倒埋怨开我了，这上哪儿说理去？"

周围的顾客纷纷围了过来，也跟着说道："就是，怎么这个态度啊？"

这样一来，王岚更郁闷了，她知道自己理亏，因为今天顾客太多，她收钱找钱都只点了一遍，这才导致忙中出错。

最后，王岚拿出了20元钱递给了那位女士。

【销售分析】

上述情况是由以下两点原因造成的：

1.导购推卸责任的态度容易引发纠纷

上文事例中的导购王岚因为一时粗心，少找了顾客20元钱，当对方回来索要少找的钱时，她没有主动承认错误并妥善处理，而是将责任推卸给了顾客，还指责对方"你刚才怎么不当面点清？"导致顾客反感，将失态扩大。

这位顾客既然购买了商品，说明她对王岚之前的服务和商品的质量价格都是认可的，以后很可能成为这里的常客。但经过最后的这一个小插曲，恐怕她以后都不会再来光顾了。导购一句推卸责任的话，不仅将顾客推了出去，还给店铺的信誉带来了不良影响。

2.顾客可能是回来还钱的

一天晚上，某品牌化妆品店的导购方芳正在清点一天的收入，准备等核对完毕就下班回家。这时，一个二十多岁的女孩儿走了进来。

方芳依然低着头，随口招呼道："欢迎光临，看看有什么需要的？"

女孩儿说："幸亏你还没下班，你还记得我吗？刚刚你找错我钱了。"

方芳抬起头，看着对面的女孩儿，她想起来了，这个女孩下午时刚从她这里买走了一套价值568元的化妆品。方芳下意识地把手里的钱放回到柜子里，一张笑脸瞬间沉了下去，"那你刚才怎么不当面点清呢？你都已经离开这么长时间了，你说我找错钱，你有证据吗？"

女孩儿愣了一下，有点委屈地说："我又没说你少找我钱，我来是给你还钱的。你好好数数，是不是少了100元钱？"

方芳听了，连忙把柜子里的钱拿出来清点了一遍，发现真的少了100元。原来，女孩儿在付款的时候，将500元当作600元给了方芳，方芳没注意又找了她32元的零钱。吃晚饭的时候，女孩儿才发现自己包里多了100元钱，这才给送了过来。

　　明白了事情的原委，方芳既感动又羞愧，感动的是女孩儿诚实坦荡的美好品质，羞愧的是自己不问明情况就加以指责，误会了女孩儿。

　　在生活中，顾客因为被少找钱上门索回的情况时有发生，但上文事例中的导购是少收了顾客的钱，对方主动将钱返还。试想一下，如果当时因为方芳的无端指责，女孩儿放弃了将钱归还的念头而直接离开，那岂不是方芳的一个损失？

【专家支招】

以下有两点建议可供大家参考：

1.提醒顾客当面点清钱款

　　张萌是一家箱包店的导购，一天，一位女士来这里，经过挑选决定购买一个价值220元的行李箱，这位顾客掏出300元钱递给张萌。张萌找完钱后，又清点了一遍交给这位女士，对方看都没看将钱装进口袋就打算离开，张萌微笑着说，"您还是数数吧，看看我是不是找对了。"

　　女士听了也笑了，她掏出钱数了一遍，说："恩，80元整，没错！"

　　张萌说："这我就放心了！您慢走，有需要再过来！"

　　女士也满意地离开了。

　　为避免出现给顾客找错钱的情况，导购应养成每次收钱或找钱都重复一遍的习惯，即收钱时要至少清点两遍，并告知顾客收了对方多少钱；在找钱时同样如此，在确定没有错误以后，将钱款递给顾客，并提醒对方当面点清避免以后发生不必要的冲突。因此，上文事例中导购张萌的做法是很有必要的。

2.问清原因，面对错误要勇于承认

　　当遇到顾客说找错了钱时，导购应问清对方原因并妥善处理。很多商场

为了方便管理都装有摄像头，如有必要，可以查找当天的录像资料，让事实说话。如果是因为导购的疏忽少找了顾客钱，导购应当真诚地向对方道歉，并及时将钱补齐，不能推卸责任。

第八章
顾客投诉时，
导购切忌这样接待

情景72：

顾客反复要求调换商品
导购："你已经来换过三四趟了，真麻烦！"

【情景回放】

这是张红暑假最后一天工作了，明天她打算洗洗衣服，收拾一下回学校要用的东西，张红早就定好票了，就等着后天出发了。有时候张红会想，人真是个奇怪的生物，当人们离家久了，就会想念家的好，家里有爸妈，有关爱，有温暖，能牵动内心深处最柔软的地方。

但是在家待久了，人们就开始有向往外面自由自在生活的想法。

而张红也是这些奇怪生物中的一员，正在期待着学校的生活，期待着和同学见面。

突然一个身影遮住了她眼前的光亮，让张红迅速从失神中会过来，是有顾客进门了。张红连忙打招呼，询问顾客要什么样的衣服。

"给我女儿买件衣服，她明天生日，我想给她一个惊喜。"一位女顾客和蔼地说道。

"您真是位贴心的好妈妈，不知道您女儿多大了，喜欢穿什么样式的衣服？"张红询问道。

"13岁，她喜欢蓝色的。"顾客简要地回答道。

"那您觉得这两件怎么样？"张红很快为顾客挑出两件符合要求的衣服来。

"这件样式不错，估计她会喜欢。"顾客拿起一件蓝色的连衣裙说道，"这是多大的尺寸？"

"××号的。"

257

"嗯……就先拿这一件吧，哎，要是拿回去我女儿不满意，还能拿回来退吗？"

"根据我们公司的规定呢，只要是不影响我们再次销售，应该是可以的。毕竟不满意拿回来退也是在情理之中的。"张红微笑着说道。

"好，那我就放心了。就拿着一件吧。"顾客随手挑了一件，张红精心为她打包好。

结果，第二天一大早，这位顾客就拿着昨天买的连衣裙要求调换号码，张红二话没说就帮顾客换好了，可是这一天，这位顾客就没消停过，每隔两三个小时就跑过来一趟，不是调颜色，就是觉得衣服有质量问题，要求换新的。

"这位客人，要不然，您带您女儿亲自过来一趟？"张红见顾客每次来都是自己，从来不带她的女儿，便好心提醒。

谁知顾客却十分不耐烦地说："我挑好了就行，赶紧帮我换一件新的来。"

张红也恼了，便说："您已经来过好几回了，换来换去有完没完！"

【销售分析】

顾客之所以会提出退货这种问题，多数是因为这件衣服大体上让他满意，但是又有一些让他不满意的小地方，担心买回去以后这种问题会放大，导致不能穿。其实这些小地方并不明显，甚至没有人会去注意。但是在即将掏腰包花钱的顾客眼中，这就是一个大问题了，甚至是心里的一个疙瘩。

这种情况下，如果导购说不能退，或者嫌顾客调换的次数过多，不仅会激怒顾客，还会让顾客放弃这次交易，没有一个顾客愿意买一件有"潜在危险"的衣服。

顾客拿衣服回来换货虽然不是每天都会发生，但是每个月也能遇到二三次，所以一名成功的导购不仅要会卖衣服，也要会应付顾客时不时的换货，而且不要觉得换货是一件多么难处理的事情。因为换货并不会损失你的一分钱，所以在处理这类的事情中，导购应尽量做到让顾客满意。

换货在导购的印象中都不是好事，但是这并不代表坏事不能变成好事，如果导购在这个过程中能与顾客建立良好的关系，有时说不定还能吸引顾客的再次到来。所以导购在处理顾客换货的过程中一定要保持微笑，耐心的和顾客交谈，千万不要和顾客起冲突，因为你薪酬的来源就是顾客，所以站在顾客这边是不会有错的。

【专家支招】

1.根据公司规定来

有的公司规定：货物既出，概不退换。虽然这样的比较少，但并不是没有。如果你工作的地方是这么规定的，那么一切还是照规矩来吧，但是最好想办法让顾客买下还是首选。而大部分公司规定没有特殊情况是可以退还的，那么就请导购大方地告诉顾客吧，其实他们要的只是一剂安神药而已。但是同时也要让顾客知道，不是什么情况都可以，而允许退货的条件，还是根据规定来吧。

2.想办法打消顾客退货的念头

虽然顾客不一定回来退货，但是若能提前说清楚总是好的，比如顾客觉得这件衣服还可以，但尺码不是很合适，那不妨让顾客试一下相近大小的衣服，选出一件最合适的来。同时也是无言地告诉顾客，你已经选择一个最合适的了，没必要来退货了。

3.不要激化矛盾

有的导购遇到顾客换货的情况可能会说："您买的时候不是挺喜欢的吗？为什么现在又不喜欢了？"这样有将责任推给顾客的意思，埋怨顾客当初买衣服的时候不考虑好了，现在换货真是给人找麻烦。其实在这种情况下激化矛盾是非常不可取的，而且导购简单机械的质问会让顾客也变得急躁，这对处理问题是非常不利的。

4.主动承担责任

遇到这种事情，导购首先要做的就是稳定顾客的情绪，只要衣服不影响第二次销售，导购不妨主动扛起责任，给顾客一个台阶下，赢得顾客的好感，而且处理问题的时候又能很好的掌握主动权。比如，先给顾客道歉，说是自己当初没为顾客把好关，接下来就可以把话题引到顾客换什么衣服上。

情景73：

顾客拿着货品来投诉："你看你们的衣服，洗了一次就缩水得穿不上了。"
导购答："这不是我们的责任，是你的洗涤方法不当。"

【情景回放】

徐然没想到自己会这么不走运，这几天所有倒霉的事情似乎都商量好了一样，全都冲着她来，前两天是一个顾客要换货，虽然最后处理的还是比较圆满，但不代表她喜欢处理这种类似夹生饭的事情。

今天又来了一位顾客，徐然在顾客一进门的时候，就有一种不好的预感，因为这位顾客不像其他买衣服的顾客空着手来的，从顾客手中的包装袋来看，那应该是自己的衣服，那么一般这种情况通常意味着——

"我要投诉！"顾客走到柜台前一句话吸引了所有人的目光，顿了顿之后顾客开始解释投诉的理由："你们的衣服怎么回事，我才洗了一次，结果缩水了一大块，长袖变成了八分袖，宽松的秋衣变成了紧身衣。"

真难得顾客在这么生气的时候还能说出这么幽默的话，要不是眼前形势"紧急"，徐然都差一点笑出声来。而且实际情况一点都不好笑，顾客上门来投诉，哪个导购能笑的出来？

"请问您这衣服缩水的情况是怎么出现的呢？也就是您怎么洗的这件衣

服，凉水、温水还是热水？"

"这么冷的天怎么可能用凉水，当然是温水了。"

"那能让我看一下衣服缩水的情况吗？"徐然说道，在看了顾客缩水的衣服之后，徐然解释道："是这样的，纯棉的衣服因为材质的本身的问题，一般都会有缩水的问题，但是只要按照正确的洗涤方法，缩水量都会控制在国家规定的范围内。其实您的衣服我看过了，并没有您形容的那么夸张，您看这样可以吗？下次您洗衣服的时候，水温不要超过四十度，洗的时候不要太用力，用一些碱性肥皂，一星期之后如果您觉得缩水很严重的话，我们可以给您换新的，你看怎么样？"

顾客见徐然温文有礼，也不好意思不给面子，于是点点头，算是答应了。

【销售分析】

其实多数顾客上门投诉并非故意找茬，毕竟谁都不希望自己的衣服缩水，他们只是想得到一个合理的解释和导购恰当的处理方式。所以当顾客提出异议的时候，导购应该耐心的倾听顾客的心声，给他们应有的重视与尊重，然后向顾客询问造成缩水的原因，是不是顾客没有用正确的方法洗涤。

然后根据不同的原因做出不同的处理方式，尽量让顾客满意。因为卖衣服是一个长期的销售工作，不是杀鸡取卵一次买卖就和顾客没关系了，聪明的导购都知道好生意是要靠老顾客来维持的，如果顾客总是得不到满意的结果，那么你们的生意前途堪忧。

顾客毕竟是非专业人员，对于特殊面料的洗涤保养不清楚是很正常的。作为一个负责任的专业导购，告诉顾客该如何保养衣服是再正常不过的了。这样不仅能体现导购的专业能力，还能让顾客感觉到你的热心与尽责，这对培养回头客是很有用处的。

但是如果作为导购在顾客问起的时候，你不知道那该怎么办呢？当然千万不要直接告诉顾客你不知道，因为这样会让顾客很看不起你。这时导购不妨先说一些大体上都知道的常识来撑撑门面。对于具体的，而你又不知道

的，那就不要说了，或者建议顾客上网查查更详细的保养知识。

【专家支招】

1.耐心地听完顾客的"抱怨"

事实证明，很多上门投诉的顾客更重视导购当时的态度，如果一个导购生怕责任落到自己身上，在顾客说衣服问题的时候，总是打断顾客的话，说一些"这价钱的衣服就是这样"、"这种问题是因为你洗涤不当"之类的推卸责任的话，那么这件事情很难有一个令双方都满意的效果，因为争执是不会有一个愉快的结果的。

2.根据不同的原因，制定不同的处理方案

作为一个服装导购，徐然的确害怕一天卖不出一件衣服，但是她更害怕顾客衣服买回去之后不满意，拿回来换货。这种感觉简直和吃了一只苍蝇一样难受，但是很不幸的，今天的徐然还真遇到这样的一件事。

本来昨天买的时候，这位顾客对这件衣服并没有意见，但是不知为什么今天顾客拿着衣服坚持要换货。换货虽然让人棘手，但并不是没办法解决，而且作为一个导购首先应该了解一下顾客换货的原因。

"这位小姐，请问您对这件衣服那里不满意呢，这样的话我们知道哪里错了，以后也好改正。"徐然客气地问道。

"这件衣服的样式跟我的衣服不搭，哎呀，反正我就是想换一件，你昨天说的x天之内是可以换的，不会是蒙我的吧？"顾客双眼一瞪，好像徐然若说不能换货，就会让她好看。

"当然是可以换的，我们怎们能蒙您呢！瞧！我们的规定都贴在着呢，x天之内，顾客认为不满意，只要不影响第二次销售，可退换。"徐然指着墙上的规定栏说道，"所以请让我们检查一下这件衣服是否可以二次销售好吗？"

顾客依言递过衣服，让徐然检查，果然没有问题，于是徐然说道："真是不好意思，都怪我当时没把好关，害的您多跑一趟。正好今天我们店里来了一批新货，我觉得有几款都特别适合您，来，这次我仔细给您选几件，您

看怎么样？"顾客虽然来的时候不是很高兴，但是听到这样的话，心里有火也不好意思表现出来了，当下就和徐然一起挑衣服去了。

有了上次的经验，今天顾客挑的特别谨慎，最终选了一件雪纺裙子，就这样一场换货风波终于结束了，徐然也长舒了一口气。

如果的确是因为衣服的质量问题而引起的缩水，那么导购应向顾客赔礼道歉，为顾客换货或者做一些其他的赔偿措施；如果缩水的问题是由顾客洗涤不当造成的，而衣服上又有洗涤的注意事项，那么这就是顾客的问题了，导购不妨先从侧面问出原因，然后对顾客晓之以情，动之以理，委婉地拒绝顾客。

3.把你知道的保养知识详细告诉顾客

这个一般根据顾客所买衣服的面料而定，如果顾客和上面故事中一样，买的是呢子料的，那导购可以参考上面徐然的讲解。如果顾客买的是棉织料的衣服，则告诉顾客这样的衣服可以用各种肥皂或洗涤剂清洗，但是不要长时间浸泡，以免破坏掉衣服的颜色。不要用热水浸泡，否则会出现黄色汗斑。丝绸之类的衣物则是要用中性肥皂清洗，不要用力拧水，不要暴晒或烘干。

情景74:

顾客嫌买得贵了，要求退货
导购道："退不了的，这个价格你当初也同意，都像你这样我们生意还做不做呀？"

【情景回放】

徐然以前一直以为作为一个服装导购最怕的就是卖不出衣服，但是现在才知道有时候卖不出衣服并不可怕，可怕的是卖出衣服之后，顾客又找上门来。这是任何一个导购都不愿面对的事情，因为绝大多数的顾客都不会在买了一件让他满意的衣服之后还没事找上门来。

换句话说，只有顾客不满的时候才会上门，比如今天的这位顾客。一进门就直奔柜台，而且气势汹汹，不用说——棘手的问题来了。

"请问这位顾客有什么需要吗？"徐然问得小心翼翼。

"当然，今天你们最好给我一个合理的解释。"顾客用很不客气地口吻回应道。

"那……请问这位先生，您需要我们解释什么？"徐然仍是小心谨慎地应付着。

"这款衣服我刚买没多久，当初是××元，现在居然打五折，差一半呢！我要求赔差价。"这就是今天上门的目的了，而且就目前的样子看来，要解释只是一个幌子，醉翁之意在差价。

徐然见状不禁暗暗叹气，这个问题不是一般的棘手，其他的两位导购见状也是你看看我，我看看你，都不知道该如何应对。

"这个……呃，事情是这样的，衣服打折是公司的意思，我们只是照办而已。至于衣服为什么打折，因为现在差不多要换季了，在新款到来之前，我们得处理完这些库存……"也不知道这算不算顾客口中的解释，在这样剑拔弩张地气氛中说完这些话，比平时跑几千米都吃力。

"行了，别找借口了，你们今天必须赔差价！"顾客一口没商量地语气。

"这位先生不要不讲道理……"另一位导购张华忍不住说道。

"谁不讲道理？你说谁呢？"顾客的火气听到这句话后更加的大了，"不退差价，就把衣服退了，我不买了。"

徐然也来气了，说："不退，如果所有客人都像你这样，我们生意还做不做？"

一时间，双方调解不开，争执了半天也没争出个结果，只好不欢而散。

【销售分析】

顾客要求赔差价多数是因为觉得自己遭到了不公平待遇，心里难以平衡。一样的衣服自己买的时候是原价，而见到别人以折扣价买下的时候，顾客感觉不平衡是在所难免的。导购应该尽量耐心和气地为顾客解释原价的衣服与折扣价衣服之间的不同，消除顾客心里不平衡的感受。

张晓在一家服装店做导购员，现在的天气一天比一天暖和，春装也开始热销，店里的生意一日比一日好起来。

这一天，来了两位客人，看起来应该是母女两个，母亲看上了一件薄外套，女儿也挑了件自己喜欢的格子衬衣。

"最近店里有活动吗？"那个女儿问。

张晓连忙走过去向她们介绍了这两件衣服的面料和款式，然后抱歉地说道："最近春装热销，估计近期不会有活动的。"

随后，母女两个又讨价还价一番，张晓凭着三寸不烂之舌，很快说动了母女俩，两个人满意的选好了衣物，走出了店门。

没过多久，这母女俩竟然气呼呼地回到了店里，把衣服袋子一扔，就说："我们要退货。"

"是衣服质量有问题吗？"张晓连忙问。

"是你们的衣服太贵了，我们在另一家店看到同样在的衣服，比你们这里便宜多了。"

"那肯定是衣料不一样，我们这个可是好料子，有质量保证的。"张晓说。

"我不管，你给我退货。"

张晓摇摇头，说："对不起，非质量问题，我们是不给退货的。如果你们对衣服颜色或者款式有不满，我们店里可以安排调换。"

"能降价吗？不能的话就直接退货，废话少说。"

"退不了，哪有因为买贵了就来退货的。"张晓生气地回了一句，一下子把顾客激怒了，连连指责张晓，非要退货不可。

导购千万不要上面故事中张晓一样，说出顾客不讲道理之类的话惹怒顾客，这样只会让问题更难解决。

至于"这些都是库存"、"现在因为要换季"之类的话，虽然说的是事实，但是让顾客接受起来还是有一定的困难，毕竟这样简单的解释听上去只会让人觉得被敷衍，而不是真心实意的解释道歉。

【专家支招】

1.这件衣服您买回去并不是"几天"

其实很多顾客也都明白换季的时候很多衣服都会打折，如果时间相差的很久话，一般的顾客也不会说什么的。导购可以这样向顾客解释："先生，您有这样的想法完全可以理解，只是相信你也明白，我们是绝对不会随便打折扣的，肯定是有原因的。您想想看，从您买这件衣服到现在已经快两个月了，您平时太忙可能没注意到，这折扣的衣服很多尺码都不齐了，有的顾客想买并没有合适的尺寸，而且现在买回去也穿不了几回，就该换秋装了。"

2.耐心地安抚，让顾客没办法发火

试想一下，如果两个人在一起吵架，一个有些火气，一个却总是微笑耐心地安抚，这样的架是绝对吵不起来的。所以导购要想应付上面故事中那样的顾客，就得拿出十足的耐心，用你的耐心和顾客的火气比，相信任何一位顾客在耐心、微笑的导购面前，也不好意思发火了。

情景75:

顾客拿着超过退货期的商品来退货
导购道："这早就过了退货期，我们退不了。"

【情景回放】

李凯是一名导购员，这天一上班，她就接待了一位特殊的客人。

"你们这件衣服还没穿就开线了，质量这么差，赶紧给我退货。"客人

一进店就说要退货。

李凯连忙拿过衣服来看，发现确实有两处地方有开线的情况发生，就笑着就客人说："真是非常对不起，这是我们的失误，我们帮您换一件怎么样？"

"不换，我就要求退货。"

"那您的购物小票能让我看一下吗？"李凯尽可能和蔼地面对客人。

客人听了这话，表情有些不自然，但还是在兜里翻了翻，把小票拿出来。

李凯一看小票上的日期，眉头就皱了起来，"您这件衣服已经过期了，不能退的。"

"凭什么不能退！"客人生气地吼起来，"难道有质量问题也不给退？"

"我们可以帮您解决这个问题，但是我们公司有规定，超过退货期的商品，确实不能退。"李凯说。

"你们公司什么规定我不管，我只要求退货！这件衣服我一直装在袋子里没有穿过，这样放着还能开线，看来是你们衣服的质量有问题，换一件还不是一样有问题。"客人无论如何也要退货。

李凯也不高兴了，"这位客人，要不就换一件，要不然您就拿回去吧，不给退就是不给退，说多少遍也是一样的结果。"

"看来你们这店是黑店啊，以后再也不来你们店买东西了。"客人甩着袖子就走了。

【销售分析】

虽然绝大多数服装店都允许退换衣服，但是超过退货期的商品却要仔细斟酌一番，否则，就难以保护自身的利益，为此，导购人员应尽量说服顾客更换商品，为了避免金钱上的异议，导购推荐给顾客的最好是等价格的商品。

不过，"我们不能退，商品已经超过退货期了"和"这种情况我也没办法，这是公司的规定"等说法过于生硬，我们即不能完全满足顾客的需求，也要站在顾客的角度真心实意地帮助顾客解决问题。这种生硬的处理方式会让顾客觉得我们抱着事不关己的态度来敷衍他们，反而会令顾客恼怒，这种图一时痛快、逞一时口舌之利的行为只能使矛盾激化，给自己制造不必要的麻烦。

因此，在接待退货的顾客时，导购应尽量做到礼貌、热情、不冷落，温和有礼地向顾客了解退货的原因。

【专家支招】

1. 从自身找原因

很多导购可能觉得这件事情的原因并不在自己，毕竟是顾客自己错过了退货期，但是如果顾客说如果你们的衣服都合格，今天的事情就不会发生了呢？要想成功的经营一家服装店，无论什么事都要先从自身在找原因，并勇敢地承担责任，这并不会有太大的损失，毕竟这种事情发生的的几率并不高。但是导购却可以借此赢得顾客的好感，让他们成为自己的老顾客，如此一来，吃亏也是一种福气。

2. 尽量安抚顾客，说服顾客不退货

不知道为什么，现在的服装店似乎很流行"退货门"事件，而且退货的理由也五花八门，比如徐然听一个也是做导购的朋友说，曾有一个顾客在她那买了一条围巾，结果第二天就来退货，因为顾客说在网上看到一条一样的，但价格便宜了一半。听到这个故事，徐然才发现其实自己也没有那么倒霉了，好歹来退货的顾客理由都还说的过去，只不过——已经过了退货期。

"我是因为出差了，又临时出了点事，所以才晚了一天，但是这的确是你们衣服质量有问题。"顾客解释道。

"但是这超过退货期是不争的事实，这样我们也很为难的。"徐然委婉地说道。

"就晚了一天，从昨晚12点到现在也就几个小时的时间，你这做事也太较真了吧。"顾客不依不饶。

眼看顾客不达目的决不罢休，徐然只好说道："要不您看这样行不行，这事儿呢，我是真做不了主，我只能先跟店长说一下，看看店长的意思。"

"行行行，你快去吧！"顾客见有点希望，当然不会阻止徐然。

不一会儿徐然回来了，说道："是这样的，您也是我们的老顾客了，一直都支持我们，考虑到您这种情况，店长说破例给您换一件，请问您想换一件什么样的呢？我们这有好几款都挺适合您的。"超过退货期，还要退货，顾客也自知理亏，所以在徐然提出换货的时候，顾客一点异议都没有就答应了。

然后徐然又用热情的服务态度帮助顾客挑选衣服，一点不高兴地样子也没有，让顾客越发觉得徐然这个店真是不错，所以以后的衣服都要到这来买。

就像故事中的导购员一样，在情况允许尽量为顾客争取补偿，减小顾客的损失，比如导购可以这样和顾客说："这位先生，对于这件事我也替您感到难过，但是请放心，如果责任在我们，我们一定会负责的。但是你也知道这件衣服的确已经超过了退换期，我们也很为难，这还请您多多理解。我有一个建议，您先把衣服放这，我给您联系一下厂家，看看能不能修补一下，您说这样这样行吗？"

3.顾客要求退换商品时忌用以下语言

买的时候干嘛了，挑了半天又来退。

买的时候为什么不想清楚？

不是我卖的，谁卖的你找谁？

我解决不了，愿意找谁找谁去。

只能换，不能退。

……

4.顾客要求退换商品时适合说的语言

好，我帮您换一下，您看换哪一个好呢？

没关系，我帮您换一个。

请原谅，按规定这是不能退换的。

对不起，由于我们的疏忽给您添了麻烦。

您这件商品已卖了较长时间，现在已经没货了，要到有关部门鉴定一下，如确属质量问题，保退保换。

这双鞋已超过保退期，按规定，我们只能为您维修，请原谅。

······

情景76：

顾客拿着拆封后的内衣裤来退货
导购道："你买的时候就应该看好了，内衣拆封后一律不退。"

【情景回放】

阿萌是一家内衣店的导购员，别看这些内衣布料少，但价格却一点不便宜，购买的人也一点不少。

阿萌自己也很喜欢这些或可爱、或舒适、或性感的内衣裤，每次向顾客们介绍的时候，都是满怀热情，希望顾客能买到最满意的内衣。

但是这一天，阿萌刚接待完一个顾客，就看到一个气冲冲地小姑娘走进了店里。

"有什么需要帮忙的吗？"阿萌连忙上前接待。

小姑娘把手里的袋子塞进她手里，气愤地说："我要退货。"

"什么？"阿萌有点愣住了，一般情况下，内衣店里的商品一经售出，是不退货的，她工作了这么长时间，还是第一次遇到退内衣裤的。

于是，阿萌问小姑娘："是不是尺码不合适？还是质量有问题？"

小姑娘却不回答，只是说要退货。

阿萌只好把小姑娘拿来的内衣拿出来查看，却发现里面的内衣不仅已经拆封，似乎还穿过了。

"对不起，我们不能给你退货。"阿萌说。

"为什么，这是从你们店里买的，你们凭什么不给退。"小姑娘生气地说。

阿萌拿着内衣袋子说道："内衣一经拆封，我们是不给退的，而且你这件内衣还穿过了，影响我们二次销售，不可能给你退的。"

"你们也太不讲理了。"小姑娘更加生气了。

阿萌也生起气来，"谁不讲理啊，你拿着穿过的内衣来退，我们怎么可能给你退啊，又不是外套，穿一下不会有问题，这可是贴身穿的，万一……"

后面的话阿萌还没说出来，小姑娘就冲了上来，扯着阿萌的头发大声喊："万一什么！你少在那骂人，我就是要退货！"

"不退，你买的什么干什么了，现在来退！"阿萌一边推开小姑娘一边气呼呼地说。

【销售分析】

内衣裤是比较特殊的一类商品，因为是顾客贴身穿戴的衣物，所以一般情况下都不允许试穿，担心因此出现意外。但也正是因为不能试穿的原因，所以很多时候，都会发生纠纷。

比如，内衣买回去之后发现尺码不合适、产品有瑕疵、皮肤过敏等种种情况，虽然与顾客无关，但与商品本身的质量问题也关系不太大，因此就出现了一些退货与否的纠纷问题，使导购员和顾客之间发生摩擦。

【专家支招】

1.询问顾客的体质、体重、三围等信息

虽然阿彩已经是一名经验丰富的内衣导购员，基本上每个来买内衣的顾

客只要经过她眼睛的"扫描"，就能看出顾客穿什么尺码的内衣。

但有时候一些顾客是为亲朋好友来买内衣的，这种时候就比较难办了，一旦了解到的信息有误，就会影响到阿彩的判断，无法为顾客推荐合适的内衣。

所以阿彩一般情况下很不喜欢接待这类顾客，但今天还是遇到了一个为女儿买内衣的母亲顾客。

"您女儿的三围是多少？"阿彩问。

顾客有些脸红，茫然的摇了摇头，看起来还有些不好意思，可能是第一次为女儿买内衣。

"一般都是她自己来买的，最近她没空，才拜托我来帮她买，我没问那么清楚，只大概说了两个尺码，说这两种她都能穿。"顾客回答道。

阿彩问了那两个尺码，想了想，又问："那您女儿的身高和体重是多少您知道吗？"

"这个我知道。"顾客马上报出了女儿的身高和体重。

阿彩根据了解到的信息，很快就为这位顾客选好了内衣的款式和尺码。

顾客在购买内衣裤之前，导购员就应知道商品的特殊性，为了避免发生退货这样的纠纷，应在销售前详细询问顾客的具体信息，了解顾客的三围尺寸，推荐最适合顾客的内衣。

因为内衣裤是贴身穿戴的，所以导购员还应知道顾客是否有皮肤过敏等情况，了解顾客的特殊体质，以便推荐最适合顾客的面料衣物，防止顾客发生皮肤过敏的情况，避免纠纷。

2. 内衣裤在销售前就要告之顾客不退货

当顾客拿着选好的内衣准备付款时，阿彩又来到了顾客身边，笑着对她说："这位顾客，虽然您是为您的女儿买内衣，但是我们店里有些规定，还是要提前跟您说一下。"

"店里的规定？什么规定？"顾客皱着眉头问道，担心阿彩趁机提一些无理的要求。

阿彩笑道："其实也不算是我们店里的规定，而是整个内衣行业的规定。"

"是吗？那你说吧。"

"是这样的，"阿彩介绍道："因为内衣一般都是贴身穿戴的，比较特殊，所以我们一经出售，不管有没有拆封，都是不能退货的。不过只要您不拆封，可以随时来换货。"

"是这样啊，我知道了，那你帮我包起来吧，如果款式我女儿不喜欢，我再让她来换一下，只要不拆封就行了吧？"顾客问。

"是的，如果拆封了，不管是退还是换，都是不允许的。"阿彩说。

顾客点点头，付了款后拿着购物袋离开了店里。

有些内衣店明文规定，内衣裤一经销售概不退货，而有些内衣店的规定则比较宽松，只要是没有拆封过的内衣，在退货期内，会无条件为顾客退货。

因此，导购员应了解自己店里的具体规章制度，当顾客选择好要买的内衣裤时，导购员应提前告之顾客，因为内衣裤的特殊性，退货时可能会遇到的一些问题，让顾客了解清楚之后再决定是否购买。

3.因正当理由要求退货时，导购员应酌情考虑

如果顾客是因为正当理由拿着拆封且穿过的内衣裤来店里退货时，导购员应根据具体的情况来酌情考虑是否退货，避免和顾客发生冲突。

比如，如果是导购员的失误，导致顾客拿错了内衣时，导购员应主动承认自己的错误，并赔偿顾客的损失，进行退货或者换货处理，不能让顾客为导购员的失误买单。

顾客投诉导购人员，对其服务表示不满
导购道："你这人就是难伺候，没遇到过像你这样的顾客。"

【情景回放】

徐然一直以为导购就是卖衣服，只要会说话，把衣服卖出去就好了。但是现在的徐然可不这么想了，尤其是今天发生了那件事之后。

今天一位顾客在徐然的服装店相中一件呢子大衣，当下喜欢的不得了，徐然见状当然是尽快为顾客拿出一件尺寸合适的，建议顾客试穿一下。

在顾客试穿完之后，效果还不错，徐然立刻夸赞道："小姐，这件衣服穿在您的身上，它所有的特色都展现出来了，这件衣服简直就是为您量身定做的。"

"真的有这么好吗？"顾客虽然问得不自信，但是高兴的笑容却泄露了徐然的那一番话是多么地受用。

"这件衣服是呢子的吧？"顾客用手摸摸面料，然后问旁边的徐然。

"没错，小姐真是内行，一眼就看出来这是呢子料的了。"徐然句句不忘赞扬顾客。

"我一个朋友以前也买过一件呢子的衣服，他说这衣服不能水洗，是这样吗？"顾客突然想到这个问题，轻皱着眉头问道。

"是这样的，60%以下的羊毛是可以水洗的，不会有太大的变形。但是60%以上的如果水洗的话，缩水会严重一些，所以最好还是干洗。"

"那我这一件是该水洗还是干洗啊？"顾客指着自己身上的衣服问道。

"您买的这件最好是干洗，因为它很接近60%，所以为了预防万一，干洗

比较保险。"徐然建议道。

"好吧，还有其他要注意的吗？你都告诉我吧，我对这一窍不通。"顾客想让徐然提供"全方位"的服务。

"要注意干洗的次数不能太频繁，一般一年洗一次。所以穿的时候要非常小心。如果蹭上脏东西，要立刻清洁，以免留下痕迹……"徐然解释了一大通，但顾客还是问东问西，似乎连怎么接水，用多少洗衣粉都要仔细问清楚。

徐然终于忍不住皱起眉头，不客气地说："你这人怎么这么难伺候，我就没遇到过你这样的顾客。"

"你这是什么服务态度！"顾客一听，也来了气，便在店里大声嚷起来，一定要见她的领导，要投诉她。

【销售分析】

很多时候，顾客在购买商品的过程中有太多的疑问需要导购员进行解答，如果是耐心的导购员，自然能轻松和气的回答这些问题，但如果导购员心情不好，或者是耐心不足时，就很有可能把对顾客的不满表现出来，下意识中会出现较差的语气，让顾客心里感觉十分不舒服。

语气不好，会直接影响导购员与顾客的沟通，使双方无法正确了解对方的意图，从而产生矛盾，引起不满。在这种时候，顾客当然会想到投诉导购人员，为自己的利益获得保障。

【专家支招】

1.服务过程中压制自己的脾气

当在沟通的过程中，导购员与顾客无法达成共识时，通常会发生一些争吵，有些顾客会直接甩袖离去，但有些顾客会抓住这一点不放，不仅要投诉导购员，还会要求导购员向自己道歉，否则就会迎来另一场争执，严重影响导购员的形象和店里的生意。

所以，导购员在任何时候，都应学会克制自己的脾气，尽量避免和顾客发生争执，哪怕是内心十分生气也要表现的大度，不要与顾客争吵。

2.及时承认错误，安抚顾客

徐然见客人要投诉自己，也有些慌张起来，倒不是她真的害怕，而是觉得自己的服务确实出了问题，才让客人如此生气。

"客人，您先别生气。"徐然想了想，语气先软下来，和顾客说起话来，"您还有什么问题，我这次一定耐心回答。"

但是客人却觉得她的态度还是有些高傲，一点道歉的意思都没有，坚持要投诉她。

徐然着急地说："我不是怕您真的投诉我，只是想帮您解决今天的问题，您不能这样不依不饶地指责我。"

客人怒极反笑："你这是解决问题的态度吗？难道你不觉得自己之前做错了？一点承认错误的勇气也没有？"

徐然这才知道客人为什么还是这样生气，原来是自己一直没有认错。她想了想，知道确实是自己的态度有问题，便诚恳地低下了头，对客人说："实在是抱歉，今天这件事，是我的错误，您要投诉我，我完全没有意见，但我想先解答您眼前的疑问，之后再陪您一起去我们领导那里，接受投诉，您看可以吗？"

"这还差不多！"客人这才摆摆手说道："算了，今天也是我问的东西太多，你把我刚才的问题记一下，写到一张纸上，免得我忘记了，再来烦你们。"

徐然连忙点头，把问题抄录好后，终于把客人高兴地送出了门。

当导购员与顾客发生争执时，不管错误的一方是谁，导购员都应首先认错，给顾客一个台阶下，避免引起更多的争执和一系列的严重后果。

向顾客道歉，一是表明自己的态度，浇灭顾客的怒火；二是安抚顾客，能让顾客听进自己的话，以便进行下一步的沟通，尽量减少不必要的损失和与顾客之间的摩擦。

顾客对产品质量不满意，威胁要打315投诉
导购道："你想打就打吧。"

【情景回放】

小米早上一开店门，就遇到一件郁闷事。

有位顾客想买电饭锅，她帮着介绍了好几款质优价廉的电饭锅，结果顾客一直犹豫不决，左看右看，就是无法决定要哪一款。

小米也不着急，耐心地等待顾客的决定，这期间又来了几位顾客，其中一位顾客对买电饭锅的顾客说："别买这款，质量有问题。"

"是吗？"这位顾客本来看中的就是这款电饭锅，已经决定要买了，却听到这样的话，便仔细询问了是哪些质量问题。得知是一些噪音大等小问题后，他就没在意，决定要这一款，但想借机压一压价格，就把小米叫了过来。

小米说的价格已经很低了，不答应降价，顾客就大声说："你们这个电饭锅有质量问题，还不便宜卖了啊。"

小米有些生气，"我们的产品都质保三年，不会有质量问题的。"

"你质保五年该出问题还是出问题，你是给我降点价，还是等我打315投诉你们！"顾客说。

小米见顾客这么不讲理，也懒得纠缠下去，就说："你想打就打吧，反正我们的产品没问题！"

顾客气得甩袖而去，而下午的时候，小米才知道，自己被投诉了。

【销售分析】

其实，当顾客对产品质量不满，要打315投诉时，大多数顾客并不是真的

要进行投诉，而是想多一个和导购员讨价还价的借口。导购员如果能认清这一点，就能抓住顾客的心理，让交易变得轻松起来。

在交易的过程中，导购员最重要的就是抓住顾客的心理需求，即使不知道他们的喜好也不能草率的讲那些让人不开心的敏感话题。要知道，让一个说话不中听的导购为自己挑选商品，再好的商品也很难让顾客有好的购买的兴致。

当顾客对产品质量不满意时，导购不要强辩争执，应该心平气和地向顾客讲解商品的类别和优劣点，再适当地向顾客推荐其他几种商品，从价格、质量等多个方面，供顾客选择，而不是一再强调自己的商品质量没有任何问题。

做生意需要的不只是勤奋努力，更需要方法技巧，如果你希望顾客按照你的建议去购买商品，你就应该让顾客首先接受你的态度，喜欢你。懂得运用适当的方法引导顾客欢欢喜喜地买东西，并且双方都能取得满意，才是优秀导购员的成功之处。

【专家支招】

1.安抚顾客的怒火

刘倩做服装导购的时间并不长，也就只有不到半年的时间，但是对于一个热爱销售工作的人来说，刘倩的进步是看得见的。

今天，店里来了一个要求退货的顾客，刘倩问她退货的原因，她说："你们这儿的衣服质量太差了，我要退货，不退我就打315投诉你们！"

"我能看看衣服吗？"刘倩似乎没有看到顾客生气的脸，反而十分和气地接过了衣服，"这确实是我们店里卖出去的衣服，不过……"

刘倩看到衣服的时候，也差一点怀疑是自己店里的衣服有质量问题，不仅严重变形，还褪色了。

"你看看，这才洗了两次，就变成这样了，我花了几百块钱来买你们的衣服，就是图一个质量好，现在你们衣服变成了这样，你说怎么办？赶紧给我退货！"

刘倩听到顾客这样说，突然想到一个可能，就问顾客："我能问一下，您的衣服，都是怎么洗的吗？"

"还能怎么洗？直接扔洗衣机里洗啊！"顾客忍不住抱怨道："现在的衣服都这样，洗得多了颜色也就变暗了，结果你们的衣服质量更差，直接不能穿了。"

刘倩听了却微微一笑，说道："您先消消气，我听了您的话，也知道衣服变成这样的原因了。其实，并不是我们衣服本身的质量不好，而是衣服缺乏保养，就像人的皮肤一样，保养好了，才能永驻青春呐。您洗衣服的时候应该喜欢把衣服泡一泡再洗，其实，这件衣服不能提前泡的，直接洗就行，因为泡久了就会折损颜色；熨烫的时候最好烫反面，或者在上面盖一层布，因为直接烫正面就可能会掉色。至于变形，应该是您晾晒的问题，因为这件衣服的吸水性特别好，洗完后衣服很沉，如果不用网兜兜着晾，很容易变形的。"

"是这样吗？"顾客听刘倩说得正是自己如何洗衣服的过程，不由得有些怀疑起来，难道真的是自己的错误造成的？

刘倩趁热打铁，又教了一些保养衣服的方法，顾客这才知道自己洗衣服的习惯对衣服造成了多大的伤害，不由得脸红起来。

当顾客威胁要打315投诉时，导购员不应任顾客"胡闹"，也不应用其他语言对顾客进行刺激，激怒顾客。导购员应尽量了解顾客不满的地方，是想打压价格，还是产品真的有问题要退货。了解具体的情况后，再努力解决问题，而不是和顾客"死磕到底"。

2.用真诚的态度与顾客沟通，了解顾客的性格爱好

俗话说，"精诚所至，金石为开"，意思是人的诚心所到，能感动天地，使金石为之开裂。放到销售的立场上来看，这也是一个有用的道理。如果你能诚心诚意地对待顾客，让顾客感觉到你的亲切随和，顾客自然愿意与你聊天，向你谈及他的喜好。谦虚温谨的态度，才是一个生意的良好

开端。

3.推荐适合顾客，顾客又能负担起价格的商品

优秀的导购懂得顾客的购买心理，明白他们对商品的要求是什么。比如有的导购看见普通学生却推荐价格昂贵的皮草或皮包，学生当然会摇头离开，毕竟学生还没有能力赚到太多钱，这些商品应该把成人放在主要位置。学生自然是喜欢漂亮时尚的商品，要知道有些商品对他们来说穿起来是不协调的。

4.投其所好，耐心讲解商品的特点、优势以及质量等情况

正所谓"投其所好"，导购由此便可以向顾客推荐流行而又适合自己的商品，然后讲解此件商品的特点优势和销售情况，以此来激发顾客的购买欲望。

情景79：

顾客弄丢购物小票，坚持要退货
导购道："没票不给退！"

【情景回放】

"大千世界，无奇不有"，徐然现在再次觉得发明这句话的人真是有才，把天下所有该发生不该发生的事情都囊括了，就比如今天有位顾客弄丢了小票，无凭无据，却坚持退货。

当时那位顾客是这样说的："你们这衣服有问题，我昨天买的，今天就开线了，我要退货。"

"那请您出示一下购物小票，可以吗？不然我们没办法判断这件衣服是不是在本店出售的。"徐然客气地说道。

"小票找不到了，但是这件衣服就是在你们店买的，不然卖衣服的店这么多，为什么偏偏来你们这。"

"没有小票……嗯，既然目前您不能出示小票，那我们就先说一下，您退货的原因吧。"徐然沉思了一下，决定转移话题，说不定换个方法也能解决问题，"是因为这衣服开线了是吗？"徐然指着衣服坏的地方说道。然后把衣服那个过来，这衣服——

"这应该是用力拉扯之后造成的吧？"徐然推测道。

然后徐然发现顾客的表情变得有点不太自然了，当下心里就明白了七八分，但是徐然并没有点破，然后又说道："我猜这就是您要退货的原因吧？"

顾客一听发现徐然并没有刨根问底，问自己是怎么坏的，于是点头道："是啊，就是因为这坏了。"

然后徐然给顾客一个了然的笑容，话题一转又说道："但是这位先生，一看您就是明事理的人，要办退货手续必须出示销售小票，相信这一点您也是知道的，而且这也是消费者协会的规定。不如这样吧，您再回去找找，可能是不小心落在某个地方了，您放心，只要是我们的问题，我们一定会负责的。"徐然说的时候特地把"我们的问题"说的比较重，意在让顾客明白，这件衣服是怎么坏的其实她已经知道了。

顾客见自己的问题被徐然看了出来，心里正尴尬地不知道该怎么办，见徐然这么说，当然顺着徐然的话了，悻悻地走了。

【销售分析】

当然，并不是所有的顾客都像徐然遇到的这位，自己弄坏的衣服却想通过退货来换一件新的，对于这样的顾客像徐然这样点到为止就可以了，不必弄得大家面子上都不好看。

其实多数顾客来退货并不是来找麻烦，而是衣服有问题，希望能得到导购的帮助。所以导购应该设身处地地帮助顾客，而不是说一些不痛不痒，对解决问题没有用的话。

比如有的导购可能会说："没有小票，我怎么知道这件衣服是不是我们店卖的。"这句话顾客听了之后很可能会理解为你认为他不诚实，随便拿一件衣服来给你找麻烦，这句话只会将顾客激怒，引起更激烈的反应，与其这样处理倒不如不处理。

【专家支招】

1.建议顾客找其他证明方法

小丽正在上班的时候，进来一位顾客，说自己前两天刚买的商品竟然坏了，要求退货。

小丽拿过商品一看，确实是自家店的东西，而且对于这类商品，一旦有质量问题，是可以退货的。

于是，小丽问客人："您的发票可以让我看一下吗？"

客人有些发憷地回答道："就是因为这个原因，我才晚了两天来退货的，我在家里找了好久，都没找到发票，但东西确实是从你们这里买的，你们不能不认。"

"我们店里确实有这类商品，但并不是只有我们店里有，当然，我也不是不相信客人您的话，只是有发票，我们才好给您退货，您再想想发票放在了哪里。"小丽说。

客人叹了口气，说："可是我真的找不到了，要不然，你们少退我点钱也行，反正我今天一定要把这货退了。"

"这……"小丽有些为难。

客人马上急起来，"难道说你们真的不给我退？凭什么！我一没过期，二不是人为损坏，三……"

"客人您别着急。"小丽赶紧安抚客人，想了想，问他："那您有没有其他的方法，可以证明这件商品确实是在我们店里买的？"

"当然有，那天我是和妻子一块来的，为了买这件商品，我和妻子还吵了一架，当时你们一个导购员还过来劝架呢。"客人连忙说。

小丽一听，赶紧问："是哪个导购员，您还记得吗？"

客人想了想，把当时导购员的衣着样貌说了个大概，小丽一听，觉得可能是同事小芸，正好也快到了小芸上班的时间，她就对客人说："您先在这边坐一会儿，我的这个同事很快就来上班，等她来了，如果确认无误，我再给您退货，您看可以吗？"

"没问题，真是太感谢了。"客人还以为会和小丽大吵一顿才能退货，没想到还有这种方法可以解决，马上坐到了一旁的椅子上。

没过多久，小芸就来到了店里，了解了情况后点点头说："是有这么回事，确实是这位客人，客人您一会儿写个退货声明，签个字，我们就帮您安排退货事宜，您看可以吗？"

"可以可以，当然可以。"客人满意的连连点头。

没有凭证不能退货，但是顾客坚持退货又不能不理，所以让顾客找其他可以证明是本店出售的方法就成了一个很好的应对措施，既不会让顾客觉得我们不讲理，又想办法拖住了顾客。

导购到时候不妨这样说："这位小姐，非常抱歉，小票是顾客购买的凭证，否则我们无法知道您购买衣服的具体地点，所以退货的话非常不方便。您这情况我也了解，不如这样，如果您有其他方法能证明这件衣服是在本店买的，我可以和店长商量一下，给您特殊处理，您看这样如何？"

2.让顾客再找找小票

像销售小票这样的小件东西很容易就被其他东西遮盖住，找不到是很常见的情况，这时候可以先和顾客讲小票的作用，然后把话题转移到让顾客找小票上去。就像上面故事中的徐然一样，既说出自己的难处，又让顾客觉得找小票有希望，这样一来，顾客就不会再想退货，而是想怎样才能找到小票。

情景80：

顾客胡搅蛮缠，在店里大闹、静坐
导购道："就是退不了，你能怎么着？"

【情景回放】

刘微今天很郁闷，因为她现在正在接待一位令人十分头疼的客人。

"这位客人，我们也没有说不给您退货，可是您这件商品确实没有质量问题，您也说不出退货的理由，我们实在退不了。"刘微耐下心来对客人说。

客人却十分理直气壮地说："退货还要什么理由，我不想要了不行吗？赶紧给我退货，哪来那么多废话。"

刘微一听，也生气了，就对客人说："没有质量问题，我们不能退货。"

"你们这店是黑店吗？还不准客人退货了。"客人生气地说。

刘微说："不退就是不退，你能怎么着！"

客人一听她这样说话，气得和她大吵起来，刘微也不示弱，没一会儿，两个人竟然动起手来，最后两败俱伤，十分的狼狈。

【销售分析】

当顾客在没有正当理由而要求退货时，从服务顾客的角度来说，导购仍不得不接受顾客这种有些过分的要求。但是接受并不代表完全按照顾客的意思去做，导购应根据具体的情况采取相应的对策。

但是作为一名合格的导购，应注意适当的措辞，不要说一些让顾客感觉不高兴的话。比如有的导购可能会说："如果是产品质量的问题我们会负责的，但是这并不是。"这句话也就是说这不是质量的问题，我们是不会负责的，要走要留随便你。

还有一些心直口快的导购可能直接就会说："您赖在这也没用……"这是一种非常不尊重顾客的态度，就好像在说顾客是个无赖一样，这样的话问题能解决好才怪。

【专家支招】

1.导购和顾客"私了"

徐然以前不是不知道有不讲理的顾客，只是那种情景一直都出现在她听的故事里，而不是出现在她的工作中。有句话怎么说的来着："发生在别人身上的是故事，发生在自己身上的叫悲剧。"徐然现在就觉得自己生活在悲剧中，尤其是在面对一个退货理由含糊不清，还扬言不退货就不离店的顾客。

"小姐，能请您把退货理由详细地说一下吗，不然我们不了解真实原因，很难为您处理的。"徐然第N次请这位顾客详细说明退货的理由。

"不就是退个货吗，你们怎么这么多事，我就是想退货，没理由。"顾客当真不是省油的灯，怪不得会让徐然束手无策。

"是这样的，这位小姐您先不要着急，无论什么问题我们都会尽力帮您解决的，只是您想，一件事情倘若连发生的原因都搞不清楚，又怎么能很好地解决呢？"徐然尽量压下心中的火气，耐心地对顾客循循善诱。

"你这衣服质量不行，不小心刮了一下……"等顾客意识到自己说了什么之后，已经来不及了。

徐然并没有露出什么不满的表情，仍是好声好气地说道："真是抱歉，相信买的时候您也检查过，衣服的质量是没有问题的，而是在您穿的时候没注意造成的，所以我们处理起来很为难。但是我个人还是很愿意帮您的，不如您把衣服留下，我帮您补一下。"

顾客见自己不小心把实情说了出来，也没有那么理直气壮了，又听到徐然这样说，心里更加不好意思了，于是说道："这怎么好意思呢？"

"为顾客服务是应该的，小姐不用客气的。"徐然接过顾客的衣服之后看了一下，还好只是坏了一小块，凭她的技术应该能补好它，又不影响美观。于是这个退货战争就此告一段落了。

由于顾客没有正当退货的理由，但是如果因为这件事引起顾客的不满，不仅会影响服装店在顾客心中的形象，而且也不利于和顾客维持良好长远的生意关系。所以由导购和顾客"私了"就是一个很好的解决方法，就像上面故事中徐然的做法。

2.导购妥协一下，为顾客换件衣服

小米正在看店的时候，店里来了个要求退货的客人，小米连忙问："请问是什么原因要退货呢？"

"质量有问题。"客人说。

小米疑惑的拿起衣服，左看右看，也没看出哪里有质量问题，就笑着问客人："您可以告诉我，是什么质量问题吗？"

"这还用指吗？"客人指着衣服说："你看看，这衣服的颜色一点也不正，还有这料子太差劲了，穿到身上难看死了，你马上给我退了。"

"可是您说的这些都不属于质量问题，我们实在是没办法给您退货。"小米说。

客人一听这话，不高兴地抬起头来，"我不管你们有没有办法，今天不给我退货，我就不走了！"

小米为难的看了看客人，突然想到一个办法，就对客人说："退是没办法退的，您看您要不要重新选一件衣服？或者我帮您换个颜色？"

客人听后有些犹豫，本来她挺喜欢这件衣服的，可是回家后家人都说穿着显老，她才来退货的，如果能换一件，也不错。

"那，那就换一件吧。"客人点点头，算是同意了小米的方法。

之后小米耐心的帮客人重新选了件同价位的衣服，愉快地把客人送出了店门。

如果在沟通之后，顾客仍不理会坚持换货的话，那导购可以请示一下领导，看看能不能换件新的，但是该说的话，导购还是一句不能少的告诉顾客，"小姐，我现在请示一下领导看能不能给您换一件。其实您这样的情况我们还是第一次遇到，也不知道是怎么回事，为了防止这样的事情再次发生，这一次我们应该好好检查一下，您说对吧？"

版权声明

本书的编选，参阅了一些报刊和著作。由于联系上的困难，我们与部分作者未能取得联系，谨致深深的歉意。敬请原作者见到本书后，及时与我们联系，以使我们按国家有关规定支付稿酬并赠送样书。

电话：13811066747

北京志方嘉业图书有限公司